Umschlagbild:

Großes Staatswappen des Herzogtums Sachsen-Coburg und Gotha (1826–1918)
(Original und Foto: Staatsarchiv Coburg)

Mitten unter den Wappenfeldern, die Herrschaften und Ansprüche der ernestinischen Linie der Wettiner verkörpern, findet sich im heraldisch vornehmsten Feld, dem Herzschild, der sächsische *Rautenkranz*. Er verbindet symbolisch alle Linien und Zweige Wettins. In diesem Abzeichen seiner Herkunft fand auch das Haus Sachsen-Coburg, Europas späte und modernste Dynastie am Ende des monarchischen Zeitalters, einen Mittelpunkt, der die Einheit der Familie darstellte. In der Mitte der gemeinsamen Herkunft lag der Zusammenhalt der von Coburg ausgehenden dynastischen Zweige begründet.

Thomas Nicklas

Das Haus Sachsen-Coburg

Europas späte Dynastie

Verlag W. Kohlhammer

Alle Rechte vorbehalten
© 2003 W. Kohlhammer GmbH Stuttgart
Umschlag: Data Images GmbH
Gesamtherstellung:
W. Kohlhammer Druckerei GmbH + Co. Stuttgart
Printed in Germany

ISBN 3-17-017243-3

Inhalt

1 Sachsen-Coburgs Konturen

Die politische Geschichte Sachsen-Coburgs in Europa ist bisher nicht im Zusammenhang beschrieben worden. Die folgende Überblicksdarstellung sucht diesem Mangel abzuhelfen. Ihr Gegenstand sind Selbstbehauptung und Aufstieg einer hochadligen Familie, an deren Geschichte sich der Wandel zum modernen Europa ablesen lässt.

Das frühneuzeitliche Herzogtum Sachsen-Coburg gehörte zu jenen Trümmern, die nach dem Schiffbruch ehrgeizig angelegter dynastischer Politik des ernestinischen Zweiges der Wettiner übriggeblieben waren. Die Ernestiner hatten sich die Sache der Reformation Luthers zu Eigen gemacht, die sie offensiv in weit ausholenden Allianzen gegen Kaiser und Reich verfochten. Mit ihren überdimensionierten Ambitionen mussten sie scheitern. In der Schlacht bei Mühlberg 1547 unterlag der sächsische Kurfürst Johann Friedrich dem Kaiser, dem Habsburger Karl V. Nach dieser Katastrophe auf dem Schlachtfeld hatten sich seine Nachkommen in verkleinerten politischen Maßstäben zurechtzufinden. Dazu fehlte ihnen lange Zeit die Bereitschaft.

Die ernestinischen Prinzen, die im 16. und im 17. Jahrhundert in ihren kleinen thüringischen Residenzen heranwuchsen, entwickelten sich nicht selten zu Rebellen und Kämpfern gegen den Status quo. Ihnen lag die vergangene Macht ihres Hauses im Sinn. Sie hofften darauf, dass die Stunde ihres Aufstieges und der Rückkehr zur einstigen Größe einmal kommen würde. Die machtpolitischen Konjunkturen standen diesen Sehnsüchten entgegen. Es blieb bei der Reduktion der Ernestiner auf kleinfürstliche Verhältnisse in Thüringen, der Mitte des Heiligen Römischen Reiches deutscher Nation, dem Zentrum des altständischen Europa. Von außen auferlegte oder vom privatrechtlichen Denken der Fürsten veranlasste Erbteilungen führten zu Herrschaftsgebilden im Spielzeugformat.

Die ratlosen Erben derer, die einstige Macht verspielt hatten, saßen im 18. Jahrhundert in kleinen Schlössern inmitten von Residenzstädten *en miniature* wie Coburg oder Saalfeld. Gerade der zur politischen Bedeutungslosigkeit verurteilte jüngste Zweig der Ernestiner, die Herzöge von Sachsen-Coburg (-Saalfeld), arbeitete aber unter widrigen Umständen am neuen Aufstieg. Coburg bediente sich dazu jener Mittel, die seit jeher den Erfolg adliger Familien ausmachen konnten. Es setzte auf die Heiratschancen seiner Töchter und auf das Kriegsglück seiner Söhne. Beide Faktoren hoben Sachsen-Coburg am Ende des 18. Jahrhunderts aus dem Gewimmel der europäischen Adelsgesellschaft heraus. Mit den russischen Zaren durch Heiratsallianz verbunden, machten sich die „Coburger" um 1800 auf den Weg zur Größe, zu einer Zeit, da der Kontinent politisch und sozial in Bewegung geraten war. Die von der Französischen Revolution und der napoleonischen Herrschaft ausgelöste Dynamik trug Sachsen-Coburg nach oben.

Die eigene Machtlosigkeit wurde der Familie zum Vorteil. Als 1815 nach dem Debakel Napoleons eine neue europäische Friedensordnung auf der Grundlage des Gleichgewichts aufgebaut werden sollte, spielte sie im Kalkül der Diplomaten eine immer wichtigere Rolle. Da Machtverschiebungen in dem labilen Staatengefüge stets Kriegsgefahren heraufbeschworen, kam gerade ein von Hause aus bedeutungsloser deutscher Prinz wie Leopold von Sachsen-Coburg-Saalfeld dafür in Betracht, Ehemann der künftigen Königin von Großbritannien oder Monarch des seit 1830/31 unabhängigen Königreiches Belgien zu werden. Kein anderer hätte allerdings auch den Part als Prinz Europas vor Diplomaten und Völkern mit derart vollendeter Eleganz gespielt wie Leopold. Er war arm, sah aber gut aus. Nichts anderes wurde von ihm erwartet.

Von London und Brüssel aus agierte Leopold als Architekt des weiteren coburgischen Aufstieges. Als diskreter Regisseur inszenierte er Hauspolitik mit Heiratsallianzen. Seine Neffen Albert und Ferdinand heirateten die Königinnen von Großbritannien und Portugal. Andere Neffen und Nichten verbanden sich mit dem seit 1830 herrschenden französischen Königshaus der Orléans, zu dessen europäischer Filiale sich Sachsen-Coburg bis 1848 entwickelte.

Coburgs europäisches Glück stand im Zeichen der Pariser Julirevolution von 1830, mit der die Illusionen des monarchischen Legitimismus und der Restauration vorrevolutionärer Zustände untergingen. In Frankreich begann die Zeit des Bürgerkönigtums unter Louis-Philippe von Orléans, der sich die Prinzipien des Liberalismus zu eigen machte und das Bündnis mit der wirtschaftlich und politisch aktiven Bourgeoisie suchte. Um die Krone von den bürgerlichen Honoratioren des Landes zu erhalten, hatte er Macht an sie abtreten müssen. In den Worten seines Ministerpräsidenten: „Der König herrscht, aber er regiert nicht."

Dieser Satz charakterisiert auch das Wesen des coburgischen Königtums, das in den Kategorien Max Webers den Übergang von der traditionalen zur legalen Herrschaft bewältigt hat. Mit den parlamentarischen Regierungsformen Belgiens, Englands, später auch Portugals vollkommen kompatibel, suchte Sachsen-Coburg das Bündnis mit dem ökonomisch erfolgreichen Bürgertum, zur wirtschaftlich absteigenden traditionalen Herrschaftselite des Adels ging man auf Distanz. Das „Coburger Modell" einer sich bescheidenden und beschränkenden Monarchie konnte so lange seinen politischen Marktwert behaupten, wie der bürgerliche Liberalismus, auf den es sich stützte, die konkurrierenden gesellschaftlichen Kräfte kontrollierte. Dies war im weiteren Verlauf des 19. Jahrhunderts jedoch immer weniger der Fall. Weitere Schichten drängten nach Teilhabe an der Macht und am Wohlergehen. Der späte monarchische Glanz der Coburger, die bis dahin besonders von der gesellschaftlichen Dynamik profitiert hatten, verlor in der Bewegung hin zur egalitären Massengesellschaft immer mehr an Leuchtkraft.

In Deutschland und am Jahrhundertende auch in Bulgarien suchte Sachsen-Coburg neues Glück im Bündnis mit dem immer mehr erstarkenden Nationalismus, der zeitweilig die Massen zu integrieren schien. Statt mit anderen Dynastien, deren Macht erlosch, verbanden sich die Coburger nach dem europäischen Revolutionsjahr 1848 mit einzelnen Nationalbewegungen. Dieses letzte ihrer Spiele bereitete aber das Ende ihrer Rolle in der Geschichte vor. Am Balkan trat noch am Ende des 19. Jahrhunderts ein Coburger Prinz aus Wien an, um den noch unfertigen Nationalstaat der Bulgaren zu vollenden. Im Zuge der deutschen Einigungsbemühungen nach 1848 rivalisierte ein Coburger Konzept der Einheit von unten mit der Bismarckschen Lösung der deutschen Frage von oben her. Der Ausgang ist bekannt. Da die Sieger die Geschichte schreiben, ist es heute aber kaum noch bekannt, welche Bedeutung die Stadt Coburg zwischen 1849 und 1866 als Kapitale der liberalen deutschen Nationalbewegung hatte. Der Gegenstand verdient es, in den Mittelpunkt dieser Darstellung gerückt zu werden.

In den Zeiten des Nationalismus waren die Völker sich selbst genug. Sie benötigten keine geschäftstüchtigen Dynasten und keine gekrönten Staatsbeamten mehr. Sachsen–Coburgs erstaunliche Expansion war bereits beendet, als die europäische Welt in den Schrecken der Weltkriege unterging. Die Wahrnehmung der Zeitgenossen vor 1914 war jedoch anders. Viele hofften noch auf eine Zukunft der Monarchie, die auch den gewandten Coburgern neue Möglichkeiten eröffnet hätte. Im Grauen des Großen Krieges spaltete sich Europas späte Dynastie und verlor den Zusammenhalt über die Grenzen hinweg, der bis dahin ihre Stärke ausgemacht hatte. Ihr Versuch, der monarchischen Staatsform in ihrer Spätzeit neues Leben und neuen Inhalt zu verschaffen, ist es wert, im Zusammenhang beschrieben und gelesen zu werden.

2 Coburg als Phänomen

2.1 Die Wettiner: Eine große europäische Dynastie

Das ursprünglich am Harz begüterte Geschlecht der späteren Wettiner hat im Verlauf der mittelalterlichen deutschen Ostbewegung den Schwerpunkt seines Herrschaftsgebietes an den Unterlauf der Saale, in die Nähe der heutigen Stadt Halle, verlagert. Um das Jahr 1000 wurde die zuvor slawische Burg Wettin (Vitin) am Westufer der Saale zum Stammsitz der reichen und mächtigen Familie. Die den Flussübergang bewachende Burganlage gab nicht nur den Namen, sie fungierte auch als strategisches Scharnier zwischen den Besitzungen des Hauses im Westen (Harzraum) und im Osten (Zörbig, Eilenburg). Nach dieser Burg nannten sich die Herren Grafen von Wettin. Sie erlangten schon im 11. Jahrhundert eine führende Stellung an den Ostgrenzen des Reiches. Kaiser Heinrich IV. trug dieser Tatsache Rechnung, als er den wettinischen Grafen Heinrich I. von Eilenburg 1089 mit der Mark Meißen belehnte.

Diese Markgrafschaft mit ihrem Herrschaftszentrum auf dem Burgberg zu Meißen stellte eine politische und strategische Schlüsselposition im Gebiet der mittleren Elbe dar. Von hier aus betrieben die Wettiner, unterbrochen durch mancherlei Rückschläge wie Erbteilungen und Konflikte mit der Reichsgewalt, die Ausdehnung ihrer Macht nach innen und außen. Sie förderten die bäuerliche Besiedlung und die Entstehung eines Städtenetzes. Als 1168 im Erzgebirge Silber gefunden wurde, gab dies der wirtschaftlichen Entwicklung der Mark Meißen einen kräftigen Anschub. Nicht nur bei der inneren Erschließung ihres Landes bewiesen die Markgrafen eine glückliche Hand, auch die äußere Expansion ihrer Herrschaft war erfolgreich. Nach dem Ende des Geschlechtes der ludowingischen Landgrafen in Thüringen 1247 sicherten sie sich deren Erbe. Fortan sollten bis zum Ende der deutschen Monarchien 1918 nicht nur die Geschicke des späteren Sachsen, sondern auch diejenigen Thüringens mit der Familie der Wettiner verbunden bleiben. In der Konkurrenz mit der Reichsgewalt und mit anderen Herrschaftsträgern konnte sich Wettin im Laufe der Jahrhunderte recht gut behaupten. Mit seiner auf den Elbe-Saale-Raum gestützten, politisch und wirtschaftlich ausgebauten Machtstellung gehörte das Haus im 14. Jahrhundert zu den großen Dynastien im Reich, im ehrgeizigen Wettbewerb stehend mit Luxemburgern, Wittelsbachern, Welfen und Habsburgern. Eine geringe, aber doch folgenreiche Erweiterung des Hausbesitzes stellte im Jahre 1353 die Erwerbung des bis dahin von den Henneberger Grafen besessenen Coburger Landes dar. Damit gelang den Wettinern ein Vorstoß über den Thüringer Wald hinweg nach Franken. Von ihrer Veste Coburg aus konnten sie bis an den Obermain schauen. Nachdem 1422 die askanischen Herzöge von Wittenberg ausgestorben waren, die Inhaber der sächsischen Kurwürde, übertrug der Römisch-Deutsche König Sigmund dem meißnischen Markgrafen Friedrich (IV.) mit dem an das Reich heimgefallenen Herzogtum Wittenberg auch die Kur Sachsen. Als Kurfürsten gehörten die Wettiner nun zu den Reichsfürsten höchsten Ranges. Ihre Stimme zählte, wenn im Reich ein König und Kaiser zu wählen war. Der Name Kursachsen, anfangs auf das Wittenberger Gebiet beschränkt, ging dann auf die Gesamtheit der wettinischen Territorien über. Die Familie, das Haus Sachsen, gewann zusätzliches Ansehen in der Welt.

Freilich haben die Mitglieder dieser Dynastie nicht immer nur politisch gedacht und gehandelt. Die wettinische Familie war nicht bloß ein auf Machtgewinn spezialisiertes Unternehmen, sondern zunächst und in erster Linie ein Verband von Menschen. In fast jeder Generation stellte sich das Problem neu, wie die nachgeborenen Söhne der regierenden Herren zu versorgen seien. Es mussten zahlreiche Ansprüche an das zwar umfängliche, aber nicht unbegrenzte Hausgut befriedigt werden. Mit der (Chemnitzer) Erb- und Landesteilung von 1382, die sich allerdings nicht als von Dauer erweisen sollte, wurde ein für die Macht Wettins gefährliches Prinzip der Spaltungen und der dynastischen Zellteilungen erneuert. Im Jahre 1485 kam es in Leipzig zu einer weiteren, diesmal definitiven Teilung unter den beiden Söhnen des verstorbenen Kurfürsten Friedrich (II.), mit Namen Ernst und Albrecht (Albertus). Dauerhaft war diese Spaltung deshalb, weil beide Brüder männliche Nachkommen hatten. Der um zwei Jahre ältere Ernst erhielt dabei die Lande der Kur um Wittenberg und den Großteil der Landgrafschaft Thüringen sowie Coburg. An Albrecht ging die Markgrafschaft Meißen und ein schmaler Streifen Landes im Norden von Thüringen.

Die Leipziger Teilung von 1485 hat die Macht der Dynastie beeinträchtigt und weit darüber hinaus die neuzeitliche Geschichte des ganzen mitteldeutschen Raumes geprägt. Die wachsende Zwietracht unter beiden Brüdern zur Zeit der Teilungsverhandlungen war kein gutes Vorzeichen für das künftige Verhältnis zwischen den von ihnen begründeten Linien der Ernestiner und der Albertiner. Die Fortdauer der Teilung über Jahrhunderte hinweg sowie die politisch und wirtschaftlich ungünstige Aufsplitterung des wettinischen Territorienkomplexes sorgten für häufige Reibungen zwischen den Nachkommen der Brüder. Es kam hinzu, dass die Ernestiner trotz oder gerade wegen der geschrumpften Machtbasis eine offensive und konfliktfreudige Politik betrieben. In ihrem Bemühen, die reichsfreien Herrschaften des mitteldeutschen Raumes, beispielsweise die Grafen von Schwarzburg oder die Vögte von Weida (Herren Reußen), ihrer Kontrolle zu unterwerfen, stießen sie mit den im Zuge der Reichsreformen der Zeit um 1500 geschaffenen Reichsbehörden wie Kammergericht und Fiskalamt zusammen. Mit ihren im Norden benachbarten Raumkonkurrenten, den hohenzollerischen Kurfürsten von Brandenburg, trugen sie gleichzeitig einen heftigen Wettstreit um den Besitz der geistlichen Fürstentümer im Elbe-Harz-Gebiet aus. Hier waren die Hohenzollern siegreich, die seit 1513 das Erzstift Magdeburg und das Hochstift Halberstadt innehatten. Schließlich forderte der Ernestiner Friedrich III. (der Weise) zu Beginn der 1520er Jahre die geistliche und die weltliche Ordnung seiner Zeit zugleich heraus, indem er sich zum Schutzherrn des vom Papst gebannten und vom Kaiser geächteten Wittenberger Theologieprofessors Martin Luther machte. Vollends Friedrichs Nachfolger, sein Bruder Johann (der Beständige) und sein Sohn Johann Friedrich (der Großmütige) verknüpften ihre persönlichen Schicksale mit der Sache der Reformation. Darüber vertiefte sich auch der Bruch mit dem albertinischen Verwandten in Dresden, mit Herzog Georg (dem Bärtigen), der weiterhin treu zur Römischen Kirche stand.

Ab 1531 führte das ernestinische Kursachsen, gemeinsam mit Hessen, den Schmalkaldischen Bund, die Allianz der protestantischen Fürsten, welche gegen das Haus Habsburg, gegen die katholischen Fürsten und gegen die Reichsorgane opponierten. Die zunehmende Konfrontation mündete in eine militärische Auseinandersetzung, den Schmalkaldischen Krieg von 1546/47. Beide wettinischen Linien kämpften in verschiedenen Lagern. Der junge, ungemein ehrgeizige und skrupellose Albertiner Moritz schlug

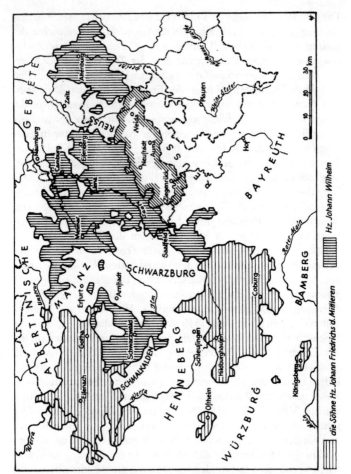

Karte 1: Die ernestinischen Territorien nach der Teilung von 1572
(Aus: Geschichte Thüringens. Hrsg. von Hans Patze und Walter Schlesinger. 3. Band: Das Zeitalter des Humanismus und der Reformation, S. 256. Böhlau Verlag Köln, Graz 1967)

sich, obwohl selbst lutherisch, auf die Seite des habsburgischen Kaisers Karl V., der die Verteidigung des angefochtenen Katholizismus zu seiner Sache machte. Moritz zog für den Kaiser gegen seinen Vetter Kurfürst Johann Friedrich ins Feld, der zum unglücklichen Helden des Protestantismus wurde. Isoliert von seinen Verbündeten, von mehreren Seiten in die Zange genommen, unterlag der Kurfürst den Soldaten des Kaisers in der Schlacht bei Mühlberg an der Elbe im April 1547. Die militärische Katastrophe von Mühlberg war jener entmutigende Schlag, den die Ernestiner nicht mehr verwanden und nach dem sie nie mehr ihre ursprüngliche Machtposition wiedergewannen. Mit der Wittenberger Kapitulation vom 19. Mai 1547 kamen der Großteil des ernestinischen Besitzes und die sächsische Kurwürde an den Albertiner Moritz, während den Kindern des in die kaiserliche Gefangenschaft abgeführten Johann Friedrich nur noch ein bescheidener Territorialbesitz in Thüringen mit Weimar, Gotha, Eisenach und Jena verblieb. Dazu kam dann noch das fränkische Coburg. Eine so schwere Niederlage ist nicht leicht zu verwinden. Für die Ernestiner standen die folgenden Jahrzehnte zu einem guten Teil im Zeichen der Revanche. Indessen wurde der neue Kurfürst Moritz in Dresden, der Kriegsgewinnler von 1547, immer mehr zum Meister der deutschen Politik. Er konnte nicht nur seine Kriegsbeute behaupten, ihm gelang auch die Emanzipation vom Kaiser, der ihn nach Mühlberg in Abhängigkeit zu halten gedachte. In der Fürstenverschwörung von 1552 wies Moritz als Bundesgenosse Frankreichs Karl V. in die Schranken. Nach dieser Demütigung des scheinbar so mächtigen Monarchen war Moritz für ein Jahr der ungeliebte Anführer der Protestanten im Reich und die umstrittene Hauptfigur der deutschen Politik. Mit 32 Jahren starb er im Sommer 1553 den Schlachtentod. Seinem Bruder August fiel ein zugleich verheißungsvolles und gefährdetes Erbe zu.

Das albertinische Kursachsen hatte seit der Reformation die kulturelle Führung in den protestantischen deutschsprachigen Ländern übernommen. Bildung und Wissenschaft waren hier zu Hause. Dank dem Bergsegen im Erzgebirge und dem Gewerbefleiß der Bevölkerung blühte das Land wirtschaftlich auf. Im Inneren vergleichsweise gut verwaltet, fand es in der Vaterfigur des Kurfürsten August einen nicht unpopulären und energischen Herrscher. In der eigenen Dynastie hatte sich August freilich mancher Anfechtungen zu erwehren. Die Ernestiner begehrten auf. Besonders der älteste Sohn des Besiegten von Mühlberg, Johann Friedrich (der Mittlere), war immer weniger gewillt, die Erniedrigung von 1547 hinzunehmen. An seinem Hof in Gotha sammelten sich politische Abenteurer, Besitzlose und Unzufriedene, die jederzeit zu einer Revolte bereit waren. Zum einflussreichen Rat des Herzogs Johann Friedrich stieg der fränkische Ritter Wilhelm von Grumbach auf, der bei der Ermordung des Bischofs von Würzburg die Hand im Spiele hatte. Mit einem bewaffneten Überfall auf die friedliche Bischofsstadt hatte er überdies bewiesen, wozu er fähig war. Im Umkreis des Herzogs und Grumbachs wurden allerlei Pläne geschmiedet, Kurfürst August von Sachsen entweder zu entführen oder gar zu ermorden und Unruhe in seinen Landen zu stiften.

Gegen diese Herausforderung entwickelte der Dresdner Hof eine Strategie, die sich auf lange Sicht bewähren sollte. Als Waffe gegen seine Widersacher benutzte Kursachsen die frühneuzeitliche Reichsordnung. Nach Moritzens erfolgreichem Aufstand gegen den Kaiser 1552 lag der Schlüssel zur Reichsverfassung in Dresden. Seit der Abdankung Karls V. 1556, der zugleich auch König von Spanien gewesen war, stellten die österreichischen Habsburger den Römisch-Deutschen Kaiser. Ihre böhmischen Länder hatten eine lange gemeinsame Grenze mit Kursachsen. Albertiner und Habsburger waren die Herren des östlichen Mitteleuropa. Als Begünstigte des Status quo arbeiteten sie eng zusammen, wenn es galt, Rebellen und Unzufriedene abzuwehren. Sachsen und Österreich verband eine Koalition der Profiteure, die recht lange halten sollte. Die Kooperation bewährte sich nicht zuletzt bei der Niederschlagung der in Gotha konzentrierten Oppositionsbewegung. Kurfürst August schloss einen dreifachen Ring um diese Stadt. Er war Verbündeter des Kaisers, in dessen Auftrag er die bestehende Ordnung verteidigte. Er verständigte sich mit der katholischen Mehrheit der Reichsstände auf den Reichstagen. Er hatte sich 1555 von seinen loyalen Vasallen zum Obersten des Obersächsischen Reichskreises wählen lassen, der laut Reichsverfassung für die Wahrung des Landfriedens in dem Gebiet zwischen Erzgebirge und Ostsee zuständig war. Alle drei Instanzen dieser politischen Ordnung, Kaiser, Reich und Kreis, wurden gegen die Rebellen von Gotha aufgeboten. Ein überlegenes Heer umzingelte die Stadt und erzwang im April 1567 die Übergabe. Grumbach und der herzogliche Kanzler Brück wurden lebendig geviertelt, den Herzog führten die Sieger in eine lebenslängliche Gefangenschaft nach Österreich ab. Er starb erst 1595 in der Haft im oberösterreichischen Steyr.

Zum zweiten Mal in zwei Jahrzehnten war ein Ernestiner in den Abgrund gestürzt. Um die Familie als Machtfaktor endgültig auszuschalten, hat der Dresdner Hof zielstrebig auf eine Teilung des verbliebenen ernestinischen Besitzes hingearbeitet. Das Prinzip politischer Zellteilung und geografischer Parzellierung musste die Ernestiner als Rivalen unschädlich machen. Sie wurden geradezu zur Bedeutungslosigkeit verdammt. Mit dem Erfurter Teilungsvertrag vom 6. November 1572 wurde der bescheidene ernestinische Besitz in Thüringen aufgesplittert (S. 14). Einen Teil mit dem Zentrum Weimar erhielt Johann Wilhelm, der jüngere Bruder des in Österreich gefangenen Herzogs. Der andere Teil mit Coburg als Mittelpunkt gelangte an die kleinen Söhne des Gescheiterten, die zu Begründern einer neuen fränkischen Linie der Wettiner werden konnten. Die Grundlage für die bis in das 20. Jahrhundert hinein für Thüringen charakteristische Kleinstaaterei war geschaffen. Nirgendwo sonst im feudalen Deutschland sollten bei der Vererbung dynastischer Besitz- und Herrschaftsrechte die privatrechtlichen Grundsätze so weit getrieben werden.

Dresden begnügte sich nicht damit zu teilen, es wollte auch herrschen. Johann Casimir, der älteste Sohn des Geschlagenen von Gotha, wurde zum treuen Gefolgsmann Kursachsens erzogen. Kurfürst August sicherte sich entscheidenden Einfluss als Vormund des jungen Ernestiners. Er bestimmte mit dem Recht des Siegers über dessen Ausbildung und ließ Coburg bis zur Volljährigkeit Johann Casimirs durch einen kursächsischen Statthalter regieren. Schließlich gab er ihm auch noch seine Tochter Anna zur Frau. Familienbande sollten die bestehenden Machtverhältnisse festigen. Durch Teilungen und Eheverbindungen, durch Druck und Verlockung wurden die Ernestiner bis zum Beginn des Dreißigjährigen Krieges unter der Kontrolle des Dresdner Hofes gehalten. Erst nach dem Prager Fenstersturz 1618 unternahmen einige von ihnen nochmals den Versuch, ihr politisches Schicksal zu wenden. Mit der Niederwerfung der Ernestiner und deren Absinken in die Machtlosigkeit konnten die Albertiner nicht nur ihre Vorherrschaft in Mitteldeutschland sichern. Kursachsen war zu Beginn des 17. Jahrhunderts in Politik und Kultur auch die führende Größe des deutschen Protestantismus. Diese Führungsposition bedurfte zu ihrer Legitimation des Rückhaltes an Kaiser und Reich. Deshalb hat Dresden immer die Nähe zum Haus Habsburg gesucht, den Reichsverband machte es zum Bezugsrahmen seiner Politik. Das albertinische Kursachsen entwickelte sich nach 1552 zur statischen Macht, für die jede Veränderung eher Risiken als Chancen barg. Beharrung und Erstarrung wurden zum eigentlichen Prinzip der Dresdner Staatskunst. Damit brachten sich die albertinischen Kurfürsten selbst um die Vorherrschaft im protestantischen Deutschland, da die Geschichte nun einmal nicht stillzustehen pflegt. Der alte Raumkonkurrent im Norden – die Hohenzollernfürsten in Berlin – zeigte sich neuen Politikmodellen gegenüber viel aufgeschlossener. Brandenburg-Preußen experimentierte im 17. Jahrhundert mit neuen Konzepten territorialer Modernisierung und gesellschaftlicher Mobilisierung, während Kursachsen mit seinen alten reichspolitischen Konzepten wie der Kooperation mit dem Kaisertum und der Dominanz im Obersächsischen Reichskreis eine immer mehr in Frage gestellte Vorherrschaft zu sichern trachtete. Unter energischen Herrscherpersönlichkeiten entwickelte sich hingegen Brandenburg-Preußen im 17. und 18. Jahrhundert zu einem effizienten Machtstaat neuen Typs. Straffe Regierung und Verwaltung im Sinne eines landesfürstlichen Absolutismus und ein schlagkräftiges stehendes Heer sicherten dem Haus Brandenburg bald einen Vorsprung vor den Rivalen im Süden, den diese nicht mehr einholen konnten.

Zwar hat sich Kursachsen um 1680 dem erfolgreichen Vorbild Brandenburgs angepasst. Auch in Dresden setzte man fortan auf die staatliche Konzentration des noch sehr uneinheitlichen Ländergebildes sowie auf das machtpolitische Argument des stehenden Heeres. Man betrieb eigenständige europäische Politik statt der bisher üblichen Integration in den Reichsverband. Doch war alles dies so spät unternommen, so sehr von Halbheiten und Inkonsequenzen gekennzeichnet, dass die Erfolge ausblieben. Während die Hohenzollern mit der 1701 errichteten Königswürde Preußens einen Faktor der Identifikation für ihre weit verstreuten Länder zwischen Niederrhein und Memel schufen, stürzte sich der seit 1694 in Dresden regierende Kurfürst August der Starke in waghalsige Abenteuer. Sicherlich konnte er 1697 die polnische Königskrone erlangen, für die er das in seinem Hause angestammte Luthertum zugunsten einer Konversion zum Katholizismus preisgab. So vertiefte er den Graben zu den weiterhin lutherischen Ernestinern zusätzlich. Der Aufwand um die polnische Krone hat Sachsen jedoch nur geschwächt. Die politischen, finanziellen und militärischen Anstrengungen standen in keinem angemessenen Verhältnis zum Ertrag. Zudem befand sich das als Landbrücke zwischen Sachsen und Polen unverzichtbare habsburgische Schle-

sien seit 1741 in der Hand des preußischen Eroberers. Das aristo-
kratisch beherrschte Königreich Polen-Litauen blieb bis ans Ende
Wahlmonarchie, konnte den Wettinern also jederzeit wieder verloren gehen. Zudem überwog dort der Einfluss des östlichen
Nachbarn Russland die sächsischen Einwirkungen bei weitem.
Im Wettbewerb mit Preußen weiter zurückfallend, hat August
der Starke dann auch noch hektische Versuche unternommen,
die eigene Machtbasis in Mitteldeutschland zu erweitern. Diesem
Zweck sollten bizarre Pläne dienen, die eine Translation der Ernestiner an den Niederrhein (Jülich-Kleve) oder nach Süditalien
(Neapel-Sizilien) vorsahen, um so Sachsen wieder mit Thüringen
vereinen zu können. Projekte dieser Art trugen dazu bei, den
Gegensatz unter den wettinischen Linien auch im 18. Jahrhundert
lebendig zu erhalten. Der Eroberungszug Friedrichs des Großen
nach Schlesien 1740/41 hat dann den österreichisch-preußischen
Dualismus begründet, um den die deutsche Geschichte für mehr
als ein Jahrhundert kreiste. Im Zentrum dieser Auseinandersetzung
stand Sachsen, politisch und geografisch. Vollends im Siebenjährigen Krieg, 1756–1763, der Preußens Aufstieg zur Großmacht
besiegelte, diente Kursachsen als Schlachtfeld. Nicht nur Kampfhandlungen und die jahrelange Stationierung fremder Truppen
haben dem Land schwere Schäden verursacht, noch nachhaltiger
wirkten Machenschaften des friderizianischen Preußen, mit denen
Währung und Wirtschaftskraft Sachsens zerstört werden sollten.
Am Ende des Krieges 1763 war nicht nur der sächsische Wohlstand
dahin, verflüchtigt hatte sich auch die augusteische Illusion von
einer großen Rolle des Landes in der europäischen Politik. Im
Inneren musste das schwer geschlagene Kursachsen seine Kraft dem
als „Rétablissement" bezeichneten Wiederaufbau von Wirtschaft
und Gesellschaft widmen. Die Außenpolitik stand ganz unter dem
Zwang zur Selbstbehauptung zwischen den beiden Machtblöcken
Österreich im Süden und Preußen im Norden.

2.2   Die ernestinische Linie: Ansprüche und Wirklichkeit

Es erscheint natürlich gewagt, für die beiden aus der Leipziger
Teilung von 1485 hervorgegangenen wettinischen Linien unterschiedliche Politikstile in Anspruch nehmen zu wollen. Genea-

logie ist lange nicht alles, die einzelnen Individuen fordern ihr Recht, die politischen Rahmenbedingungen ändern sich im Laufe der Jahre, sodass sich globale Urteile eigentlich verbieten. Dennoch drängt sich für die Albertiner nach den gelungenen Coups Moritzens von 1547 und 1552 sowie der erfolgreichen Behauptung des Gewinnes unter seinem Bruder August bis 1586 der Eindruck der Saturiertheit auf. Kursachsen wurde in der zweiten Hälfte des 16. Jahrhunderts zu einer statischen Macht, die jede Veränderung scheute, da sie mit dem Status quo über die Maßen zufrieden war. Mit seinem doktrinären Festhalten am Bestehenden musste der Dresdner Hof, wie beschrieben, seine Führungsposition im deutschen Protestantismus verspielen. Erst die drohende Überflügelung durch den brandenburgischen Nachbarn führte dann jenen Anpassungsdruck herbei, der die kursächsische Politik zwang, um 1680 ihre alten Paradigmen über Bord zu werfen. Vorrangig ging es dann nicht mehr um Sicherheit und die Bewahrung des Bestehenden innerhalb des Reichsverbandes, sondern um autonome Machtstaatspolitik im europäischen Rahmen. Dieses ambitionierte Modell wurde unter August dem Starken mit Abenteuerlust und Verwegenheit durchgespielt. Zu dauernden Erfolgen führte es nicht. Unter dem wachsenden Druck des friderizianischen Preußen ab 1740 kehrte Dresden zu einer statischen Politik zurück, die von dem Bestreben diktiert war, die eigene Position zwischen dem preußischen Hammer und dem österreichischen Amboss zu behaupten. Ganz anders bei den Ernestinern. Der Widerspruch zwischen dem kurfürstlichen Rang und der nach der Leipziger Teilung 1485 geschmälerten Machtbasis, dieses in der Geschichte des ernestinischen Zweiges fast leitmotivisch wiederkehrende Thema einer Kollision von Anspruch und Wirklichkeit, hatte hier den Drang zu einer aktiven und dynamischen, auf Veränderung ausgerichteten Politik zur Folge. Jenes gewaltige Wagnis der Reformation, das die Welt veränderte und das Gesicht des neuzeitlichen Europa mitprägte, nahm vom ernestinischen Sachsen seinen Ausgang. Erst recht nach der Niederlage von Mühlberg 1547 und der folgenden Umverteilung der Gewichte unter den beiden Linien des Hauses Wettin nahm der Gegensatz von Willen und Wirklichkeit bei manchen Ernestinern bedrohliche Ausmaße an. Über dem Ziel einer Revision der Ergebnisse von 1547 geriet das politische Gebot der Vorsicht ganz außer Acht. Eine Figur wie Johann Friedrich den Mittleren, den Verantwortlichen und das Opfer der Gothaer Katastrophe von 1567, sollten die Historiker nicht nur als fantastischen Irrläufer auffassen. Man darf ihn auch als symptomatische Gestalt für die Geschicke der Ernestiner deuten. Dieser älteste Sohn des Besiegten von Mühlberg, 1529 geboren, litt zutiefst unter dem Verlust der Kurwürde und der „Krise des Überganges in die kleinfürstliche Existenz" (Thomas Klein). Der Konflikt zwischen großem Anspruch und bescheidenen Möglichkeiten verführte ihn zu einer hektischen und kurzatmigen Politik. Er erlag immer mehr einem Wunschdenken, das zu verhängnisvollem Realitätsverlust führte. Der brennende Ehrgeiz, ein Charakteristikum vieler Ernestiner über die Jahrhunderte hinweg, steigerte sich bei ihm ins Wahnhafte. Bald ging es dem Herzog nicht mehr nur um die Rückgewinnung der seinem Vater geraubten Kurwürde, er spekulierte sogar auf die Kaiserkrone. Ganz Europa wurde für ihn zu einem Spielplatz ungezügelter Ambitionen, wobei sich der Einsatz nach und nach steigerte.

Erstes Ziel war ein Königsthron, der schwedische. Johann Friedrich hatte ihn 1555/56 seinem jüngeren Bruder Johann Wilhelm zugedacht. Den Anlass für das fantastische Projekt boten die Gedankenspiele von Lübecker Ratsherren, die den der Hanse unliebsamen Schwedenkönig Gustav Wasa mit einer bewaffneten Intervention stürzen wollten, um an dessen Stelle einen willfährigen deutschen Fürsten zu setzen. Kaum hatten die Ernestiner von dem Vorhaben erfahren, waren sie von der Aussicht auf ein Königreich elektrisiert. Sie fieberten danach, mit einem von den Hansestädten finanzierten Heer Schweden zu erobern. Die Schwierigkeiten völlig unterschätzend, bestellten sie bereits einen Kommandeur für die noch nicht existierende Expeditionstruppe. Das auf allzu vielen optimistischen Erwartungen errichtete Kartenhaus stürzte jedoch zusammen, weil den vorsichtigen Herren von Lübeck das windige Abenteuer doch zu gewagt erschien und sie daher kein Geld geben wollten. Ebenso scheiterten alle Versuche, für Johann Wilhelm zumindest ein eigenes Herzogtum im Baltikum zu gewinnen. Der eroberungslustige Fürst stürzte sich daraufhin Hals über Kopf in den spanisch-französischen Krieg, um auf einer der beiden Seiten sein Glück zu machen. Von Spanien abgewiesen, fand er beim König von Frankreich Anstellung als Söldnerführer. Seine Hoffnungen auf ein eigenes Fürstentum in Westeuropa zerschlugen sich jedoch, weil Frankreich und Spanien 1559 den Frieden von Cateau-Cambrésis schlossen. Als Lohn für seine aufgewendete Mühe erhielt Johann Wilhelm lediglich die sehr kleine Herrschaft Châtillon an der Seine, jedoch bloß auf Zeit, nämlich für neun Jahre. Vom Scheitern gekrönt war schließlich auch sein kühnes Werben um Königin Elisabeth I. von England, die eben den Thron bestiegen hatte. Die Liebesmüh war ganz verloren, dachte doch zumindest diese englische Königin nicht daran, einen Ernestiner zu ehelichen. Sie blieb überhaupt unvermählt. Die Schule der Niederlagen erzog Johann Wilhelm immerhin zum Realismus, hatte bei seinem Bruder Johann Friedrich jedoch gegenteilige Folgen. Er spann sich in politische Träumereien und in eine Atmosphäre der Irrationalität ein. 1557 nahm er, wie oben erwähnt, den fränkischen Ritter Wilhelm von Grumbach in seinen Dienst, obwohl dieser auf eigene Faust seine Fehden gegen das Hochstift Würzburg führte und somit eine anrüchige Figur war. Grumbach sollte dem Herzog die Unterstützung des deutschen Adels in der bevorstehenden Auseinandersetzung mit dem Albertiner sichern, von der man in Sachsen ahnte, dass sie eines Tages kommen würde. Doch war Ritter Grumbach eben nicht der Anführer des gegen die Fürstenherrschaft aufbegehrenden Adels, als der er sich darzustellen liebte, sondern vielmehr ein verkrachter Intrigant. Allerdings kannte er die schwache Seite des Herzogs, den schwindenden Realitätsbezug, und wusste sie für sich auszunutzen. Als Werkzeug bediente sich der Ritter eines *Tausendschön* genannten Jugendlichen, der sich schon als Kind in Visionen mit den Engeln unterhalten haben wollte. Dieser Tausendschön wurde zum Orakel Herzog Johann Friedrichs, der sich den suggestiven Offenbarungen des jungen Engelsehers nicht entziehen konnte. Auch der alte Grumbach scheint am Ende der von ihm selbst geschaffenen Aura des Irrealen und der Welt des Wahns erlegen zu sein. Fürst und Rat glaubten schließlich den Verheißungen der Engel, die großzügig Schätze in Aussicht stellten und zu guter Letzt auch noch die Kaiserkrone.

Da sich die politische Ratio vom herzoglichen Hof verabschiedet hatte, gelang es auch dem vernünftigeren Johann Wilhelm nicht mehr, seinen Bruder aus der Scheinwelt zu befreien. Um nicht in dessen drohenden Untergang mitgerissen zu werden, erzwang er jedoch eine Nutzungsteilung (Mutschierung) des Besitzes. Während der Ältere in Gotha immer mehr in der Verblendung versank, zog sich Johann Wilhelm nach Coburg zurück. Ihn begleitete auch der Teil des Personals seines Bruders, der mit dem wahnhaften Treiben am Gothaer Hof nicht einverstanden war. Um das politische Überleben des ernestinischen Zweiges zu si-

chern, hat sich Johann Wilhelm der von Kursachsen als Reichsexekution formalisierten Aktion gegen den eigenen Bruder angeschlossen. Während Tausendschön in Gotha weiter die Worte der
Engel verkündete, legte der Kurfürst von Sachsen eine Schlinge
um die Stadt. Grumbach war für seine Anschläge auf Würzburg
vom Kaiser in die Reichsacht erklärt worden. Die Acht wurde auf
Herzog Johann Friedrich als den Beschützer des Geächteten ausgedehnt. Die Kapitulation Gothas nach wochenlanger Belagerung
vor dem von Kurfürst August als Oberstem des Obersächsischen
Kreises befehligten Truppenaufgebot bedeutete im April 1567 den
endgültigen Sieg der Albertiner über die ältere Linie. Dresden
erreichte die Aufteilung des ernestinischen Besitzes in Thüringen
im Erfurter Vertrag von 1572. Somit entstand ein eigenes Fürstentum um Coburg und Gotha für die unter kursächsische Vormundschaft gestellten kleinen Söhne des gefangenen Johann Friedrich
namens Johann Casimir und Johann Ernst. Der nördliche und der
östliche Landesteil um Weimar, Jena und Altenburg verblieb Johann Wilhelm. Den bitteren Weg in die kleinfürstliche Existenz ist
dieser Ernestiner aber nicht mehr bis zum Ende gegangen. Er starb
schon im März 1573, im Alter von nur 43 Jahren. Damit schlug
von neuem die Stunde des sächsischen Kurfürsten August, der sich
nun auch noch die Vormundschaft über die beiden minderjährigen Söhne des Verstorbenen, Friedrich Wilhelm und Johann,
aneignete (S. 231). So waren alle jungen Ernestiner in seiner
Hand. Er ließ sie auf eine solche Weise erziehen, dass sie der
Vorherrschaft des albertinischen Kurhauses niemals gefährlich werden sollten. Ihren jungen Köpfen wurden Maximen eingehäm-
mert, denen zufolge als höchste Güter auf Erden das gute Einvernehmen, das Vertrauen und die Einigkeit zwischen den beiden
Linien des Hauses Sachsen zu gelten hätten. Sie durften niemals
wagen, an den Verhältnissen innerhalb der Dynastie zu rütteln. Wie
erfolgreich diese Erziehungsgrundsätze Wurzeln schlugen, lässt sich
bei dem Prinzen Friedrich Wilhelm studieren, dem ältesten Sohn
des verstorbenen Johann Wilhelm. Dieser hatte nicht nur früh den
Vater verloren, der Dresdner Vormund trennte ihn auch von der
Mutter und ließ ihn von Vertrauensleuten ausbilden. Erst im
reiferen Alter von 24 Jahren konnte Friedrich Wilhelm die kursächsische Bevormundung endlich abschütteln und seine eigenständige Herrschaft im Weimarer Landesteil antreten. Wie sehr er
sich inzwischen zum loyalen Gefolgsmann des Dresdner Hofes
entwickelt hatte, zeigte sich nach 1591, als er selbst die Ad-

ministration Kursachsens übernahm. Beim plötzlichen Tod des sächsischen Kurfürsten Christian I. im September 1591 war dessen Erbe Christian II. erst acht Jahre alt. Folglich gab es nach den üblichen Gepflogenheiten wieder eine Vormundschaftsregierung, diesmal jedoch unter umgekehrten Vorzeichen. Der Ernestiner Friedrich Wilhelm bevormundete nun junge albertinische Prinzen. Als Administrator der Kur Sachsen hatte Friedrich Wilhelm auch Zugang zu den geheimsten Beständen des kurfürstlichen Archivs in Dresden. Beim Studium der Akten müssen ihm so manches Mal die Augen übergegangen sein. Er konnte deutlich ersehen, in welchem Ausmaß er und sein Haus zu Kurfürst Augusts Zeiten von der Dresdner Verwandtschaft betrogen worden waren. Bei der Übernahme des Erbes des letzten, 1583 verstorbenen Grafen von Henneberg war August auch vor Urkundenfälschung nicht zurückgeschreckt, um die ernestinischen Miterben zu prellen. Friedrich Wilhelm hat es jedoch gut sein lassen. Er duldete das Unrecht, das seinem Haus angetan worden war, weil er meinte, nur so den künftigen Frieden zwischen den beiden wettinischen Linien bewahren zu können. In diesem Sinn war er erzogen worden. Unrecht durfte zu Recht werden. Nach insgesamt erfolgreicher zehnjähriger Tätigkeit als Administrator übergab Friedrich Wilhelm 1601 den Besitz der Kur Sachsen, auch den unrechtmäßig erworbenen, ungeschmälert an den nun volljährigen Christian II. Die Gelegenheit, das Rad der Geschichte rückwärts zu drehen, war ungenutzt vorübergegangen.

Das heißt freilich nicht, dass der alte Rebellengeist bei den Ernestinern ganz erloschen gewesen wäre. Er loderte wieder auf bei den Söhnen von Friedrich Wilhelms Bruder Johann. Auch Johann starb früh, im Jahre 1605 mit 35 Jahren. Er hatte sich jedoch als sehr fruchtbarer Herr erwiesen. Aus seiner Ehe mit der anhaltischen Prinzessin Dorothea Maria waren nicht weniger als elf Söhne hervorgegangen, von denen acht den Vater für längere Zeit überlebten (S. 232). So wurde Johann zum Stammvater aller bis 1918 in Thüringen und in der Welt regierenden Ernestiner, auch des späteren Hauses Sachsen-Coburg. Aus der Sicht des Dresdner Hofes missrieten die Söhne Johanns fast alle zu politischen Unruhestiftern. Anders als ihr Onkel Friedrich Wilhelm, der das der Familie angetane offenkundige Unrecht still leidend erduldete, begehrten die jungen Prinzen von Weimar einer nach dem anderen auf. Nur der vorsichtige Albrecht hielt still. In den aufgewühlten Jahren des Dreißigjährigen Krieges wurden die Weimarer zu Vorkämpfern der protestantischen Sache. Sie fochten mit dem Schwert in der Hand direkt gegen den katholischen Kaiser und indirekt gegen den Vetter in Dresden, der die bestehenden Machtverhältnisse, von denen man in Wien und Dresden profitierte, vor den Angreifern zu bewahren suchte. Kursachsen agierte die längste Zeit über als Alliierter des Kaisers. Das Herzogtum Sachsen-Weimar war aber viel zu klein für ein halbes Dutzend kraftgeladener Kämpfernaturen. Es drängte die Prinzen auf die Schlachtfelder des langen Krieges. Bevor es aber so weit war, hatten sie noch genügend Gelegenheiten, ihre eigenen Erfahrungen mit der Dresdner Herrschsucht zu machen, die nur zu gern in fremde Angelegenheiten eingriff. Es kam hinzu, dass die Weimarer über ihre Mutter mit dem anhaltischen Fürstenhaus verbunden waren. Ihr Onkel Christian von Anhalt-Bernburg galt zu Beginn des Dreißigjährigen Krieges als eine der Hauptfiguren europäischer Politik. Dieser calvinistische Aktivist rief die Protestanten Europas zur Zeit des Prager Fenstersturzes 1618 zum Kampf gegen die katholische Vormacht der spanischen und österreichischen Habsburger. Nicht unerwähnt bleiben sollte auch, dass die jungen unruhigen Prinzen von Weimar bei einem großen Historiker zur Schule gegangen sind, bei Friedrich Hortleder (1579–1640), der es als Präzeptor (Erzieher) am weimarischen Hof verstanden hatte, seinen Schülern einen Begriff von dem Unrecht zu vermitteln, das ihren Vorfahren im Verlauf von hundert Jahren angetan worden war. Aus Geschichte wurde dann von neuem Geschichte, weil die gelehrigen Zöglinge Hortleders mit den Waffen in der Hand aufbrachen, um aus dem Unrecht wieder Recht zu machen.

Als 1620 in Böhmen endgültig der Krieg ausbrach, der dann auf ganz Mitteleuropa übergreifen und lange nicht zur Ruhe kommen sollte, da waren die Weimarer nicht mehr zu halten. Sie stürzten sich ins Schlachtengetümmel. Der Älteste, Johann Ernst, kämpfte in Böhmen, in der Pfalz und in den Niederlanden. 1626 starb er auf einem Feldzug in Oberungarn, der heutigen Slowakei. Der Zweitälteste, Friedrich, diente als Offizier den böhmischen Ständen, dem Markgrafen von Baden-Durlach und dem Heerführer Ernst von Mansfeld. 1622 kam er in der Schlacht von Fleurus gegen die Spanier ums Leben. Wilhelm wurde 1623 in der besonders blutigen Schlacht von Stadtlohn schwer verwundet und fiel daraufhin in kaiserliche Gefangenschaft. Nach seiner Freilassung und dem Tod des ältesten Bruders 1626 trat er die Regierung in Sachsen-Weimar an. Dem schwedischen König Gustav Adolf, der 1630 in den deutschen Krieg eingriff, diente er als Generalleutnant und Statthalter für Thüringen. 1635 söhnte er sich schließlich mit Kaiser Ferdinand II. aus. Dann schonte er sein Leben und regierte noch zwanzig Jahre im angestammten Herzogtum. Von ihm stammten die späteren Herzöge und Großherzöge von Sachsen-Weimar (-Eisenach) her. Eine erstaunliche Laufbahn verschaffte dem jüngsten der Brüder, Bernhard, ein eigenes Fürstentum am Oberrhein, für das er sogar nach einer Königskrone griff, dieser alten Obsession der Ernestiner. Bernhard von Weimar hatte seit 1622 im Sold der protestantischen Mächte Holland und Dänemark gegen Kaiser und Spanier gekämpft. Später schloss er sich dem Schwedenkönig an. Militärisch spielte er in der Schlacht bei Lützen im November 1632, die Gustav Adolf von Schweden den Tod brachte, eine entscheidende Rolle. Nach dem Schlachtentod des Königs übernahm Bernhard den Oberbefehl über die schwedischen Truppen und behauptete mit ihnen das Schlachtfeld gegen die Soldaten Wallensteins. Sein Lohn waren die von Schweden besetzten Fürstbistümer Würzburg und Bamberg, die er zu einem weltlichen Herzogtum Franken unter seiner Herrschaft umwandelte. Diese Kriegsbeute ging indes schon nach der für die Habsburger siegreichen Schlacht bei Nördlingen 1634 wieder verloren. Der Weimarer gab aber nicht auf. Dem Prager Frieden von 1635, der die Aussöhnung seiner überlebenden Brüder mit dem Kaiser brachte, schloss er sich für seinen Teil nicht an. Statt dessen verbündete er sich mit Frankreich, um die habsburgischen Gebiete im Elsass und im Breisgau zu erobern. Der Traum von einer elsässischen Königskrone, von einem Zwischenreich zwischen Deutschland und Frankreich, scheint ihn umgetrieben zu haben. Auf den Schlachtfeldern war er gegen die Kaiserlichen erfolgreich, aber er starb vor der Erfüllung seines Traumes im Sommer 1639 nach kurzem kriegerischem Leben, wohl an Erschöpfung. Sein Erbe im Elsass, das die Weimarer Verwandtschaft aus Furcht vor dem Kaiser nicht antreten wollte, fiel zuletzt dem König von Frankreich zu. Bernhards steiler, jedoch folgenloser Aufstieg und sein gewagtes Auftreten in der europäischen Politik beeindruckte seinen nur wenig älteren Bruder Ernst zutiefst. Beide standen in einem engen Vertrauensverhältnis. Ernst hatte seit 1632 Bernhards kurzlebiges Herzogtum Franken verwaltet. Aus den Kämpfen und Leiden seiner Brüder, die alle ihr Leben einsetzten, ohne etwas Dauerhaftes zu erreichen, zog Ernst einen sehr weit reichenden Schluss. Er hatte in der Jugend selbst als schwedischer Offizier am Krieg teilgenommen, beschloss dann aber, sich in den Dienst einer Politik des Friedens zu stellen. Da sich die Machtverhältnisse für einen Ernestiner auch mit noch soviel Mut und Opferbereitschaft nicht ändern ließen, fand Ernst sich mit den Zuständen ab. Er akzeptierte die Welt, wie sie war, und fand sich mit der kleinfürstlichen Existenz ab. Auch ein kleiner Fürst konnte Großes leisten, wenn er es richtig anfasste. Die Innenpolitik wurde zu seiner Sache. Im selbstständigen Fürstentum Sachsen-Gotha, das Ernst bei einer brüderlichen Landesteilung im Jahre 1640 zufiel, arbeitete er an der Errichtung eines Musterstaates. Das 17. Jahrhundert hatte seine eigenen Vorstellung vom Musterhaften. Als seine Hauptaufgabe sah *Ernst der Fromme*, wie Untertanen und Nachwelt ihn nannten, die Beseitigung der schweren Kriegsschäden im Gothaer Land an. Von fähigen Mitarbeitern unterstützt, hat er Gesetze erlassen und Behörden geschaffen, die für den deutschen Kleinstaat seiner Zeit beispielgebend waren. Seine tiefe lutherische Religiosität führte ihn nicht zur Passivität, sondern wirkte als Triebkraft für rastlose Betätigung. Seine rigorosen religiös-moralischen Prinzipien wandte Ernst mit einer gewissen Ungeduld und Unduldsamkeit auf seine Landeskinder an. Mit kleinlicher Sittenstrenge und pedantischem Übereifer fiel er Untertanen wie Beamten nicht selten reichlich lästig. Gegenstände seiner besonderen Fürsorge waren Schulwesen und Erwachsenenbildung. Es war sein Anliegen, die Menschen nach einem idealen Bild zu formen, wie er auch an sich selbst den strengen Maßstab eines christlichen Fürsten als eines sorgfältigen Hausvaters im Staat anlegte. Tatsächlich erregte seine sparsame Haushaltsführung im Zeitalter fürstlicher Verschwendungssucht große Aufmerksamkeit. Das gilt auch für die rationale Verwaltungsorganisation in seinem Land, die angesichts der meist schlecht funktionierenden administrativen Apparate dieser Zeit eine Ausnahme bildete. Der zeitgenössische Staatswissenschaftler Veit Ludwig von Seckendorff (1626–1692), der selbst am Gothaer Hof tätig war, schilderte Ernsts Fürstentum als deutschen Musterfall in seinem einst berühmten Buch „Der Teutsche Fürstenstaat" von 1656. Ernst zeigte, welche Wirkungsmöglichkeiten den von der Geschichte in kleine thüringische Residenzen verschlagenen Ernestinern im 17. Jahrhundert noch geblieben waren. Der guten Ordnung im Staat galt Ernsts des Frommen stete Sorge, aber nicht ihr allein. Auch für ihn gab es keine Staatsräson, die über den privaten Belangen des Herrscherhauses rangierte. Vater seiner Untertanen war er sicherlich, doch in erster Linie treu sorgender Familienvater im Sinne der Lehre Luthers. So lag dem Herzog auch das Wohl seiner zahlreichen Nachkommen am Herzen. Aus seiner 1636 geschlossenen Ehe mit Elisabeth Sophie von Sachsen-Altenburg waren achtzehn Kinder hervorgegangen, von denen sieben Söhne und zwei Töchter den Vater überlebten (S. 232). In seinem Testament von 1654/72 hatte Ernst verfügt, dass alle Söhne zu gleichen Teilen erbberechtigt sein sollten. Eine zukünftige Landesteilung, das alte Verhängnis der Ernestiner, war somit nicht ausgeschlossen, auch wenn der Vater für die Zeit unmittelbar nach seinem Ableben die Regierungsgeschäfte zunächst dem ältesten Sohn allein zugedacht hatte. An die eigentlich nahe liegende Einführung einer Primogenitur-Ordnung, zu der in dieser Zeit andere Fürstentümer übergingen, hat Ernst der Fromme wohl nicht gedacht. Nach seinem Tod 1675 versuchten sich die Brüder zwar im Experiment einer gemeinsamen Regierung, doch war absehbar, dass der Versuch scheitern musste. In den Jahren 1680/81 schritten sie zur Landesteilung. Das Erbe Ernsts wurde in sieben Teile zerschlagen, die aber nicht gleich groß waren. Der Älteste, Friedrich, behielt das Fürstentum Gotha und gewisse Vorrechte über seine vier jüngsten Brüder. Eigene Fürstentümer mit voller Landeshoheit innerhalb des Reichsverbandes erhielten Albrecht in Coburg und Bernhard in Meiningen. Für die vier Jüngsten gab es keine volle Landeshoheit. Sie bekamen zwar eigene Herrschaften aus dem Erbe angewiesen, doch waren ihre Regierungsbefugnisse eingeschränkt, da die Behörden Friedrichs in Gotha und Altenburg Zuständigkeiten auch in ihren Gebieten besaßen. So entstanden vier Fürstentümer en miniature, von denen die ohnedies bunte politische Landkarte Thüringens am Ende des 17. Jahrhunderts um weitere farbige Details bereichert wurde. Die vier nachgeborenen Söhne Ernsts des Frommen bauten sich in winzigen Residenzstädten notgedrungen kleine Schlösser, in denen sie von Macht und Größe träumten. Heinrich tat dies in Römhild, Christian in Eisenberg, Ernst in Hildburghausen und der Jüngste Johann Ernst in Saalfeld.

Das Kalkül der Dresdner Machtpolitiker des 16. Jahrhunderts war mit einiger Verzögerung aufgegangen. Mit einem patrimonialen Herrschaftsverständnis, das jedem Fürstensohn sein Recht widerfahren ließ und sich nicht um die Einwände einer wie auch immer aufgefassten Staatsräson kümmerte, hatten sich die Ernestiner selbst als Machtfaktor gründlich erledigt. Mit ihren kleinen und kleinsten Herrschaftsgebilden waren sie am unteren Ende der langen Skala frühneuzeitlicher Staatlichkeit angekommen. Das Herzogtum Sachsen-Saalfeld des jüngsten der Brüder Johann Ernst, der zum Ahnherrn der späteren Coburger Herzöge wurde, war einem Gutsbezirk ähnlicher als einem Staatswesen. Johann Ernst unterstanden die in Südthüringen gelegenen Ämter Saalfeld, Gräfenthal, Probstzella und das Städtchen Lehesten, das auch nach Meinung der Zeitgenossen nicht mehr als ein Dorf war. Die Regierungsarbeit für dieses abgelegene und unbedeutende Herzogtum wurde zum größten Teil an den weit entfernten Behördensitzen Gotha und Altenburg erledigt. Kein Adliger von Besitz und Würde im Europa des Jahres 1700 musste diesen Johann Ernst beneiden. Dieser wäre natürlich erstaunt und erfreut gewesen, hätte er erfahren, dass seine Nachkommen hundert Jahre später aufbrachen, um Throne in Brüssel, London, Lissabon und sogar in Sofia zu besetzen. Das Haus Sachsen-Saalfeld wurde auf dem Weg über Coburg zu einer großen europäischen Dynastie am Ende des monarchischen Zeitalters. Dieser erstaunliche Aufstieg zeigt, dass die Ernestiner sich mit dem Absinken in die Unscheinbarkeit, die auferlegtes und selbst verantwortetes Schicksal war, nicht abfinden mochten. Sie setzten ihre individualistische Revolution gegen scheinbar übermächtige Strukturen fort, aber auf andere Weise als im 16. und 17. Jahrhundert. Bestimmt wollten sie nicht mehr die Schlacht von Mühlberg in einen nachträglichen Sieg verwandeln, aber die Angehörigen des Hauses waren in der Regel auch nicht bereit, die mittelmäßige Rolle der mit fürstlicher Würde dekorierten Gutsherren in den Wäldern und Ebenen Thüringens zu spielen. Sie begehrten Weltgeltung. Weimar entwickelte sich seit den 1770er Jahren zu einer der kulturellen Metropolen Europas, Meiningen galt im 19. Jahrhundert in Europa und Amerika als Kapitale des Theaters. Das weite Feld der Kultur wurde zur blühenden Spielwiese der politisch Entmachteten. Aber völlig hatten die Ernestiner auch auf die Macht nicht verzichtet. Wenn sie im langen 18. Jahrhundert mit allen ihnen zu Gebot stehenden Möglichkeiten um jeden Fußbreit Boden kämpften, um ihre geschrumpften Fürstentümer zu vergrößern, wenn sie im Zeremoniell, das die Zeitgenossen als bildhaftes Gleichnis für gegenwärtige und künftige Machtverhältnisse ansahen, keinerlei Zurücksetzung hinter die Kurfürsten hinnehmen mochten, dann lebte in diesem hartnäckigen Widerstreben gegen eine anscheinend unwandelbare Realität auch ein Rest an trotziger Hoffnung auf eine grundlegende Änderung der Dinge. Freilich galt es in Jahrhunderten zu rechnen, denn wer so gründlich verloren und ausgespielt hatte wie die Ernestiner, musste sich in Geduld üben. 1814 schien sich einem von ihnen eine große Chance zu bieten, sogar die Möglichkeit zu einer späten Revanche für Mühlberg zeichnete sich ab. Herzog Karl August von Sachsen-Weimar-Eisenach, der Freund und Dienstherr Goethes, wähnte in diesem Jahr die sächsische Königskrone zum Greifen nah. König Friedrich August von Sachsen war ein viel zu treuer Verbündeter Napoleons gewesen, um nach dessen Sturz ungeschoren davonzukommen. Als Gefangener der Preußen saß er im Berliner Stadtschloss, dann auf Schloss Friedrichsfelde bei Berlin, die Zukunft seines Staates war offen. Im diplomatischen Wettlauf mit den großen Mächten um die sächsische Beute während des Wiener Kongresses konnte sich dann freilich das kleine Weimar nicht durchsetzen. In Wien wurde das Königreich Sachsen 1815 aufgeteilt, den Norden erhielt Preußen, der südliche Teil mit Dresden, Leipzig und Chemnitz verblieb dem als König wieder eingesetzten Albertiner. Der Weimarer Karl August stieg zwar zum Großherzog auf, doch wurde er nicht sächsischer König. Seine Ansprüche führten lediglich zur Abtretung vormals kursächsischer Gebiete in Thüringen an das neue Großherzogtum Sachsen-Weimar-Eisenach. Die Königsträume sollten für eine der ernestinischen Linien, nämlich Sachsen-Coburg, dann im Verlauf des 19. Jahrhunderts doch noch wahr werden, aber nicht in Mitteldeutschland, sondern in Flandern und der Wallonie, an der Themse, am Tejo und auf dem Balkan. Darum geht es in diesem Buch.

2.3 Sachsen-Coburg: Kalkül und Erfolg

Die Verwicklungen der dynastischen und somit der politischen Geschichte Thüringens lassen sich an den Geschicken Coburgs beispielhaft betrachten. Die Stadt und ihr Umland gehörten als fränkische Pflege Coburg seit 1353 den Wettinern und bildeten den südlichen Vorposten ihres Herrschaftsbereiches. Als Bastion wettinischer Macht wurde die Veste oberhalb der Stadt zu einer fast uneinnehmbaren Wehranlage ausgebaut. Sie diente Angehörigen der Dynastie als zeitweilige Residenz. Zwischen 1435 und

1437 hielt Markgraf Sigismund von Meißen, der spätere Bischof von Würzburg, Bruder des sächsischen Kurfürsten Friedrich II., vorübergehend in Coburg Hof. Da sich dieser Wettiner bald nach dem Antritt seiner eigenständigen Regierung in den geistlichen Stand begab, blieb seine Coburger Regentenzeit ein nur zweijähriges Intermezzo. 1542 wurde die Stadt Coburg dann wieder für einige Jahre Sitz eines regierenden Fürsten. Der unter Oberhoheit seines kurfürstlichen Bruders Johann Friedrich stehende, aber mit eigenen Herrschaftsrechten ausgestattete Herzog Johann Ernst verlieh seinem Fürstensitz einen gewissen höfischen Glanz. Er ließ das ehemalige Franziskanerkloster zum Stadtschloss Ehrenburg umbauen. Mit des kinderlosen Johann Ernsts Tod 1553 endete Coburgs erste Dekade als Residenz. Noch glanzvollere Zeiten kamen mit Johann Casimir, für den mit der Erfurter Teilung von 1572 ein eigenständiges Fürstentum errichtet wurde. Der auf Repräsentation sehr bedachte Herzog verlieh der Stadt unter der Veste ein markantes Gepräge, dessen Züge sich heute noch erkennen lassen. Mit dem kinderlosen Tod Johann Casimirs und seines auch wieder Johann Ernst genannten Bruders 1633/38 hatte Coburg seine Rolle als fürstliche Hauptstadt vorerst wieder ausgespielt. Die Unterbrechung dauerte vier Jahrzehnte. Zur Zeit der Teilung unter den Söhnen Ernsts des Frommen 1680/81 wurden Städte gesucht, die den Ansprüchen an Prestige und Format einer Residenz gerecht wurden. Es konnte nicht ausbleiben, dass der Zweitälteste der teilenden Brüder, Herzog Albrecht, gerade Coburg als die nach Gotha prächtigste Stadt im Lande zu seiner Residenz nahm. Freilich wird man sich den urbanen Glanz dieses Städtleins von nicht ganz 4 000 Einwohnern auch nicht allzu strahlend vorstellen dürfen. Es war eine eher ländliche Hauptstadt, in die Albrecht 1680 einzog, in der jedoch auffällige Bauten aus der Zeit früherer Landesregenten die kleinstädtische Architektur überragten. Albrecht fügte der gebauten Harmonie des Coburger Stadtbildes die barocke Note hinzu, die er im Schloss Ehrenburg zum Klingen brachte. Nach einer Feuersbrunst im Jahr 1690 ließ es der Herzog mit großem Aufwand und künstlerischem Sachverstand wieder herstellen. Auch Albrecht blieb freilich das Schicksal früherer Regenten nicht erspart. Ihm waren leibliche Erben versagt. Eine stetige Generationenfolge von Herzögen aus einer Linie wollte sich in der Geschichte des Coburger Landes lange nicht einstellen, sodass die Ansätze zu eigenständiger staatlicher Entwicklung immer wieder abbrachen. Mit

Albrechts Ableben 1699 begann ein langwieriger Erbfolgestreit unter den nächst verwandten thüringischen Fürstenhäusern.

Erst 1735 wurde der Zwist zugunsten des Hauses Sachsen-Saalfeld entschieden, der jüngsten der Gothaer Seitenlinien. Die Saalfelder Herzöge regierten fortan in Coburg, wo sie die volle Landeshoheit im Rahmen des Reichsverbandes ausübten, während sie gemäß dem Teilungsvertrag von 1680 für Saalfeld selbst unter Gotha-Altenburger Oberhoheit standen. Jedenfalls kam seit der Mitte des 18. Jahrhunderts größere Stetigkeit in die Coburger Landesgeschichte. Den Herzögen wurden jeweils männliche Erben geboren, sodass die Herrschaft ohne Komplikationen an die nächstfolgende Generation übergehen konnte. Der anderen Gefahr für den Bestand eines dynastischen Territoriums, den Landesteilungen, baute ein 1747 vom Kaiser genehmigtes Primogeniturgesetz vor. Das Herzogtum ging demnach ungeteilt an den jeweils erbberechtigten Sohn über. Für die Nachgeborenen bedeutete dies, dass sie außerhalb des väterlichen Fürstentums Ehre und Verdienst suchen mussten. Die jüngeren Coburger Prinzen drängten im 18. Jahrhundert in die Kriegsdienste auswärtiger Fürsten, besonders des Kaisers. Die Uniform des habsburgischen Heeres verhieß den von der Erbordnung Benachteiligten Prestige. Auf den Schlachtfeldern warteten entweder der Ruhm oder der Tod. Prinz Friedrich Josias von Sachsen-Coburg-Saalfeld (1737–1815) machte als kaiserlicher General den Namen Coburgs in ganz Europa bekannt. Im Krieg Russlands und Österreichs gegen das Osmanische Reich 1787–1791/92 hat er als einziger habsburgischer Truppenkommandeur überragende Leistungen vollbracht. „Prinz Koburg", wie er gemeinhin genannt wurde, eroberte die Walachei für den Kaiser in Wien. Sein Name stand in den Gazetten und Journalen des europäischen Kontinents, die den Kriegsverlauf ausführlich wiedergaben, häufig zu lesen. Unter dem gemeinsamen Oberbefehl des Coburgers und des Generals der Zarin Suworow besiegte eine österreichisch-russische Armee im September 1789 ein weit überlegenes türkisches Heer. Auch wenn sich die Wiener Diplomatie als unfähig erweisen sollte, die Erfolge des Prinzen auf dem Schlachtfeld für territoriale Gewinne der Monarchie auszunutzen, waren dessen Triumphe doch zumindest für die weiteren Geschicke seines eigenen Hauses Sachsen-Coburg nicht ohne Folgen. Zarin Katharina die Große, die eigentliche Gewinnerin des Türkenkrieges, wurde auf den Sieger aus Coburg und auf seine Familie aufmerksam. Sie selbst stammte aus einem kleinen deutschen Fürstenhaus, aus Anhalt-Zerbst. Katharina hatte es sich angelegen sein lassen, ihren Sohn Paul und den Enkel Alexander, die beiden künftigen Zaren, mit Töchtern deutscher Fürsten zu verheiraten. Für ihren jüngeren Enkelsohn Konstantin hatte sie ihr Auge auf eine der zahlreichen Großnichten des mit Russland siegreichen Feldherrn Friedrich Josias geworfen. So stand am Anfang des Aufstieges der Coburger 1796 die Heirat von Juliane, der dritten Tochter des Erbprinzen Franz Friedrich Anton von Sachsen-Coburg-Saalfeld, mit dem russischen Großfürsten Konstantin Pawlowitsch in Sankt Petersburg. Auch wenn diese Ehe ganz unglücklich verlief und im Jahre 1820 wieder geschieden wurde, so hat sie doch der coburgischen Familienpolitik den Durchbruch gesichert. Fortan fand sich die jüngste Linie aus der Nachkommenschaft Ernsts des Frommen inmitten der dynastischen Kombinationen europäischer Politik wieder. Die Entstehung des Phänomens Coburg war dem beispielhaften Zusammenwirken der beiden Faktoren des Aufstieges zu verdanken, die den nach politischem Missgeschick und Landesteilungen verarmten und machtlosen Ernestinern noch verblieben waren: den erfolgreichen Kriegsdiensten der jüngeren Söhne und den Heiratschancen der Töchter. Am Ende des 18. Jahrhunderts, als sich die Metamorphose der Französischen Revolution zur Militärdiktatur Napoleon Bonapartes abzeichnete, wuchs die Bedeutung Russlands im europäischen Mächtespiel weiter an. Da war es nicht ohne Bedeutung, wenn einer der Nebenwege der Diplomatie zum russischen Kaiserhaus seit 1796 über das kleine fränkisch-thüringische Coburg verlief. Menschliche und politische Faktoren überkreuzten sich. Es war für den Coburger Aufstieg entscheidend, dass der seit 1801 regierende Zar Alexander trotz des Zerwürfnisses in der Ehe seines Bruders der Schwägerin und ihrer deutschen Verwandtschaft das Wohlwollen bewahrte.

So konnte sich eine Kette individueller Aufstiege formen. Am meisten wusste der jüngste Bruder der in Russland unglücklichen Juliane von den sich bietenden Chancen zu profitieren. Der 1790 geborene Prinz Leopold wurde schon im zarten Knabenalter ehrenhalber in die russische Armee aufgenommen. Dies war nicht nur Drolerie oder bedeutungslose Aufmerksamkeit, galt doch als Voraussetzung für das Erreichen höherer Chargen jeweils ein bestimmtes Dienstalter. Mit 13 Jahren erhielt er schon ein Generalspatent. So konnte er sich 1813 bei den Kämpfen der Russen gegen Napoleon auf deutschem Boden als militärischer Anführer auszeichnen. 1814 kam Leopold im Gefolge des Zaren Alexander nach London, um dort mit seiner eleganten Erscheinung für Aufsehen zu sorgen. Er warb gegen mancherlei Widerstände erfolgreich um die Hand der englischen Thronerbin Charlotte, die er 1816 heiratete. Als späterer Prinzgemahl von England bereitete sich der Coburger darauf vor, künftig die Geschicke des weltumspannenden Britischen Reiches mitzubestimmen. Seine Frau starb aber schon 1817 im Kindbett. Über eine vom Parlament gewährte Pension finanziell abgesichert, suchte sich der Witwer von England aus eine neue Aufgabe. Er tat dies nicht nur auf den Britischen Inseln, sondern auch in Griechenland, wo der nationale Aufstand gegen die türkischen Unterdrücker über kurz oder lang die Frage aufwerfen musste, wer der König eines künftig unabhängigen und von den Mächten anerkannten griechischen Staates sein werde. Indes ist Leopold von Sachsen-Coburg-Saalfeld nicht erster Monarch Griechenlands geworden, sondern erster König der Belgier. Der belgische Nationalkongress als Vertretung des aus einer revolutionären Abspaltung von den vereinigten Niederlanden hervorgegangenen neuen Staates bot ihm 1831 die Königswürde an, die Leopold dann auch akzeptierte. Die engen konstitutionellen Beschränkungen seines königlichen Amtes nahm er dabei in Kauf. Erstmals trug ein Ernestiner als Monarch des neuen Belgien eine Königskrone, auch wenn im Zeitalter des bürgerlichen Liberalismus darauf verzichtet wurde, eigens eine solche für ihn anzufertigen. Leopold war ein Mann aus kleinem deutschem Fürstenhaus, mit russischem Hintergrund und englischer Prägung. Warum sollte nicht gerade er König der Flamen und Wallonen werden? Ehe er 1831 in seine neue Hauptstadt Brüssel einzog, hatten sich ihm bereits viele Gelegenheiten geboten, Erfahrungen auf den diplomatischen Parketten Europas zu sammeln. Mit seinen zahllosen Verbindungen und Bekanntschaften war er in der Lage, große Dinge einzufädeln, nicht nur zum Vorteil seines Königreiches Belgien, sondern auch für das Haus, dem er entstammte. England blieb Gegenstand und Schauplatz seiner Ambitionen. Bereits 1818 hatte die von Leopold arrangierte Ehe zwischen seiner Schwester Victoire und dem Herzog von Kent die Bande zwischen Coburg und dem englischen Königshaus verstärkt. Aus dieser Verbindung ging 1819 die Tochter Victoria hervor, die englische Königin, Kaiserin von Indien und prägende Gestalt eines Zeitalters werden sollte. Leopolds Bruder Ferdinand war in die Fußstapfen des berühmten Großonkels Friedrich Josias getreten und österreichischer Offizier geworden. Militärischen Ruhm erntete er kaum, dafür glückte auch ihm eine erfolgreiche Heirat. Er wurde katholisch und ehelichte 1816 in Wien eine der reichsten Erbinnen Ungarns, die Tochter des Fürsten Koháry. Mit ihr und auf ihr Vermögen gestützt begründete er die katholische Linie Sachsen-Coburg-Koháry, die ihre Mittelpunkte in Wien und auf den ausgedehnten oberungarischen (slowakischen) Gütern der Kohárys hatte. Den rastlosen Bemühungen des belgischen Königs und Familienpolitikers Leopold war es indes zu danken, wenn Ferdinands gleichnamiger Sohn 1836 die portugiesische Königin Maria da Glória heiratete. Dieser junge katholische Coburger aus Wien wurde 1837 Titularkönig von Portugal und der Begründer des bis zur Revolution von 1910 in Portugal herrschenden Königshauses Sachsen-Coburg-Bragança.

Sein heiratspolitisches Glanzstück vollbrachte der zur Meisterschaft herangereifte Leopold freilich wieder in England. Es war die vom belgischen König fein angesponnene und 1840 geschlossene Ehe zwischen seinem Coburger Neffen Albert und seiner mittlerweile zur Königin von England gekrönten Nichte Victoria. Coburgs Glück schien grenzenlos in diesen Biedermeierjahren. Man wird sich Albert, den vermutlich bekanntesten Coburger, aber als ziemlich unglücklichen Mann vorstellen müssen. Der Deutsche in der schwierigen Rolle eines englischen Prinzgemahls musste sich in Britannien zunächst gegen allerlei Widerstände durchsetzen und Ansehen erkämpfen. Er war eigentlich eine recht tragische Gestalt. Ständig unsicher, überanstrengt und angespannt, ist er früh gestorben. Die britische Monarchie verdankt ihm jedoch viel. Nicht zuletzt war es seine coburgische Anpassungsfähigkeit, die ihr ein Überleben bis zum heutigen Tag ermöglichte. Mit unermüdlicher Arbeit hat Albert das vom lockeren Lebenswandel und der Verantwortungslosigkeit der Söhne König Georgs III. weitgehend ruinierte Ansehen des englischen Königshauses gerade beim skeptischen Bürgertum auf der Insel wieder gehoben. Da aus seiner Ehe mit Victoria zahlreiche Nachkommen hervorgingen, boten sich der Heiratspolitik Englands und Coburgs viele Möglichkeiten.

Als Albert 1861 und Leopold 1865 starben, hatte die dynastische Expansion Sachsen-Coburgs ihren Zenit überschritten. Gleichwohl konnte sich der katholische und in Österreich-Ungarn beheimatete Zweig Koháry noch, relativ spät, eine Königskrone auf dem Balkan erwerben. Bulgarien wurde nach jahrhundertelanger türkischer Unterdrückung 1877/78 befreit, wobei russische Truppen bei den blutigen Kämpfen die entscheidende Rolle spielten. Den Expansionswünschen Russlands auf dem Balkan sowie den nationalen Bestrebungen der Bulgaren setzten die anderen europäischen Großmächte jedoch kaum überwindbare Schranken. Angesichts des Diktats der Mächte, die das neue Bulgarien rücksichtslos in enge Grenzen zwängten und die Wünsche seiner Bevölkerung völlig ignorierten, gestaltete sich die Konstruktion eines bulgarischen Nationalstaates am Ende des 19. Jahrhunderts außerordentlich schwierig. Nicht einfacher wurde die Lage, weil sich die russischen Befreier mit ihrem Willen zur Vorherrschaft auf dem Balkan massiv in die inneren Angelegenheiten des Landes einmischten. Schwere innere Krisen und äußerer Druck machten den 1878 aufgerichteten Fürstenthron in Sofia zur wohl gefährlichsten Sitzgelegenheit Europas. Auch im tiefen Südosten des Kontinents bewährte sich jedoch wieder die Bereitschaft eines Coburgers, schwierige Aufgaben zu übernehmen, wenn diese mit dem Erwerb einer Krone verbunden waren. Nachdem ein Vorgänger bereits gescheitert war, wurde 1887 Ferdinand von Sachsen-Coburg-Koháry der Fürst des noch nicht ganz souveränen Bulgarien. Wider Erwarten konnte er sich nicht nur auf seinem Posten behaupten, ihm gelang es auch, das erschütterte Land zu stabilisieren. 1908 nahm Ferdinand die Würde eines Königs (Zaren) von Bulgarien an. Auch als Monarch eines souveränen und gefestigten Staates blieb der Coburger in Sofia jedoch ein Getriebener des Balkan-Nationalismus, dieses explosiven Gemischs von Ansprüchen und Leidenschaften, das zu den Katastrophen der Balkankriege 1912/13 und des Ersten Weltkrieges führte.

Die beiden so ungleichen europäischen Staaten Belgien und Bulgarien besitzen und besaßen Königshäuser aus Coburger Wurzel, denen sie im Wesentlichen die Wahrung ihrer Eigenständigkeit und die Prägung ihrer Geschichte, zum Guten wie auch mitunter zum Gegenteil, verdanken. In Brüssel und in Sofia begründeten Coburger Dynastien und Monarchien, in England und Portugal heirateten sie in bestehende Königshäuser ein und festigten erschütterte Throne. Am Ende des 19. Jahrhunderts bildeten sie eine kosmopolitische Internationale der Kronen, die sich nur schwer mit dem blühenden Nationalismus der Völker vertrug. Coburg selbst stand im Schatten, manchmal aber auch im Glanzlicht dieser europäischen Karrieren. Mit dem Untergang des

Heiligen Römischen Reiches deutscher Nation 1806 erhielt das Herzogtum Sachsen-Coburg-Saalfeld seine volle Souveränität, die freilich von den Machtverhältnissen in Napoleons Europa sogleich wieder beschränkt wurde. Unter dem regierenden Landesherrn Herzog Ernst I. (1806–1844), dem Bruder Leopolds und Vater Alberts, machte das Territorium bei der letzten großen Umverteilung von Landbesitz unter den ernestinischen Linien Thüringens 1826 eine Metamorphose durch. Es trat Saalfeld, die Wiege der Dynastie, ab, um dafür Gotha zu erhalten, dessen Herzogsfamilie erloschen war. Da die Landesteile Coburg und Gotha keine staatsrechtliche Einheit bildeten, sondern nur durch die Person des Herzogs und einige gemeinsame Verwaltungseinrichtungen verbunden waren, bürgerte sich für Staat und Herrscherhaus ein komplizierter Name ein: *Sachsen-Coburg und Gotha.* Herzog Ernst II., der seinem Vater 1844 in der Landesregierung folgte, wollte aus seinem kleinen Land, das etwa in der Mitte des damaligen Deutschen Bundes lag, einen Mittelpunkt der deutschen Politik machen. Der Herzog identifizierte sich ungewöhnlich stark mit dem nationalen Einheits- und Freiheitsstreben der Deutschen um die Mitte des 19. Jahrhunderts. Auch ihn trieb der Ehrgeiz der Coburger, auch er hegte große Pläne. Als im Gefolge der Revolution von 1848 der Konflikt zwischen deutscher und dänischer Nationalbewegung zum Krieg um Schleswig-Holstein entbrannte, übernahm Ernst als einziger deutscher Fürst dort ein militärisches Kommando. Weil ein Sieg über die Dänen im April 1849 mit seinem Namen in Verbindung gebracht wurde, rief eine Volksmenge in den Straßen Hamburgs „Ernst von Koburg" spontan zum deutschen Kaiser aus. In der Tat kreisten Ernsts Fantasien um die Kaiserkrone. Berechtigten nicht auch ihn die europäischen Erfolge seines Hauses zu den größten Hoffnungen? Der Coburger suchte entschlossen und wagemutig das Bündnis mit dem liberalen Bürgertum und der volkstümlichen Nationalbewegung. Seine nach dem Scheitern der Revolution von 1848/49 konkretisierten Gedanken an eine Reichsgründung von unten, vom Volke her, bilden die Konturen eines Gegenmodells zur Bismarckschen Reichsgründung von oben, der letztlich praktizierten Lösung der deutschen Frage im 19. Jahrhundert. Der Coburger Ernst II. und der preußische Junker Bismarck waren Gegenspieler, freilich von sehr verschiedenem Format. Ernst fehlte die Stetigkeit und die Konsequenz, um ein wirksames Gegengewicht zu dem von Bismarck verkörperten preußischen Machtwillen in der deutschen

Politik zu bilden. Mit seiner für die Ernestiner schon seit dem 16. Jahrhundert charakteristischen Diskrepanz zwischen Wollen und Wirklichkeit wurde Herzog Ernst für manche Beobachter zu einer komischen Figur. Die Parteigänger Bismarcks und Preußens fanden immer genügend satirischen Zündstoff in ihrem Bemühen, den Herzog der Lächerlichkeit preiszugeben.

Da Ernst II. 1893 ohne legitime Nachkommen starb, folgte ihm in Coburg und Gotha mit Herzog Alfred von Edinburgh ein Sohn Alberts und Victorias nach. Über diese englische Sukzession im deutschen Herzogtum haben sich nationalistische Kreise im wilhelminischen Reich sehr erregt. Die Aufregung nahm noch zu, als 1900 Alfreds minderjähriger Neffe Carl Eduard von Albany nachfolgte, der als britischer Prinz geboren und aufgewachsen war. Als Ausländer in den Zeiten des Nationalismus unter Generalverdacht stehend, blieb diesem deutschen Fürsten fast nichts anderes übrig, als sich von seinen Untertanen weitgehend zu isolieren. Ein auf die Spitze getriebenes Hofzeremoniell schirmte den Herzog von der Wirklichkeit ab. Der Mangel an Erfahrung mit der Realität sollte später zu seinem Verhängnis werden. In seinem ängstlichen Bemühen, es den deutschen Nationalisten immer recht zu machen, hatte er nichts einzuwenden, als mitten im Ersten Weltkrieg die erbrechtlichen Bande zwischen Coburg und den verwandten europäischen Dynastien aufgelöst wurden. Ein Landesgesetz schloss die Nicht-Deutschen auf alle Zukunft von der Thronfolge aus. Nach dem Ende der Monarchie 1918 geriet Carl Eduard auf Irrwege bei seinem Versuch, in der veränderten Welt eine neue Rolle zu finden, die ihm entsprach. Er wurde zu einem der frühen Förderer Adolf Hitlers und seiner Bewegung. In Coburg fand mit Billigung des einstigen Herzogs eine der Generalproben für die Machtergreifung der Nationalsozialisten statt. Das Schreckenstheater brauner Herrschaft begann hier viel früher als im übrigen Reich, bereits 1929. Die einstige Metropole des dynastischen Europa brauchte keine zwanzig Jahre, um sich zur Hochburg der Anti-Europäer zu verwandeln.

3   Coburg als frühneuzeitliche Residenz

Es war von den Gegebenheiten der Landesteilungen und der Herrschaftszuweisungen innerhalb des ernestinischen Zweiges abhängig, wann die seit 1353 wettinische Stadt Coburg die Funktion einer Residenz zu erfüllen hatte. Fortdauer erlangte diese Residenzfunktion nur dann, wenn den Landesherren legitime männliche Nachkommen geboren wurden. Dies war gerade für Coburg in der Frühen Neuzeit lange nicht der Fall, sodass die politisch-territorialen Strukturen wandelbar blieben. Faktoren der Genealogie und machtpolitische Konstellationen entschieden über das Wesen von Staatlichkeit. Als Zentrum wettinischer Herrschaftsbildung kam das exponiert gelegene, nach Franken vorgeschobene Coburg nicht in Betracht. Es bot sich jedoch als Apanage für jüngere Söhne des Hauses an. Als Sitz einer eigenständigen Verwaltung konnte es dann der Integration einer Randzone sächsischer Macht dienen. Nachdem die Ernestiner im reichspolitischen Spiel 1547 und 1567 verloren hatten, war ihr Territorium empfindlich geschrumpft. Das bis dahin marginale Coburg wurde zu einem der Mittelpunkte des verbliebenen Gebietes. Nach der Erfurter Teilung von 1572 stieg es neben Weimar zur Residenz einer ernestinischen Linie auf (S. 229). Der fürstliche Hof wertete mit seiner Präsenz auch hier ein Städtchen auf. Um 1600 zeigte das Coburger Beispiel exemplarisch die Möglichkeiten und Grenzen politischer und kultureller Entfaltung im kleinen deutschen Fürstenstaat. Im 17. Jahrhundert wechselten Phasen der Selbstständigkeit und der Zuordnung zum neuen dynastischen Gravitationszentrum in Gotha/Altenburg einander ab. Erst mit dem Übergang an den Zweig Sachsen-Saalfeld 1735 geriet die bis dahin so bewegte und scheinbar ziellos irrlichternde Coburger Landesgeschichte in ruhigere Bahnen. Unbemerkt bereitete sich Sachsen-Coburg-Saalfeld im 18. Jahrhundert auf den Aufstieg zu weltpolitischer Bedeutung vor.

3.1 Die Begründung des Coburger Fürstenstaates: 1542–1638

Johann Ernst hieß der Stiefbruder des seit 1532 regierenden sächsischen Kurfürsten Johann Friedrich, genannt *der Großmütige*. Die beiden Halbbrüder trennte ein beachtlicher Altersabstand von 18 Jahren. Johann Friedrich war 1503 aus der ersten Ehe des späteren Kurfürsten Johann (des Beständigen) mit Sophie von Mecklenburg hervorgegangen. Nach dem Tod der Mecklenburgerin und des Vaters zweiter Heirat mit Margarethe von Anhalt wurde 1521 der zweite Prinz Johann Ernst geboren. Der Altersunterschied zwischen diesen beiden das Kindesalter überlebenden Söhnen Johanns bestimmte deren persönliches Verhältnis und konnte auch nicht ohne politische Auswirkungen bleiben. Der Ältere hat sich stets verpflichtet gefühlt, die Lebensführung und das Handeln des Jüngeren zu überwachen, auch nachdem dieser längst erwachsen geworden war. Der Vater hatte kurz vor seinem Tod im Jahr 1532 testamentarisch bestimmt, dass Johann Friedrich die Vormundschaft über den Bruder bis zu dessen Mündigkeit selbst führen sollte. Für die Zeit danach war eine gemeinsame Regierung der Brüder in Kursachsen vorgesehen, die für mindestens 30 Jahre Bestand haben sollte. Diese eigenartige Bestimmung zeigt, dass der alte Kurfürst Johann eine klare Vorstellung von der Schädlichkeit der Landesteilungen für das ernestinische Haus hatte. Er konnte sich zwar nicht zur Einführung des strengen Erstgeburtsrechtes entschließen, das Johann Ernst aufgrund seiner späteren Geburt von der Teilhabe an Macht und Reichtum des Hauses Sachsen weitgehend ausgeschlossen hätte. Als christlicher Familienvater sah er sich in der Pflicht, auch dem Jüngeren volle Gerechtigkeit widerfahren zu lassen. Der Kurfürst wollte seine Söhne aber für die voraussichtliche Dauer ihres Lebens zu gemeinsamer Regierung nötigen, um die Einheit des Landes zu wahren. Nun ist es aber nicht einfach, wenn zwei erwachsene Männer alles Wichtige gemeinsam entscheiden sollen. Den Versuch zumindest haben die zwei Ernestiner unternommen. Mündig geworden, wurde Johann Ernst seit 1539 tatsächlich an den Regierungsgeschäften des Kurstaates beteiligt. Er erhielt den Vorsitz im Hofrat, der eigentlichen Beratungs- und Beschlussinstanz für die Landespolitik, und nahm an den Verwaltungsangelegenheiten einen gewissen Anteil. Ab 1539 ergingen alle kursächsischen Verordnungen im Namen beider Fürsten. So besaß Johann Ernst durchaus Gestaltungsmöglichkeiten innerhalb des kursächsischen Herrschaftssystems. Er hat sie nur nicht genutzt. Dies lag nun an seiner Persönlichkeit oder genauer an seinen reichlich beschränkten geistigen Fähigkeiten. Dem Bruder war er an Intelligenz, ohne die doch kaum erfolgreich Politik betrieben werden kann, deutlich unterlegen.

Die gemeinsame Regierung fand schon 1542 ihr Ende. Ohnedies eher Fiktion als Realität, endete sie, weil Johann Ernst den Wunsch hatte, sich zu verehelichen. Im Februar 1542 schritt er zur Tat, indem er Katharina von Braunschweig-Grubenhagen heimführte. Im Hinblick auf die Hochzeit wünschte er sich eine eigene Hofhaltung. Es kam für ihn nicht mehr in Betracht, dass er weiterhin als Kostgänger im fürstlichen Haushalt des Bruders lebte. Als Ehemann wollte er auch sein eigener Herr sein. Eine ganz persönlich motivierte Entscheidung jenseits aller Politik, die aber politische Folgen zeitigte. Man entschloss sich zu einer im Sächsischen *Mutschierung* genannten Nutzungsteilung der Güter, die per Vertrag vom 17. November 1541 zustande kam. Formell wurde so das väterliche Testament respektiert, das Landesteilungen noch auf lange Zeit verbot. Der Jüngere durfte sich am Rande des kursächsischen Herrschaftskomplexes einen eigenen Hofstaat errichten. Er erhielt die Steuern und Abgaben der Pflege Coburg sowie die innere Verwaltung dieses Gebietes zugewiesen, konnte somit im bescheidenen Rahmen als Landesherr fungieren. Da Coburg nicht sonderlich viel eintrug, bekam er vom Bruder noch jährlich 14 000 Gulden zum Lebensunterhalt. Dafür reservierte sich Johann Friedrich, der zumeist in Weimar oder Torgau residierte, die Außen- und Verteidigungspolitik. Die Gesamtvertretung des ernestinischen Kurstaates in Frieden und Krieg lag bei ihm. Zur Residenz machte Johann Ernst seine Geburtsstadt Coburg. Um den Ansprüchen an fürstliche Repräsentation Genüge zu tun, ließ er die Gebäude des in der Reformation aufgehobenen Franziskanerklosters zum herzoglichen Stadtschloss Ehrenburg umbauen. Dies war für ihn selbst wichtig, schließlich wollte er sich und seiner Frau höfisches Dekorum bieten. Außerdem setzte er damit Bauleute und Künstler in Lohn und Brot. Wichtiger ist aber die historische Bedeutung dieses Baues. Damit wurde die hauptsächliche Infrastruktur einer Residenz geschaffen, das fürstliche Schloss. Die Tatsache, dass es in Coburg schon vorhanden war und nicht mehr eigens errichtet werden musste, war der

Grund dafür, dass später immer wieder Fürsten ihren Wohnsitz in Coburg nahmen. Johann Ernsts eingeschränkter Herrschaft war nämlich Dauer nicht beschieden. Sie währte nur neun Jahre, bis zum frühen Tod dieses Fürsten 1553. Seine Ehe mit der braunschweigischen Prinzessin blieb kinderlos. Sein Wirken in Coburg trägt folglich episodischen Charakter. Dieses Zwischenspiel wäre vor der Geschichte bedeutungslos, hätte es nicht die Funktion Coburgs als einer frühneuzeitlichen Fürstenresidenz begründet.

Nach Johann Ernsts Tod im Februar 1553 fiel das Coburger Gebiet wieder an den älteren Bruder Johann Friedrich zurück. Inzwischen war jedoch eine gewaltige politische Umwälzung über den mitteldeutschen Raum hinweggegangen. Der Kurfürst von Sachsen war von Kaiser Karl V. in der Schlacht von Mühlberg im Frühjahr 1547 besiegt worden. Wegen seines bewaffneten Widerstandes gegen das Reichsoberhaupt zum Tode verurteilt, dann begnadigt, hatte Johann Friedrich fünf Jahre in kaiserlicher Gefangenschaft verbringen müssen. Trotz allen Drucks und aller Nötigung blieb er als Gefangener seinem protestantischen Bekenntnis treu. Der Kurstaat war nach Mühlberg zusammengebrochen, als Ergebnis der Wittenberger Kapitulation wurde das Herrschaftsgebiet der Ernestiner auf etwa die Hälfte reduziert. Erst im September 1552, nach einem neuen politischen Umsturz im Reich, kehrte Johann Friedrich wieder in sein Heimatland zurück. Der bereits schwer kranke Johann Ernst konnte ihn noch, wenige Monate vor seinem Tod, feierlich in Coburg begrüßen. Das Ableben des kinderlosen Johann Ernst im Februar 1553 löste in der Familie nicht nur Trauer aus. Immerhin führte es zur Rückgliederung des Coburger Landes in den stark geschmälerten Besitzkomplex der nun in Weimar ansässigen Hauptlinie. Johann Friedrich, der im Sprachgebrauch der Zeitgenossen *der gewesene Kurfürst* hieß, starb ein Jahr nach dem Bruder, im März 1554. Seine in Gemeinschaft regierenden Söhne Johann Friedrich (der Mittlere) und Johann Wilhelm stürzten sich in die bereits geschilderte hektische Politik, mit der sie erfolglos um die Wiedergewinnung des verlorenen Status ihres Hauses kämpften. Im machtpolitischen Spiel mit seinem Dresdner Widersacher Kurfürst August war Johann Friedrich freilich der Unterlegene. Er, der denselben Namen trug wie der Vater, wurde wie dieser von Kaiser und Reich geächtet. Nach der Reichsexekution gegen Gotha 1567 verlor er Herrschaft und Freiheit. Er blieb bis zum Tode 1595 als Gefangener in Österreich. Nur durch die völlige Trennung von seinem verbohrten Bruder hatte Johann Wilhelm es geschafft, nicht gleichfalls in den Strudel des Unterganges gerissen zu werden. Die Ausflüchte und die Hinhaltetaktik, die er in der Folge anwandte, änderten freilich nichts daran, dass die Ernestiner ganz in der Hand ihres mächtigen albertinischen Rivalen, des Kurfürsten August von Sachsen, waren. Der Sachse wollte teilen und herrschen. Für ihn war es ein großer politischer Erfolg, wenn ein in Speyer abgehaltener Reichstag im Jahre 1570 beschloss, die Söhne Johann Friedrichs des Mittleren in den väterlichen Besitz zu restituieren. Dies machte eine Aufteilung des ernestinischen Länderkomplexes zwischen Johann Wilhelm und den Neffen erforderlich. Nach zähem Feilschen unter dem Vorsitz kaiserlicher Beauftragter kam im November 1572 der Teilungsvertrag von Erfurt zustande. Für die Söhne des gestürzten Herzogs mit Namen Johann Casimir und Johann Ernst entstand aus süd- und westthüringischen Gebieten ein eigenes Fürstentum mit dem Herrschaftszentrum Coburg. Der Ältere der Beiden, der 1564 geborene Johann Casimir, sollte zum eigentlichen Begründer des frühneuzeitlichen Fürstentums Coburg und zum Bauherrn der Residenzstadt werden. Seinen bei den Ernestinern ungewöhnlichen Namen verdankte er einem Patenonkel aus der Pfalz. Seine Mutter Elisabeth war die Tochter des pfälzischen Kurfürsten. Sie entschloss sich im Sommer 1572, zu ihrem Mann nach Österreich in die Gefangenschaft zu ziehen. Ihre Söhne ließ sie in Thüringen zurück.

Die Knaben waren hier ihrem keinesfalls selbstlosen Vormund ausgeliefert, dem Kurfürsten August von Sachsen. Zwar hatte der Reichstag die Vormundschaft zusätzlich den Kurfürsten Friedrich von der Pfalz, ihrem Großvater, und Johann Georg von Brandenburg übertragen, doch verstand es der Sachse, diese Mitvormünder auszuschalten. Als die zwei kleinen Fürsten Johann Casimir und Johann Ernst im Dezember 1572 in ihre Residenzstadt Coburg einzogen, feierlich vom Rat der Stadt empfangen, hatte August schon vorgesorgt, dass ihre weitere Erziehung unter seiner Aufsicht und in seinem Sinn erfolgen würde. In Dresden wurde ein Lehrer für sie ausgewählt, ein Magister von der sächsischen Landesschule Pforta. Dieser beaufsichtigte die Schul- und Universitätsausbildung der Fürsten. Während ihres Studiums in Leipzig (1578–1581) wurden sie häufig zu Ausflügen an den prachtvollen Dresdner Hof eingeladen, dessen Glanz sie sehr beeindruckte. Dem übermächtigen Einfluss Kursachsens war nun einmal nicht zu entkommen. Dieser zeigte sich auch darin, dass die Regierungsgeschäfte in Coburg von einem kursächsischen Vasallen, Graf Burkhard von Barby, geführt wurden. Um diesen Zustand solange wie möglich aufrecht zu erhalten, zögerte der Vormund August die Mündigkeitserklärung der beiden Ernestiner unter allerlei Vorwänden immer weiter hinaus. Sie konnte erst nach seinem Tod 1586 erfolgen, als Johann Casimir immerhin schon seinen 22. Geburtstag gefeiert hatte. Graf Barby übernahm es sodann, den jungen Fürsten in die Praxis des Regierens einzuführen. Wenn es dessen noch bedurft haben sollte, so vollendete Johann Casimirs 1586 in Dresden gefeierte Hochzeit mit Anna, der Tochter Kurfürst Augusts, seine Einbindung in das Herrschaftssystem der Kur Sachsen. Diesen Einwirkungen konnte sich der Coburger Herzog nicht entziehen, auch nicht im Privatleben. Konsequenterweise verzichtete er daher auf eine eigenständige Außenpolitik und begnügte sich mit der Rolle als Satellit Kursachsens. Sogar in der großen Krise zu Anfang des Dreißigjährigen Krieges, die jeden Reichsfürsten zu aktiver Stellungnahme herausforderte, hat Johann Casimir in Anerkennung seiner fehlenden Möglichkeiten auf eigenständige Aktionen verzichtet, obwohl ihm klar war, dass Sachsen-Coburg als Durchgangsland in der Mitte des Reiches am schwersten unter einem Krieg zu leiden haben würde.

Der Erfurter Teilungsvertrag hatte vorgesehen, dass die beiden entstehenden ernestinischen Fürstentümer Sachsen-Weimar und Sachsen-Coburg die obersten Behörden für die Bereiche Justiz und Kirche gemeinsam haben sollten, nämlich Hofgericht, Appellationsrat, Schöppenstuhl und Konsistorium. Diese Einrichtungen befanden sich aus praktischen Gründen in Jena, weil sie mit Juristen und Theologen der dortigen Hochschule besetzt waren. Aufgrund von Reibungen mit der Weimarer Verwandtschaft entschloss sich Johann Casimir 1593 zur Errichtung eines eigenen Konsistoriums in Coburg. Diese Zentralbehörde für Kirche und Schule fungierte fortan auch als oberstes geistliches Gericht im Herzogtum. Auch die höchsten weltlichen Gerichte, Hofgericht und Appellationsrat, wurden von Jena nach Coburg übertragen. Dazu kam noch das im sächsischen Raum Schöppenstuhl genannte Spruchkollegium gelehrter Juristen, die Rechtsgutachten erstellten und bei denen man sich in rechtlichen Zweifelsfällen Belehrungen einholen konnte. Gemeinsam mit der bereits 1573 mit der Entstehung des Fürstentums errichteten Landesregierung als Verwaltungsspitze und der Renterei als Finanzbehörde bildeten diese Einrichtungen eine feste Klammer um die heterogenen und vom Spiel des dynastischen und politischen Zufalls zusammengewürfelten Territorien Johann Casimirs. Sie waren neben der Person des Fürsten der Kristallisationspunkt für das frühneuzeitliche Staatswesen. Ihre Bindekraft bewiesen die Oberbehörden nach 1596, als für den jüngeren Bruder ein eigenes Fürstentum Sachsen-Eisenach errichtet wurde. Die Eisenacher Regierung des Johann Ernst beschränkte sich auf die inneren Verwaltungsangelegenheiten des Gebietes und blieb in den übrigen Belangen der Zentrale in Coburg nachgeordnet. Die Ausstrahlung der Coburger Behörden beruhte auf der Qualität ihrer Arbeit. Johann Casimir verstand es, sie mit fähigen Mitarbeitern zu besetzen. Er konnte diesen fleißigen und engagierten Männern zwar keine so üppige Besoldung anbieten wie reichere Fürsten es vermochten, aber er wusste die führenden Beamten durch die Jovialität seines Umganges und durch Toleranz in religiösen Fragen an sich zu binden. So amtierte als erster Vorsitzender des 1598 errichteten Schöppenstuhles der von der Universität Altdorf berufene Calvinist Petrus Wesenbeck (1546–1603), ein gebürtiger Flame aus Antwerpen, dem der lutherische Herzog die damals unübliche Freiheit seines Bekenntnisses ließ. An dem 1605 eröffneten Coburger Gymnasium, das sich zwar zur hochangesehenen Bildungsanstalt, nicht aber zu der vom Herzog gewünschten Universität entwickelte, lehrte in der Gestalt des Theologen Matthäus Meyfart (1590–1642) ein Mann, der die damals sehr verbreiteten Hexenprozesse scharfer grundsätzlicher Kritik unterzog. Johann Casimir, selbst im zeitüblichen Hexenglauben befangen, ließ ihn gewähren. Sogar gegenüber Vertretern anderer Glaubensrichtungen nachsichtig, wie sein vertrauter Umgang mit den am Obermain benachbarten katholischen Prälaten von Banz und Langheim lehrt, beharrte der Ernestiner doch darauf, dass das Kirchenwesen in seinem Land auf dem Fundament lutherischer Rechtgläubigkeit bestehen musste. Er berief den Jenaer Theologen Johann Gerhard (1582–1637) ins Coburgische, der sich bereits als Vorkämpfer orthodoxen Luthertums einen Namen gemacht hatte. Der Theologe organisierte für den Herzog die coburgische Landeskirche. 1626 verlieh Johann Casimir der von Gerhard erarbeiteten Casimirianischen Kirchenordnung Gesetzeskraft. Zum Staat gehörte damals eine Staatskirche, deren auf den Herzog als *Summus Episcopus* bezogene Verfassung in der Ordnung festgelegt wurde. Die einzelnen Bestimmungen hatten Vorbildcharakter, sodass sie von anderen thüringischen Staaten übernommen und teils bis ins 20. Jahrhundert beibehalten wurden. Neben dem Verwaltungsapparat schloss sich die lutherische Landeskirche als zweite feste Klammer um das Territorium, die dem uneinheitlichen Herrschaftsgebiet Johann Casimirs eine klare, bis in den Alltag der Menschen hinein wirksame Identität verlieh.

Festigung von Staatlichkeit in allen Bereichen, so lässt sich die Regierungsmaxime Johann Casimirs beschreiben, mit der er in seiner Zeit keineswegs allein stand. In ganz Europa arbeiteten die Herrscher und ihre Räte um 1600 eifrig daran, die Befugnisse des Staates zu erweitern, seine noch recht mangelhafte Organisation zu verbessern und seinen Machtanspruch gegen Widerstrebende durchzusetzen. Dies galt für die großen Monarchen ebenso wie für den wenig herausragenden Reichsfürsten Johann Casimir. Das Werk war dann besonders schwierig, wenn wie in Coburg noch kaum Vorarbeiten getätigt waren. Der Coburger Fürstenstaat musste nach 1572 gleichsam aus dem Nichts erschaffen werden. Anknüpfungspunkte waren am ehesten im architektonischen Bereich gegeben, da mit dem Schloss Ehrenburg bereits eine fürstliche Stadtresidenz vorhanden war. Darüber hinaus ließ es sich der Herzog angelegen sein, die Hauptstadt mit weiteren stattlichen Bauten zu schmücken. Damit tat er den Erfordernissen adligfürstlichen Dekorums Genüge, schuf aber auch einen anschaulichen Mittelpunkt für das frühmoderne Staatswesen. Gewissermaßen als Kern des Kerns entstand in den Jahren 1597–1599 in Coburg das bis heute erhaltene Kanzleigebäude am Marktplatz, in dem die neuen Landesbehörden ihren Sitz nahmen. Eine ganze Reihe weiterer Bauwerke aus casimirianischer Zeit belegte die Zentralität der Residenz. Von dieser Mitte strahlte staatliche Macht bis an die Ränder des nicht so großen Territoriums aus. Gesetze und Verordnungen regelten das öffentliche Leben. Wo und für wen galten diese Gesetze? Erst einmal mussten die genauen Grenzen des Staatswesens ermittelt werden. Dies war keine leichte Aufgabe, da es konkurrierende Herrschaftsträger gab, die sich den Ansprüchen der Zentrale nur zu gern entzogen hätten. Aus der Sicht des Landesherrn galt es vor allem, den gefährlichen Selbstständigkeitsbestrebungen des coburgischen Landadels entgegenzutreten. Die Ritter fühlten sich auf ihren im Herzogtum gelegenen Gütern selbst als Obrigkeit. Gerne hätten sie die Hoheit des Fürsten ganz abgeschüttelt. Nach den rechtlichen Kategorien der Zeit erstrebten sie also für sich den Status der Reichsunmittelbarkeit. Dieses Bestreben schloss dann freilich für den Fürstenstaat in letzter Konsequenz die Gefahr des völligen Zerfalls ein. Dabei erkannte Johann Casimir die Rechte des Adels, nämlich Herrschaft auf den eigenen Gütern auszuüben und dem Fürsten mit Rat zur Seite zu stehen, ohne Einschränkung an. Die Mitwirkungsrechte der Herren bei der Regierung konkretisierten sich auf den von Zeit zu Zeit abgehaltenen Landtagen. Dagegen hatte sich ein anderes Distinktionsmerkmal der Adligen, der Kriegsdienst zu Pferd, bereits im späten Mittelalter aufgrund der Veränderungen in der Kriegsführung weitgehend verloren. Wichtig war jedoch, das Verhältnis zwischen Ritterschaft und Staatlichkeit präzise zu klären. Dieser nicht einfachen Aufgabe widmeten sich auf Drängen des Herzogs zwei in den Jahren 1605 und 1612 abgehaltene Landtage. Am Ende entstand eine von beiden Seiten im Konsens erarbeitete Verfassungsurkunde, der *Casimirianische Abschied* von 1612, in dem die Rechte und Pflichten von Adel wie Fürstenstaat ziemlich genau festgeschrieben wurden. Es erwies sich als Segen, dass der Herzog versierte Juristen in seinen Dienst gezogen hatte, die einem so komplexen Werk gewachsen waren. In der Summe unterwarfen sich die adligen Herren der fürstlichen Herrschaft und leisteten auf die Reichsfreiheit Verzicht, bekamen dafür aber die Zusicherung eigener Gerichtsbarkeit auf ihren Landgütern. Hier hatten die herzoglichen Beamten in Zukunft nichts mehr zu bestimmen.

Neben dieser inneren Abschließung seines Territoriums musste es Johann Casimir auch darum gehen, schwebende Grenzstreitigkeiten beizulegen. Er hat zu diesem Zweck ein gutes Verhältnis zu den im Süden benachbarten fränkischen Hochstiften Würzburg und Bamberg gesucht. Hier waren die Grenzverläufe oft völlig unklar, bestand doch wie im übrigen Franken auch eine eigenartige Überlappung von Jagd- und Geleitrechten, ein Wirrwarr von jurisdiktionellen und politischen Zuständigkeiten. Bisher hatten die Wettiner in dieser Randzone ihrer Macht noch kaum Ordnung geschaffen. Mit viel Geduld kam es zur Klärung der wirren staatsrechtlichen Verhältnisse mit den Hochstiften, deren Ergebnisse bis zur Umwälzung in Franken unter Napoleon Bestand hatten. Da der Anlass zum Streit erst einmal beseitigt war, wurde Johann Casimir zum gern gesehenen Jagdgast bei den katholischen Prälaten von Banz und Langheim. So gefiel es dem Herzog, der Geselligkeit und Vergnügen über alles liebte, während er ernsten Konflikten nach Möglichkeit aus dem Weg ging. „Fried ernährt, Unfried verzehrt", lautete die Devise dieses Fürsten, nach dessen Meinung eine schwache Schreibfeder und ein guter Ratschlag oft mehr vermöchten als eine Kanone. Diese Ansicht hatte eine gewisse Berechtigung, solange die Verhältnisse im Heiligen Römischen Reich einigermaßen friedlich blieben. Nach dem Beginn des großen Krieges 1618/19 lagen die Dinge freilich anders. Johann Casimir versuchte, immer im Schlepptau Kursachsens, das Schiffchen seines kleinen Staates durch die Strudel der kriegerischen Zeitläufte zu steuern, erlitt aber Schiffbruch. Das Coburger Land, geografischer Übergang zwischen Süd- und Mitteldeutschland, wurde mit Beginn der Kampfhandlungen zum Durchmarschgebiet für die Heere aller Seiten. Die Landsknechte nahmen sich, was sie zum Lebensunterhalt benötigten und noch viel mehr. Gewalt und Willkür fanden keine Schranke. Ein Fürst wie Johann Casimir, der zwar über eine persönliche Leibwache, aber über keine Armee verfügte, war gegen das Treiben der Soldateska im Land machtlos. Das Elend erreichte den Gipfel, als im Frühherbst 1632 schwedische und kaiserliche Truppen um den Besitz der Veste Coburg kämpften. Am meisten litten unter den Kriegshandlungen und ihren Begleiterscheinungen die einfachen Menschen in Stadt und Land. Nicht lange nach diesen Ereignissen, im Juli 1633, starb Johann Casimir in seiner ausgeplünderten und verwüsteten Residenzstadt. Er war der Begründer des coburgischen Staates, der mit veränderten Grenzen und in anderen dynastischen Konstellationen bis 1920 existierte. Dafür muss er in einer Geschichte Sachsen-Coburgs gewürdigt werden. Die Schattenseiten seiner Persönlichkeit seien daneben nicht verschwiegen. Er war konfliktscheu wie viele lutherische Fürsten der Zeit, vergnügungssüchtig wie andere Herrscher, denen ihre schwere Verantwortung Angst machte. Seine Räte mussten ihn häufig im Schützenhaus suchen, wo er sich dem Armbrustschießen und dem Trunk widmete, wenn sie eine Entscheidung von ihm wünschten. Dem Ernst des Regierens zog Johann Casimir die Freuden der Geselligkeit und der Jagd vor. Damit war er keineswegs eine Ausnahme. Sein Schrecken vor der politischen Verantwortung kam wohl daher, dass er in der Kindheit den dramatischen Absturz des Vaters erlebt hatte. Die Gothaer Exekution von 1567 mag ein traumatisches Erlebnis gewesen sein, das ihn formte. Mit seiner Unausgeglichenheit, die sich zu grausamer Rachsucht steigern konnte, hat der Herzog Menschen in seiner nächsten Umgebung ins Unglück gestürzt. Dies gilt auch für seine erste

Frau Anna, die kursächsische Prinzessin, die er nicht mochte und von der er sich durch sein eigenes Konsistorium scheiden ließ, nachdem sie ihn betrogen hatte. Er hielt sie dann von 1593 an bis zu ihrem Tod 1613 als Gefangene, zuletzt auf der Coburger Veste. Keine Demütigung wurde ihr erspart. Seine erneute Eheschließung mit einer braunschweigischen Prinzessin im Jahr 1599 ließ er ihr mit höhnischen Kommentaren im Gefängnis verkündigen. Traurig war auch das Schicksal von Johann Casimirs verdientem Kammerrat Nikolaus Zech (1559–1607). Dieser hatte mit großem Geschick die Sanierung der von der korrupten kursächsischen Vormundschaftsregierung zerrütteten Finanzen in die Wege geleitet. Durch unbedachte briefliche Äußerungen, die in die falschen Hände fielen, lieferte er dem Herzog einen Anlass zu brutalem Zuschlagen. Der erzürnte Johann Casimir ließ Zech in einem rechtlich mehr als zweifelhaften Verfahren aburteilen und unter unwürdigen Bedingungen bis zum Tode in Haft halten. Gerade zu einer Zeit, da der Staat begann, sich neben dem Fürsten in Institutionen und Strukturen zu verkörpern, hat ein Regent wie Johann Casimir mit solchen willkürlichen Racheaktionen seine persönliche Macht in Erinnerung gerufen.

Der unter Johann Casimir errichtete Verwaltungsapparat bildete einen Kern coburgischer Staatlichkeit, der über den Tod des kinderlosen Herzogs, über die politischen Umwälzungen der folgenden Jahrzehnte und die Katastrophen des Dreißigjährigen Krieges hinweg bestand. Nach seinem Ableben im Sommer 1633 fiel das Land an den jüngeren Bruder Johann Ernst, der aber auch bereits das 67. Lebensjahr erreicht hatte. Er neigte ohnehin zur Passivität und ließ die Dinge lieber treiben als in den Lauf der Welt einzugreifen. Allenfalls bei seiner nicht ganz standesgemäßen Heirat mit einem Fräulein von Mansfeld hatte er einmal seinen Willen durchgesetzt. Die Begleiterscheinungen des schier nicht enden wollenden Krieges machten fürstliches Handeln dann vollends unmöglich. Nach der vernichtenden Niederlage der schwedischen Armee bei Nördlingen 1634 fluteten die kaiserlichen Armeen nach Thüringen. Es kam zu Kampfhandlungen, die das Einbringen der Ernte verhinderten und die Erntevorräte vernichteten. Die Soldaten brachten Hunger und Seuchen mit. Die Pest forderte 1635 viele Opfer. In der mit Flüchtlingen überfüllten kleinen Stadt Coburg sollen im Verlauf einiger Monate über tausend Menschen gestorben sein. Da dem Krieg europäische Mächtegegensätze zugrunde lagen, konnte ein Fürst wie der betagte Johann Ernst gegen den Schrecken nur wenig tun. Er selbst begnügte sich damit, seinen Münzen im Jahre 1636 den frommen Spruch aufprägen zu lassen: „Gott bessere die Zeit und die Leut." Seine Beamten freilich versuchten alles, um den Wiederaufbau zerstörter Bauernhöfe und die Bestellung brachliegender Felder zu fördern, doch konnte ein neuer Durchzug der Soldateska durch das verheerte Land die kleinen Fortschritte schon wieder zunichte machen. Johann Ernst hatte aus zwei Ehen keine überlebenden Kinder. Mit seinem Ableben am 23. Oktober 1638 erlosch die Coburg-Eisenacher Linie der Ernestiner. Bis dahin hatte der Staat Johann Casimirs keine politischen Einbußen erfahren, da bei der Behördenstruktur im Lande keine Veränderungen vorgenommen worden waren.

3.2 Rückgang und Erneuerung der Staatlichkeit: 1638/40–1699

Als Erben standen die ernestinischen Herzöge Altenburger und Weimarer Linie bereit. Diese hatten sich schon 1634 über eine provisorische Aufteilung der Erbschaft verständigt. Demnach übernahmen die Herzöge von Altenburg die Verwaltung in Eisenach, die Herzöge von Weimar in Coburg. Dies konnte nicht ohne Rückwirkungen auf die staatlichen Strukturen des übernommenen Territoriums bleiben. Ein Beispiel dafür ist das Schicksal der Geheimratskollegien in Coburg und Eisenach. 1602 hatte Johann Casimir einen Geheimen Rat zur Behandlung der wichtigsten innen- und außenpolitischen Fragen gegründet. Ihm gehörten der Kanzler als Vorsteher der Landesregierung, der Hofmarschall als Haupt der Hofverwaltung und der Rentmeister als oberster Finanzbeamter an. Johann Ernst hatte nach diesem Vorbild auch in Eisenach 1635 einen Geheimen Rat errichtet. Nach seinem Tod wurden diese Einrichtungen von den Erben aus Weimar und Altenburg aufgehoben. Mit dem Verschwinden des Fürsten war auch das Beratergremium für seine Politik überflüssig geworden. Das Recht auf eigene Außenpolitik im Reichsverband hatten Coburg und Eisenach mit dem Ableben des eigenen Herrschers verloren. Die Mitte der Staatlichkeit war die Person des Fürsten. Fehlte diese, so begannen sich die staatlichen Strukturen von der Mitte her aufzulösen. Aufgrund der kriegerischen Zeitumstände kam es erst am 13. Februar 1640 im Altenburger Erbteilungs-vertrag zu einer endgültigen Einigung über die Aufteilung der Coburg-Eisenacher Lande zwischen Sachsen-Weimar und Sachsen-Altenburg. Durch Losentscheid fielen Stadt und Land Coburg (Ämter Coburg, Sonnefeld, Sonneberg, Neuhaus, Neustadt, Hildburghausen und Römhild) an den Altenburger Herzog Friedrich Wilhelm (II.), dessen Herrschaftsgebiet sich durch die Angliederung des Fürstentums Coburg in etwa verdoppelte. Eine Verschmelzung des alten und des neu hinzugekommenen Territoriums auf der Verwaltungsebene fand nicht statt. Durch kursächsisches und schwarzburgisches Gebiet voneinander getrennt, waren die beiden Fürstentümer Altenburg und Coburg zunächst nur in der Person des gemeinsamen Regenten miteinander verknüpft. Beide Teile behielten jeweils eigene Landstände und Landesbehörden. Herzog Friedrich Wilhelm hielt sich zumindest jedes Jahr für eine bestimmte Zeit in Coburg auf, um dort den Regierungsgeschäften nachzugehen. An der Spitze der Verwaltung beließ er den bereits 1612 von Johann Casimir berufenen Kanzler Ernst Fomann (†1642). Trotz der ehrlichen Bemühungen des Altenburgers Friedrich Wilhelm, den Bedürfnissen seines Fürstentums Coburg gerecht zu werden, blieben ernstliche Reibungen nicht aus. Dies lag zum einen natürlich an den katastrophalen Auswirkungen des langen Krieges, zum anderen an den nicht ausbleibenden Ansätzen zur Demontage coburgischer Staatlichkeit unter der neuen Herrschaft.

Als Friedrich Wilhelm 1641 aus Ersparnisgründen die Aufhebung des von Johann Casimir geschaffenen Hofgerichtes und des Schöppenstuhles anordnete, begehrten die aus Ritterschaft und Städtevertretern bestehenden Landstände dagegen auf. Sie weigerten sich, ihr Recht wieder wie vordem bei den gesamternestinischen Instanzen in Jena zu suchen. Es war gerade die von Herzog Johann Casimir disziplinierte und in den Landesstaat eingefügte Ritterschaft, die sich dem auswärtigen Fürsten gegenüber als Wahrer der Landesidentität profilierte. Von Thüringen geografisch abgesondert, in casimirianischer Zeit zu einer eigenständigen politischen Einheit entwickelt, beharrte das nach damaligem Staatsverständnis von den Landständen, in erster Linie vom Adel, verkörperte Coburger Land auf seiner Eigenart. Zwar wäre es übertrieben, von einem gegen den Altenburger gerichteten Unabhängigkeitsstreben zu sprechen, doch artikulierte sich deutlich ein Sonderbewusstsein in Coburg. Freilich regten sich dabei auch die materiellen Interessen der adligen Herren, die sie veranlassten, eine geschlossene Abwehrfront gegen die Steuerwünsche des Herzogs zu bilden. Dabei gilt es zu beachten, dass das Coburger Land zu den großen Opfern des Dreißigjährigen Krieges unter den deutschen Landschaften zählte. Als Durchgangsstation hatte es die verschiedenen Heere kommen und gehen sehen. Vor dem Krieg, 1618, waren in Stadt und Land 55 000 Einwohner in 6 578 Häusern gezählt worden; nach den zahlreichen Heimsuchungen, 1650, gab es noch 22 000 Menschen in 2 915 Häusern. 1658 sollte immer noch ein Drittel der Felder brachliegen. Einige Dörfer blieben für alle künftigen Zeiten wüst und verschwanden völlig. Die Armut der Überlebenden war unbeschreiblich, die Bauern hatten ihren gesamten Viehbestand eingebüßt. 1646 beliefen sich die Steuereinnahmen nur noch auf ein knappes Drittel des Vorkriegsbetrages. Den Wiederaufbau leitete der von Herzog Friedrich Wilhelm von Altenburg eingesetzte Kanzler August Carpzov (1612–1683), der aus einer in Sachsen sehr angesehenen und mächtigen Juristenfamilie stammte. Carpzov, als Gesandter Altenburgs auf dem Westfälischen Friedenskongress auch mit diplomatischen Meriten ausgewiesen, wurde in den drei Jahrzehnten bis zu seinem Ausscheiden aus dem Dienst 1680 zum großen Mann in der Coburger Landesverwaltung. Er leitete gleichzeitig Regierung, Kammer und Konsistorium. Somit lagen alle Entscheidungen in seiner Hand. Als versierter Praktiker bestimmte er das Regierungshandeln in Coburg viel nachhaltiger als der zumeist abwesende Herzog von Altenburg. Auf ihn gingen zahlreiche Gesetze und Verordnungen zurück, mit denen das vom Krieg gezeichnete gesellschaftliche Leben neu geordnet wurde. Carpzov zeigte großes Verantwortungsbewusstsein und entwickelte persönliche Zuneigung zu den Coburgern. Ehe er 1683 in Gotha starb, hatte er in seinem Testament eine Reihe von wohltätigen Stiftungen zugunsten der Bevölkerung vorgesehen. So wurde Coburg in der altenburgischen Zeit (bis 1672) eher von Carpzov administriert als von den Herzögen regiert. Die Abwesenheit des Landesherrn führte dazu, dass der Adel seine Interessen verstärkt zur Geltung brachte. Er setzte beispielsweise die völlige Steuerfreiheit seiner Güter durch. Aristokratische Besitzungen und Vorrechte konnten fortan ohne jede Verpflichtung dem Staat gegenüber genossen werden. Da die großen Güter, beinahe die einzigen Wirtschaftsunternehmen in dem agrarisch geprägten Landstrich, nichts zu den öffentlichen Lasten beitrugen, stieg entsprechend die steuerliche Belastung der einfachen Untertanen. Ein Mann wie Carpzov erkannte dies als entscheidendes Hindernis für jeden wirtschaftlichen Aufschwung, da der Steuerdruck den Unternehmungsgeist lähmte. Als zwar respektierter, aber nicht mit der Autorität eines Fürsten ausgestatteter Spitzenbeamter konnte Carpzov freilich nichts ändern. Die offenkundigen Wucherungen ständischer Macht konnten im kleinen Coburg wie im großen Frankreich Ludwigs XIV. nur von einem energisch handelnden Monarchen beschnitten werden. Da eine Verschmelzung Coburgs mit Altenburg nicht erfolgte, prägten sich die lokalen Eigenheiten verstärkt aus. Der fränkische Vorposten der Wettiner blieb mit seinen politischen und ökonomischen Strukturen weit hinter den Entwicklungen der Zeit zurück. Zugleich prägte sich der besondere Charakter des entlegenen Gebietes weiter aus. Da die unter Johann Casimir geschaffenen Institutionen trotz leichter Verluste fortbestanden, konnte das kleine Staatswesen schließlich auch ohne eigenen Fürsten überdauern.

Diese ausgeprägte Partikularität wirkte wie ein Schutzschild gegen die im Thüringen des 17. Jahrhunderts besonders abrupten Wechselfälle des dynastischen Schicksals. Das Herzogtum Sachsen-Altenburg erlosch bereits 1672. Herzog Friedrich Wilhelm war 1669 verstorben. Der von ihm hinterlassene gleichnamige Sohn und Erbe wurde drei Jahre später von den Pocken hinweggerafft. Damit war die altenburgische Linie der Ernestiner untergegangen. In dem üblichen Streit um das Erbe zwischen den nächsten Verwandten in Weimar und Gotha setzte sich die in Ernst dem Frommen verkörperte Linie Sachsen-Gotha durch. Der reformfreudige Fürst, der größte „innere" Landesherr in Thüringens Früher Neuzeit, ließ die kontroversen Verhandlungen mit Weimar sehr geschickt führen. Im Gothaer Teilungsvertrag vom 16. Mai 1672 sicherte er sich den Löwenanteil an der Altenburger Hinterlassenschaft, während Weimar lediglich ein Viertel des Gebietes erhielt. Nun herrschte Ernst über den größten Teil Thüringens. Auch Coburg kam unter seine Herrschaft, blieb jedoch in seiner staatlichen Existenz unangetastet. Die Landesbehörden unter Kanzler August Carpzov walteten weiterhin ihres Amtes. Auch der herausragende patrimoniale Ordnungspolitiker Ernst sah offenbar freilich keinen Anlass, aus seinen disparaten Territorien einen gothaischen Einheitsstaat zu schaffen. Er hatte 1672 den Zenit seines Lebens ohnedies schon überschritten. Im August 1674 erlitt der bis dahin rastlos tätige Fürst einen Schlaganfall, der ihn zwang, dem ältesten Sohn Friedrich die Aufgaben der Regierung zu übertragen. Einem weiteren Schlaganfall erlag Ernst wenige Monate später im März 1675. Die Zeit seiner Herrschaft in Coburg war viel zu kurz bemessen, um hier Spuren zu hinterlassen. Nach Ernsts Ableben warf die kommende Landesteilung unter seinen sieben Söhnen bereits ihre Schatten voraus. Diese mochten nicht zusammenleben, wie es der auf Harmonie bedachte Vater gewünscht hatte. Der Versuch mit einer gemeinsamen Hofhaltung im Schloss Friedenstein in Gotha scheiterte recht bald. Jeder der Ernstsöhne bezog, über Thüringen verteilt, eine eigene Residenz. Dann war es auch konsequent, wenn die im väterlichen Testament vorgesehene gemeinsame Regierung ihr Ende fand. Ein kompliziertes Teilungsgeschäft stand bevor, das die Brüder mit heißem Herzen und ihre beamteten Juristen mit kühlen Köpfen über zwei Jahre hinweg, 1679–1681, vorantrieben. Am Ende stand die Zerlegung des Ernstschen Erbes in sieben Teile, von denen aber nur drei die volle Landeshoheit im Reichsverband erhielten, während die neuen Fürstentümer der vier jüngsten Brüder nur eingeschränkte Herrschaftsrechte aufwiesen. Zu der privilegierten Gruppe der älteren Gothaer Herzöge gehörte Albrecht, an den der Coburger Teil kam. Er erhielt die Mitte und den Osten des alten casimirianischen Herzogtums (Ämter Coburg, Neustadt/ Sonneberg, Mönchröden, Sonnefeld, Neuhaus), während der Westen (Römhild, Hildburghausen) zur Versorgung jüngerer Brüder abgetrennt wurde. Mit Albrecht kam der Typus des impulsiven Barockfürsten nach Coburg. Er sollte aber bald an den hier zu eng gezogenen Grenzen scheitern. 1648 geboren, hatte er wie alle Kinder des leidenschaftlich an pädagogischen Fragen interessierten Ernst des Frommen eine gründliche Erziehung und Ausbildung erfahren. Die frühe Zuweisung politischer Aufgaben und ausgedehnte Reisen nach Nord- und Westeuropa sollten den jungen Mann auf künftige Regentenaufgaben vorbereiten. 1672 stand Albrecht an der Spitze der Delegation, die Coburg nach dem Aussterben des Altenburger Fürstenhauses für Sachsen-Gotha in Besitz nahm. Albrechts eigentliche Neigungen galten aber, wie damals nicht selten bei jungen Fürsten, dem Kriegswesen. 1673 trat er in schwedische Militärdienste ein, musste diese aber bald darauf auf Geheiß des Kaisers wieder aufgeben. Bezeichnend für seinen oft unsicheren und schwankenden Charakter war seine auffällige Neigung zu älteren Frauen. Mit 28 Jahren heiratete er die um zehn Jahre ältere Witwe eines

Herzogs von Sachsen-Eisenach, die aus Wolfenbüttel stammende Welfin Maria Elisabeth. Aus der Ehe ging zwar 1677 ein Sohn und Erbe hervor, der jedoch nach einem Jahr wieder verstarb. Nachdem er auch Maria Elisabeth 1687 verloren hatte, schloss Albrecht eine unstandesgemäße Ehe mit der immerhin fünf Jahre älteren Freiin Elisabeth von Kempinski aus einem ursprünglich polnischen, seit dem 16. Jahrhundert in der Steiermark beheimateten Geschlecht. Ihre Erhebung zur Reichsgräfin durch Kaiser Leopold I. verursachte Albrecht erhebliche Unkosten. Trotz dieser kaiserlichen Aufwertung der Gemahlin erkannten die Brüder Albrechts ein Erbrecht für die Nachkommen aus dieser Verbindung erst zu einem späteren Zeitpunkt an, als schon feststand, dass es keine mehr geben würde. Folglich stand das Haus Sachsen-Coburg am Ende des 17. Jahrhunderts auf den zwei Augen des Herzogs. Nach seinem Tode musste es wieder enden. Albrechts Herrschaft in Coburg hatte 1680 durchaus schwungvoll begonnen. Sogleich entließ der Fürst das noch aus altenburgischer Zeit überkommene Verwaltungspersonal mit dem alten und verdienstvollen Kanzler August Carpzov an der Spitze. An die Stelle der Entlassenen traten aus Gotha berufene Beamte. Energisch wahrte Albrecht die in den Teilungsverträgen 1680/81 festgeschriebene Selbstständigkeit seines Landes gegen Einmischungsversuche seines älteren Bruders Friedrich, der in Gotha residierte. Der Konflikt eskalierte und führte sogar zur militärischen Besetzung der Coburger Veste durch Soldaten Friedrichs. Zuletzt besannen sich die beiden Brüder aber doch eines Besseren und legten ihren Konflikt mit friedlichen Mitteln bei.

An großen Plänen herrschte auch bei Albrecht wie bei vielen seiner Zeitgenossen kein Mangel, doch fehlten ihm zu ihrer Verwirklichung in dem kleinen und armen Fürstentum fast alle Mittel. Eines der Projekte, die seine ganze Regierungszeit prägten und am Ende unvollendet blieben, war der Plan einer Erhebung des Gymnasium Casimirianum in Coburg zur Universität. Dieses Vorhaben hatte einst schon Johann Casimir verfolgt, weil eine Hochschule als Ausbildungsstätte für Beamte und Geistliche eine wichtige Klammer um das Territorium bilden konnte. Albrecht scheiterte mit seiner Absicht ebenso wie der Vorgänger an den knappen Finanzen. Die ernestinischen Staaten waren zu arm, um neben der Jenenser Alma Mater einer weiteren Universität den Nährboden für gedeihliches Wachstum zu bieten. Enge, Geldnot und mangelnde Gestaltungsmöglichkeiten hemmten allerorten den Tatendrang des Herzogs. Als Ausbruch aus den kargen Coburger Verhältnissen ist es zu verstehen, wenn Albrecht auf seine militärischen Neigungen zurückkam. Den gewagten Plan, mit eigenen Soldaten und auf Kosten der Republik Venedig in Griechenland Krieg gegen die Türken zu führen, konnten die Landstände dem Herzog noch ausreden. Er war aber nicht mehr zu halten, als ihm der Kaiser ein Kommando im Krieg gegen die ins Rheinland eingefallenen Truppen König Ludwigs XIV. von Frankreich übertrug. 1689 zog der Coburger ins Feld. An der Spitze von 4000 Mann nahm er an der Rückeroberung der von den Franzosen besetzten Städte Mainz und Bonn teil. Als Sieger in seine kleine Residenz zurückgekehrt, wurden ihm die dortigen Verhältnisse vollends zu eng. Da traf es sich wohl gut, wenn sein Schloss, die Ehrenburg, am 9. März 1690 niederbrannte. Schon einen Tag danach erging sein Befehl zum Wiederaufbau! Es sollte endlich ein prächtiges Barockschloss entstehen, das zeitgemäßem Repräsentationsaufwand Genüge tun würde. Bald zeigte sich aber wieder, wie unbefriedigend die Zustände in dem kleinen Fürstentum von nicht einmal 20000 Einwohnern waren. Es fehlte die Steuerkraft, um ausufernde Bauleidenschaft nach dem europaweit nachgeahmten Vorbild von Versailles oder überhaupt fürstliche Selbstdarstellung im großen Stil zu finanzieren. Mit allerlei wirtschaftspolitischen Manipulationen, die ihm einmal sogar ein kaiserliches Strafgeld wegen der Ausprägung minderwertiger Münzen eintrugen, versuchte sich Albrecht über Wasser zu halten. Der Ruin der Finanzen ließ sich aber nur hinauszögern und schien im Jahr seines Todes 1699 tatsächlich bevorzustehen. Bis dahin waren sogar zum Herzogtum gehörige Dörfer an fränkische Adlige verkauft worden. In der knapp zwanzigjährigen Regierungszeit Herzog Albrechts entfalteten sich auch in Coburg im Guten wie im Schlechten die Potenzen des Barockzeitalters. Kriegslust und Soldatenspielerei, das Nagen des „Bauwurms" und fürstlicher Pomp, Selbstdarstellung und Selbstüberschätzung. Die große Rolle, die der Barockfürst zu spielen beanspruchte, war nicht auf die Möglichkeiten seines Landes und schon gar nicht auf die Bedürfnisse seiner Untertanen abgestimmt. Die von schwerster Steuerlast gepressten Stadtbürger und die zu Fronfuhren für den Wiederaufbau der Ehrenburg gezwungene Landbevölkerung mussten es entgelten. Trotz ausgeprägter räumlicher Nähe war der Fürstenhof daher vom Land isoliert. Seine kulturelle Ausstrahlung blieb sehr begrenzt. Kirche, Adlige und Bürger bauten aus Geldmangel nur sehr wenig in dieser architekturfreudigen Zeit. So war der höfische Barock Coburgs in zweierlei Hinsicht eine flüchtige Erscheinung, beschränkt auf einen Hof, der sich selbst genug war, und zeitlich begrenzt auf die Regierungsjahre des kinderlosen Herzogs.

Als sich dessen frühes Ende ankündigte, begann sich wie immer das Karussell der Erbansprüche schneller zu drehen. Um Streit nach seinem Ableben zu verhindern, lud Albrecht seine Brüder und Neffen im Frühjahr 1699 zu Gesprächen nach Coburg ein. Dabei wurde eine Abrede getroffen, derzufolge das Herzogtum an die Linie Sachsen-Meiningen übergehen sollte. Andere Anspruchsberechtigte sollten durch Gebietsabtretungen oder Geldzahlungen entschädigt werden. Es war aber zweifelhaft, ob die erwünschte Eintracht erhalten bleiben würde. Als schlechtes Vorzeichen galt es, wenn Johann Ernst von Sachsen-Saalfeld sich von den Besprechungen fernhielt. Dieser jüngste Sohn Ernsts des Frommen hatte immer wieder die Erfahrung gemacht, übervorteilt zu werden. Daher war er vorsichtig und wartete ab. Am 6. August 1699 ging es mit Herzog Albrecht zu Ende. An sein Sterbebett reisten die drei Brüder Bernhard aus Meiningen, Ernst aus Hildburghausen und Johann Ernst aus Saalfeld. Nicht nur aus Pietät, sondern des Erbes wegen waren sie angereist. Ernst und Johann Ernst ließen noch in Albrechts Sterbestunde in Coburg öffentlich Plakate anschlagen, mit denen sie ihre Besitzergreifung des Landes verkündeten. Bernhards Diener rissen die Plakate wieder ab. Sachsen-Meiningen berief sich auf die Abrede vom Frühjahr und wollte keinen Fußbreit coburgischen Bodens preisgeben. Die ernestinischen Fürsten hatten nun einmal nichts zu verschenken und sie schenkten sich auch gegenseitig nichts.

3.3 Erbfolgestreit und Übergang an Sachsen-Saalfeld: 1699–1764

Der Streit dauerte dreieinhalb Jahrzehnte und fand erst im Jahre 1735 seinem Abschluss. Erbstreitigkeiten von solch langer Dauer waren in der Frühen Neuzeit keine Seltenheit. Erstaunlich war allenfalls, dass sich der Disput um Coburg trotz relativ klarer Machtverhältnisse so lange hinzog. Bernhard von Sachsen-Meiningen, der die Besitzergreifungspatente seiner Widersacher kurzerhand entfernen ließ, war robust genug, seinen Willen auch

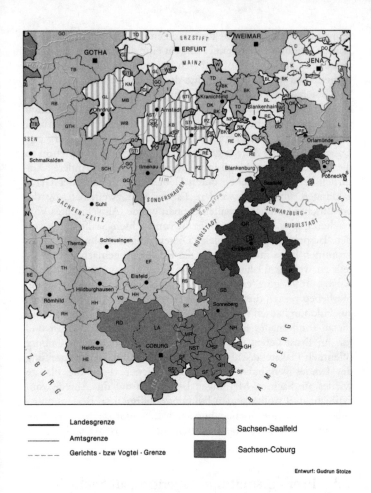

Karte 2: Sachsen-Coburg und Sachsen-Saalfeld nach
der Teilung von 1680/81
*(Nach: Geschichte Thüringens. Hrsg. von Hans Patze und Walter
Schlesinger. 5. Band: Politische Geschichte in der Neuzeit. 1. Teil,
2. Teilband. Faltkarte 3. Böhlau Verlag Köln, Graz 1984)*

gewaltsam durchsetzen zu wollen. Er besaß sogar die Möglichkeit dazu, weil er über eigenes Militär verfügte. Die Truppe war klein, stellte aber zumindest in den thüringischen Verhältnissen einen Machtfaktor dar. Als wichtigster Gegenspieler des Meiningers trat Johann Ernst von Saalfeld auf. Dieser hatte als Jüngster bei der Landesteilung von 1680/81 den kleinsten Anteil an Land und Leuten erhalten. Als Landesherr über ein armes und miniaturhaftes Fürstentum zwischen Frankenwald und Thüringer Wald besaß er überdies nicht einmal die volle Landeshoheit, sondern blieb bei den Regierungsgeschäften von den Oberbehörden in Altenburg und Gotha abhängig (Nexus Gothanus). Der Saalfelder Bergbau nach Silber, Kupfer und Kobalt, einziges wirtschaftliches Plus seines Gebietes, war nicht in der Hand Johann Ernsts. Verständlicherweise bemühte er sich angestrengt darum, seine eingeschränkten Machtbefugnisse und die kümmerlichen Einnahmen zu vergrößern. Vor unerfülltem Ehrgeiz und Ärger war er oft krank, 1695 soll er sogar vorübergehend in eine „Gemüts- und Verstandesverwirrung" geraten sein. In dem seit 1699 tobenden Streit mit Meiningen um das Coburger Erbe war er nicht in der Lage, sich seinem rücksichtslosen Konkurrenten mit den gleichen Mitteln zu widersetzen. Johann Ernst verfügte nicht über Soldaten. Ihm unterstand lediglich die 28 Mann zählende Saalfelder Bürgerwehr, die als Schlosswache zum Schutz der herzoglichen Residenz eingesetzt wurde. Für die Verteidigung des Herzogtums Sachsen-Saalfeld war nach den geltenden Verträgen der Gothaer Hof zuständig. Johann Ernst hatte in diesen Dingen nur wenig mitzureden. Trotz seiner kläglichen Ohnmacht konnte sich der Saalfelder im Erbfolgestreit um Coburg gegen den Rivalen zu Meiningen behaupten. Er verdankte dies den günstigen reichspolitischen Konjunkturen. Das Haus Habsburg behauptete sich an zwei Fronten, gegen das Frankreich Ludwigs XIV. im Westen und gegen die Türken im Südosten. Nach der siegreichen Abwehr der Türken vor Wien im Entscheidungsjahr 1683 war bis 1699 ganz Ungarn unter österreichische Herrschaft gelangt. Der Triumph über die bis dahin gefürchteten Türkenheere und den offensiven Islam erhöhten im christlichen Europa das Prestige der Habsburger. Als Träger der Kaiserkrone konnte sie seit dem Ende des 17. Jahrhunderts wieder verstärkt ins Reich hineinwirken und hier Machtposition zurückgewinnen, die Kaiser und Reich bis dahin an die aufstrebenden Territorialfürsten verloren hatten. Dabei folgte Wien zumeist der klugen Maxime, die Kleinen gegen die Großen zu unterstützen, um eine Machtbalance im Heiligen Römischen Reich zu erzielen. Auf thüringische Verhältnisse übertragen, konnte dies nur bedeuten, dem völlig machtlosen Saalfelder gegen den vergleichsweise mächtigen Meininger den Rücken zu stärken. Johann Ernst erhoffte also die Durchsetzung seiner Ansprüche auf Coburg vom Kaiser in Wien. Da die Gegenseite auf Zeitgewinn setzte und sich mit Winkelzügen zu behaupten suchte, beantragte Saalfeld 1705 die Einsetzung einer kaiserlichen Kommission zur Streitschlichtung. Meiningens Juristen konnten den Spruch dieser Kommission bis 1714 hinauszögern, aber nicht verhindern, dass er zugunsten Saalfelds ausfiel, dem der größte Teil des umstrittenen Gebietes zugesprochen wurde. Die Rechtsvertreter Sachsen-Meiningens setzten ihre Verzögerungstaktik mit mancherlei Tricks fort, doch war nicht mehr zu verhindern, dass das Herzogtum Coburg fortan von meiningischen und saalfeldischen Beamten paritätisch regiert wurde. Erst mehrere kaiserliche Interventionen führten 1735 die Übergabe Coburgs an Sachsen-Saalfeld herbei. Der Preis dafür war die nochmalige Verkleinerung des Ländchens. Hatte Albrecht 1680 nur einen Teil dessen erhalten, was Johann Casimir seit 1572/86 besessen hatte, so wurden 1735 wiederum zwei Amtsbezirke (Neuhaus, Sonneberg) abgetrennt, um Sachsen-Meiningen zu befriedigen.

Den Ausgang dieses langen und denkwürdigen Erbfolgestreites hat Johann Ernst nicht mehr erlebt, er war schon 1729 verstorben, nach einem Leben, in dem es fast ausschließlich um die Ansprüche und die Selbstbehauptung seines Hauses gegen zahlreiche Widersacher ging. Die von ihm bewirkte Anlehnung Sachsen-Saalfelds, ab 1735 Sachsen-Coburg-Saalfelds, an den Kaiserhof sollte für das ganze 18. Jahrhundert Bestand haben. Um die notwendigen Kontakte mit der kaiserlichen Machtssphäre zu pflegen, hatte der an Geld- und Machtmitteln so arme Fürst die Kosten nicht gescheut und eine eigene Agentur in Wien errichtet. Über diese Kontaktstelle pflegten Vertreter des Herzogs die Beziehungen zu den kaiserlichen Räten. Auch auf andere Weise wurde die Allianz des kleinen Saalfeld-Coburger Herzogshauses mit Österreich anschaulich gemacht. Die jüngeren Söhne des protestantischen Herzogs Johann Ernst dienten dem katholischen Kaiser Karl VI. als Offiziere. Dies war im Reich des 18. Jahrhunderts keineswegs die Ausnahme. Der Doppeladler der Monarchie schützte die kleinen deutschen

Fürsten und nahm sie unter seine Fittiche. Dafür zogen zahlreiche Prinzen aus den bescheidenen Residenzen des Reiches für Österreich in den Krieg, um dessen Machtstellung in den häufigen Waffengängen dieses kriegerischen Säkulums zu verteidigen. Die Hoffnung auf hohe Stellen im Militär oder auch in der Diplomatie schürte den Ehrgeiz der jungen Adligen. Die Saalfelder Herzogssöhne Wilhelm Friedrich (1691–1720) und Carl Ernst (1692–1720) nahmen am Türkenfeldzug des Jahres 1717 unter dem Prinzen Eugen von Savoyen teil. Beide fochten im österreichisch-spanischen Krieg 1719 in Oberitalien und Sizilien. Sie zahlten den hohen Preis des Krieges. Carl Ernst starb 1720 als kaiserlicher Rittmeister in Cremona, Wilhelm Friedrich kehrte krank aus Italien zurück und folgte seinem Bruder bald im Tode nach. Der Verlust zweier Söhne innerhalb weniger Monate veranlasste Johann Ernst, seinen Jüngsten Franz Josias, der ebenfalls dem Kaiser Kriegsdienst leistete, nach Saalfeld zurückzurufen (S. 233). Franz Josias war der wichtigste Part in einer adligen Familie zugedacht. Er sollte für den Fortbestand des Hauses sorgen. Anfang 1723 heiratete er Anna Sophia von Schwarzburg-Rudolstadt (1700–1780), die Tochter eines benachbarten thüringischen Fürsten. Der Vater Johann Ernst hatte gute Gründe, seine Hoffnungen auf diesen jüngsten Sohn zu setzen. Sein Erstgeborener Christian Ernst war eine schwache Persönlichkeit und schien ungeeignet, für Glanz und Dauer Sachsen-Coburg-Saalfelds Verantwortung zu tragen. Er glaubte sich von der Welt unverstanden, litt unter Minderwertigkeitsgefühlen und wähnte sich zu schwach für das schwierige Amt eines Fürsten. Seinen Halt fand Christian Ernst im Pietismus, einer damals auch an den thüringischen Höfen aufblühenden protestantischen Erneuerungsbewegung. Sein gesellschaftlicher Umgang beschränkte sich fast ganz auf die im pietistischen Sinne Auserwählten und Erleuchteten. Diesen Kreisen entstammte daher auch seine Frau, die als Tochter eines gräflich-reußischen Forstmeisters geborene Christiane Friederike von Koß (1686–1743), der Christian Ernst seit 1724 in unebenbürtiger und kinderloser Ehe verbunden war. Als der Vater 1729 starb, entschieden sich die beiden ungleichen Brüder dafür, gemeinsam zu regieren, jedoch an verschiedenen Residenzorten. Christian Ernst blieb in Saalfeld, wurde dort zum Mittelpunkt eines pietistischen Zirkels aus Adligen und Bürgerlichen. Von ständigen Skrupeln beladen, mitunter auch von Heuchlern ausgenutzt und betrogen, bemühte er sich gewissenhaft darum,

Frömmigkeit und Regentendasein miteinander in Einklang zu bringen.

Der tätigere Franz Josias übersiedelte mit seiner rasch anwachsenden Familie 1729 nach Coburg, wo nun erstmals seit 30 Jahren wieder ein fürstlicher Hof auf Dauer seinen Sitz nahm. Er konnte nach Abwehr der Meininger Ansprüche 1735 die unbestrittene Herrschaft über Coburg antreten und erbte schließlich 1745 vom frommen Bruder Christian Ernst auch dessen Saalfelder Landesteil. Fortan blieb Coburg die Residenzstadt der herzoglichen Familie, auch wenn das Saalfelder Schloss noch gelegentlich als Residenz diente. Im administrativen Bereich bestand die Trennung der beiden Landesteile fort, ebenso wie die eingeschränkte Landeshoheit der Herzöge im Saalfelder Teil, wohingegen Franz Josias in Coburg volle Herrschergewalt unter Kaiser und Reich ausübte. Um dennoch die Einheit des Herzogtums Sachsen-Coburg-Saalfeld für die Zukunft zu garantieren und die für das ernestinische Gesamthaus insgesamt so nachteiligen Erbsonderungen zu verhüten, bemühte sich Franz Josias darum, das Erstgeburtsrecht (Primogenitur) bei der Thronfolge gesetzlich zu verankern. Er bedurfte dafür der Zustimmung des Kaisers als der höchsten Rechtsautorität im Reich. Aus Wien kam 1747 das Plazet Kaiser Franz' I. Es war somit durch das Reichsrecht garantiert, dass die Herrschaft nur den Erstgeborenen zufallen sollte, während nachgeborene Söhne durch Apanagen finanziell abzufinden waren. Nachkommen, die in nicht standesgemäßer Ehe lebten oder aus einer solchen stammten, wurden von der Thronfolge ganz ausgeschlossen. Auch ihre Ansprüche auf das Hausgut wurden eingeschränkt. Damit war ein Schritt zur Stabilisierung des kleinen Herzogtums getan und sein Überleben in einer feindlichen und neidischen Umwelt kleiner Fürstenstaaten, die alle größer werden wollten, auf eine feste Basis gestellt. Es ist daher nicht verwunderlich, wenn der Coburger Archivar und Historiker Johann Adolph von Schultes den 1764 verstorbenen Franz Josias noch ein halbes Jahrhundert nach dessen Tod rühmte als „Schöpfer einer neuen Staats- und Hausverfassung" von wohltätigen Folgen. Dieser Herzog, der das Unglück gehabt hatte, beim Ballspiel im Jahre 1727 sein linkes Auge einzubüßen, war dennoch mit besonderer Scharfsichtigkeit begabt. Er wusste, dass sein Haus seinen schmalen Besitz wahren und Geduld haben musste. Vielleicht traten einmal Konstellationen ein, die den Coburgern einen Aufstieg ermöglichen würden.

3.4 Niedergang und Aufstieg: 1764–1806

Ihre erste Anwendung erfuhr die Erbfolgeordnung nach Franz Josias' Tod 1764. Seine jüngeren Söhne besaßen keinen Anspruch mehr auf die Mitregentschaft im Lande. Mit einer den bescheidenen finanziellen Möglichkeiten des Landes angepassten Apanage versehen, suchten sie zu dritt ihr Glück als Soldaten. Johann Wilhelm brach mit dem Herkommen seines Hauses, indem er nicht unter die Fahne des Kaisers trat, sondern dem Kurfürsten von Sachsen diente. Als Adliger zum Befehlen geboren, war er mit 19 Jahren schon kursächsischer Infanterieoffizier. Als solcher nahm er an den Kämpfen des Zweiten Schlesischen Krieges gegen die Preußen teil. Nach der am 4. Juni 1745 geschlagenen Schlacht von Hohenfriedberg wurde er vermisst. Trotz gründlicher Suche wurde sein Leichnam nie gefunden, sodass in der Familie lange Zeit Ungewissheit über sein Schicksal herrschte. Zwei Brüder, Christian Franz und Friedrich Josias, taten der Familientradition Genüge und wurden Offiziere des Kaisers. Ersterer sollte mit seinen Karrierehoffnungen scheitern, während letzterer zu einem der berühmtesten Feldherrn der k.u.k. Armee wurde. Christian Ernst erlitt das Missgeschick, schon in der ersten Phase des Siebenjährigen Krieges Ende 1757 mit den geschlagenen Resten der österreichischen Streitmacht auf schlesischem Boden in preußische Gefangenschaft zu geraten. Zwar entließ ihn der Preußenkönig schon einige Monate später wieder in die Heimat, doch musste der junge Coburger versprechen, sich bis Kriegsende nicht mehr an den Kampfhandlungen gegen Preußen zu beteiligen. Daher sah Christian Franz bei Kriegsende 1763 alle Aufstiegswege in der Armee der Kaiserin Maria Theresia versperrt, weil andere Offiziere, die in dem langen Krieg Erfahrung und Auszeichnungen erworben hatten, an ihm vorüberzogen. Da eine Karriere unter diesen Umständen nicht möglich erschien, nahm er nach 1763 seinen Abschied vom Militär. Als Adliger ohne Ambitionen und große Hoffnungen lebte er für einige Jahre am Witwensitz seiner greisen Mutter in Römhild. Der nachgeborene Sohn eines wenig begüterten Reichsfürsten konnte auch keine standesgemäße Ehe eingehen. Als seine Mutter, die Herzoginwitwe, 1780 starb, zog er nach Coburg in eine bescheidene Mietwohnung. Er lebte unauffällig und verzehrte seine Apanage als Randfigur der Adelsgesellschaft seiner Zeit.

Ganz andere Erfolge bescherte das Soldatenleben seinem jüngeren Bruder Friedrich Josias. Dieser hatte seinen Einstieg in eine große Laufbahn der Schwester zu verdanken. Friederika Carolina heiratete 1754 den künftigen Markgrafen von Brandenburg-Ansbach. Sie sorgte dafür, dass ihr Bruder schon mit 17 Jahren Rittmeister im kaiserlichen Kürassierregiment „Ansbach" wurde. Diese Abteilung der schweren Reiterei genoss hohes Prestige, sodass Kommandoposten bei den Kürassieren unter jungen Adligen sehr begehrt waren. In den Schlachten des Siebenjährigen Krieges hatte der Kavallerieoffizier Friedrich Josias von Sachsen-Coburg-Saalfeld reichlich Gelegenheit, seine Tüchtigkeit zu erweisen. Er zeigte, dass er nicht nur aufgrund adliger Geburt und familiärer Beziehungen den Anspruch auf einen Führungsrang erhob, sondern dass er hervorragende Leistungen im Feld erbringen konnte. Das Grauen und die Anstrengungen des Krieges ertrug er besser als andere. Das letzte Kriegsjahr 1762 sah den vierundzwanzigjährigen Coburger Prinzen bereits als Oberst an der Spitze des auf vielen Schlachtfeldern bewährten Kürassierregiments Ansbach. Nach Friedensschluss setzte er seinen Aufstieg auf verschiedenen Kommandos in Ungarn, Böhmen und Galizien fort. Zur europäischen Berühmtheit wurde der Prinz durch seine Siege als Feldherr im österreichisch-türkischen Krieg (1788–1791) und im Ersten Koalitionskrieg gegen Frankreich (1792–1794). Wenn die europäische Öffentlichkeit am Ende des 18. Jahrhunderts auf das kleine Coburg aufmerksam wurde, so lag das ausschließlich am Feldherrn Friedrich Josias, nicht am ältesten Bruder Ernst Friedrich, der seit 1764 regierte, ohne von sich reden zu machen. Als Persönlichkeit verschwand er fast völlig hinter seiner bedeutenderen Frau, der Herzogin Sophie Antoinette. Das Paar hatte 1749 in einer glanzvollen Zeremonie am vergleichsweise prächtigen Hof zu Wolfenbüttel geheiratet. Von ihrem Zuhause her war die braunschweigische Prinzessin Sophie Antoinette mehr Aufwand gewöhnt als der bescheidene Zuschnitt der Coburger Residenz ihr bieten konnte. Überdies hatten ihre Schwestern in die Königshäuser von Dänemark und Preußen geheiratet. Sophie Antoinette konnte nicht wie diese an den Höfen von Kopenhagen oder Berlin glänzen, sondern musste mit Coburg vorliebnehmen. Nach Ansicht ihres Enkels Leopold, der als vollendeter Diplomat auch die Frauen gut kennen musste, war sie „für ein kleines Fürstentum zu groß". Nach den Erinnerungen des späteren Königs der Belgier empfand der regierende Herzog Ernst Friedrich „vor seiner herrschsüchtigen Frau eine förmliche Angst". Die ganze Verwandtschaft stand im Bann Sophie Antoinettes, die auf alle Entscheidungen am Hof und im Fürstentum Einfluss nahm.

Nicht zuletzt war es ihren hohen Ansprüchen zuzuschreiben, wenn sich die Situation der herzoglichen Finanzen nach Regierungsantritt Ernst Friedrichs 1764 ständig verschlechterte. Die Ungeschicklichkeit des Herzogs und seiner Berater beschwor dann für den kleinen Fürstenstaat die Gefahr herauf, im Schuldenchaos unterzugehen. Dabei war das Schuldenmachen seit langem Bestandteil adliger Lebenswirklichkeit in Europa. Der Aufwand für standesgemäße Repräsentation erforderte kontinuierliche Ausgaben, denen die fast durchweg aus agrarischer Produktion geschöpften Einnahmen, die von der Jahreszeit und den Erträgen der Ernte abhingen, selten genügten. Eine Abstimmung der Ansprüche auf die Realität erfolgte selten. Kam es zu finanzpolitischen Missgriffen, so war, wie in Coburg, der Absturz in die Katastrophe oft kaum abzuwenden. Auf dem Herzogtum lasteten zählebige Schulden. Pracht und Bauliebe des 1699 verstorbenen Herzogs Albrecht schlugen auch in der Mitte des 18. Jahrhunderts noch mit Zinslasten zu Buche. Der lange Erbfolgestreit Saalfeld contra Meiningen um den Besitz des Coburger Landes hatte zahlreiche Juristen ins Brot gesetzt, die sich ihre Dienste teuer vergüten ließen. Schließlich wurde der Siebenjährige Krieg dem Coburger Kassenwesen zum Verhängnis, weil in seinem Verlauf häufig fremde Truppen einquartiert werden mussten, die nach Kriegsbrauch in Stadt und Land Coburg ohne Vergütung hohe Leistungen in Anspruch nahmen. 1764 beliefen sich die Zinszahlungen schon auf 21 % des Etats. Für die Schuldentilgung fehlte das Geld. Den Niedergang beschleunigte der an sich glückliche Umstand, dass Ernst Friedrich als Erbprinz 1758 von Fürst Heinrich XXXV. von Schwarzburg-Sondershausen (1689–1758) als Universalerbe seines in Coburg optimistisch auf „mehrere Tonnen Goldes" geschätzten Vermögens eingesetzt wurde. Nach dem Tode des Sondershäuser Fürsten focht dessen Verwandtschaft jedoch das Testament erfolgreich an. Es folgte ein langwieriger und auch sehr kostspieliger Prozess, der 1767 einen Vergleich nötig machte. Demnach erhielt der Coburger aus dem Nachlass des Fürsten lediglich 95 000 Taler. War dies schon viel weniger als erwartet, so blieb Ernst Friedrich die im Testament enthaltene Bestimmung auferlegt, die privaten Schulden und alle sonstigen Zahlungsverpflichtungen des Erblassers zu übernehmen. Der erhoffte Segen verwandelte sich so in einen Fluch, weil immer neue Ansprüche zu befriedigen waren.

Um sich vor den lästigen Gläubigern Ruhe zu verschaffen, folgte Ernst Friedrich dem Fingerzeig seiner Ratgeber und beantragte in Wien die Einsetzung einer kaiserlichen Untersuchungskommission. Während deren Tätigkeit ruhten die Forderungen der Gläubiger. Auch dieser Schritt war wieder ungeschickt. Die desolate Finanzlage des Herzogtums wurde auf diese Weise publik. Die Kommissare meldeten nach Wien, dass Sachsen-Coburg-Saalfeld bei etwa 86 000 Talern Jahreseinnahmen eine Schuld von über einer Million zu tragen habe. Es war unter den bestehenden Verhältnissen unmöglich, auch nur einen Teil der Schulden abzutragen. Daraufhin beschloss der Reichshofrat im Januar 1773 die Einsetzung einer kaiserlichen Debitkommission in Coburg, die dem abgewirtschafteten Herzogshaus die Finanzverwaltung ganz aus der Hand nehmen sollte. Gegen diesen Machtspruch aus Wien war nichts zu machen. Ernst Friedrich musste sich damit abfinden, dass seine Befugnisse als Landesherr infolge der kaiserlichen Anordnung empfindlich eingeschränkt wurden. Da bis zur endgültigen Sanierung das Finanzwesen von der Kommission im Namen des Kaisers wahrgenommen werden sollte, schmolzen die Herrschaftsrechte Ernst Friedrichs zusammen. Nur noch die allgemeine Verwaltung, die Gerichte, Schulen und Kirche unterstanden zukünftig seiner Aufsicht. Über Geldangelegenheiten bestimmten vom Kaiser und den Leitern der Kommission eingesetzte Administratoren, die dem Coburger nicht verantwortlich waren. Der Herzogsfamilie wurde bloß ein Pauschbetrag von 12 000 Talern jährlich zum Lebensunterhalt angewiesen, der merklich unter der Summe lag, die für das standesgemäße Dasein eines mit zahlreichen Nachkommen gesegneten reichsfürstlichen Hauses als angemessen gelten konnte. Für Sonderaufwändungen musste die Kommission jeweils um zusätzliche Bewilligungen angegangen werden. Das galt zum Beispiel für fürstliche Kindstaufen und Hochzeiten.

Wie alle Verwaltungseinrichtungen, so entwickelte auch die kaiserliche Debitkommission für Sachsen-Coburg-Saalfeld eine erstaunliche Zählebigkeit. Sie bestand für mehr als drei Jahrzehnte und hätte, wäre es nach ihr allein gegangen, auch noch länger bestanden. Dabei ist einzuräumen, dass die Kommissionstätigkeit durchaus zu einer gewissen finanzpolitischen Stabilisierung des Herzogtums beitrug. Ein Teil der Schulden konnte abgetragen werden. Diese Erfolge wurden aber von der Herzogsfamilie konterkariert, die mit ihrem *Competenz* genannten jährlichen Unterhaltsbetrag nicht auskam und daher fortfuhr, neue Schulden zu machen. Die klägliche Finanzlage bestimmte die Lebensplanungen der Kinder Ernst Friedrichs. Die Tochter Caroline und der jüngere Sohn Ludwig durften keine Familien gründen, da das Geld für standesgemäße Heiraten nicht hinreichte. Dabei erwies es sich für Caroline als vorteilhaft, dass im protestantischen Deutschland einige Frauenklöster als Versorgungsanstalten für unverheiratete Prinzessinnen nach der Reformation erhalten geblieben waren. Dazu gehörte auch das niedersächsische Damenstift Gandersheim am Harz. Auf die Vergabe der dortigen Pfründenstellen besaß das Haus Braunschweig-Wolfenbüttel entscheidenden Einfluss. Da ihre Mutter Braunschweigerin war, konnte Caroline 1768 Kanonisse in Gandersheim werden. Mit dieser Pfründe war keine Anwesenheitspflicht im Stift verbunden, sodass sie zwar die Einkünfte genoss, aber weiterhin bei ihren Eltern in Coburg lebte. Erst nach ihrer Wahl zur Dekanin und damit zur Stellvertreterin der Äbtissin Auguste Dorothea von Braunschweig-Wolfenbüttel zog Caroline nach Gandersheim um. Nach der Aufhebung des Stiftes durch die königlich-westfälische Regierung 1810 kam sie, mit einer jährlichen Pension versehen, wieder nach Coburg zurück. Ihr Bruder Ludwig musste – übliches Schicksal der nachgeborenen Prinzen – die militärische Laufbahn ergreifen, schon um die schmale Apanage aufzubessern. Ludwig war wie viele seiner Zeitgenossen gebannt von der Persönlichkeit des Preußenkönigs Friedrich und vom Ruhm seiner Armee. Er ging daher nicht in den bei den Coburgern gleichsam herkömmlichen österreichischen Heeresdienst, sondern entschied sich dafür, unter die preußischen Fahnen zu treten. Anders als der Onkel Friedrich Josias hat er aber keine kontinuierliche Karriere durchlaufen. Sein Leben verlief überaus unstet. Ludwig war Hauptmann in einem Berliner Infanterieregiment (1776–78), verließ dann aber den preußischen Dienst und lebte einige Jahre als Privatmann in Coburg. Dann wurde er württembergischer (1786–90) und zuletzt doch österreichischer (1790–95) Offizier. In keiner Armee hielt es der ständig in Geldnöten steckende Prinz lange aus, offensichtlich, weil es ihm auch an der nötigen Geduld fehlte. Er war ein Schuldenmacher, dem der Onkel Friedrich Josias aber immer wieder aus der ärgsten Verlegenheit half. Der Feldmarschall hatte unter den Habsburgern zwar noch mehr Lorbeer als Reichtum erworben, doch war er am Ende seiner Dienstzeit vermögend genug, um der stets bedürftigen Verwandtschaft auszuhelfen.

Wenn sich die finanziellen Verhältnisse im Hause Coburg immer weiter verschlechterten, so lag dies an einem Faktor, gegen den auch die kaiserliche Debitkommission machtlos war, nämlich am Kinderreichtum des Erbprinzen Franz Friedrich Anton und seiner (zweiten) Frau Auguste, geborene von Reuß-Ebersdorf. Nach ihrer Hochzeit 1777 wurden ihnen in einer Zeitspanne von fünfzehn Jahren zehn Kinder geboren, von denen eines eine Totgeburt war und zwei im Kindesalter starben. Die Sieben, die überlebten, wurden die Generation des Coburger Erfolges (S. 234).

In ihrer Kindheit war nicht recht absehbar, wie ihnen eine angemessene Versorgung gewährleistet werden konnte. Die Hoffnungen des Hauses auf künftigen Aufstieg ruhten auf dem kaiserlichen General Friedrich Josias und dessen militärischem Ruhm. Nicht nur in Epen und Balladen, sondern auch in der europäischen Adelsgeschichte finden sich genügend Beispiele, dass ruhmvolle Waffentaten nicht nur den Aufstieg Einzelner, sondern auch ihrer Familien zur Folge hatten.

Im Krieg Österreichs und Russlands gegen die Türken 1788–1791 stand Friedrich Josias an der Spitze einer kaiserlichen Armee, die in der Walachei operierte. Wichtige Siege gelangen ihm dank russischer Unterstützung bei Focșani am 1. August 1789 und bei Martinești am 22. September desselben Jahres. Die Folge davon war, dass die Österreicher Bukarest und Belgrad besetzen konnten. Kaiser Joseph II. beförderte den in ganz Europa gefeierten *Prinzen Koburg*, der an die Türkensiege des Prinzen Eugen vom Beginn des Jahrhunderts anzuknüpfen schien, zum Feldmarschall. Nach Jahrhunderten des Kampfes zwischen Kreuz und Halbmond ließen seine Waffenerfolge im tiefen Südosten das zumeist verschüttete christlich-europäische Gemeinschaftsgefühl vorübergehend wieder aufleben. Nachdem die Schlachten geschlagen waren, stattete Friedrich Josias am 19. Februar 1791 seiner Heimatstadt Coburg einen Besuch ab, den die Verwandtschaft als triumphales Fest inszenierte, schließlich hatte der Feldmarschall „Coburgs Namen in allen Theilen der Erde rühmlichst bekannt gemacht". Auch bei den russischen Verbündeten sollte der Coburger in bester Erinnerung bleiben. Zarin Katharina die Große sandte ihm Ehrengeschenke, für sie verkörperte der Feldherr die für Russland so einträgliche Allianz mit Österreich auf dem Balkan. Nach den ausgiebigen Siegesfeiern und einer Ruhepause zog der Prinz 1792 wieder ins Feld, diesmal im Westen. Er wurde zum Oberbefehlshaber über alle am Rhein stationierten kaiserlichen

Truppen ernannt, nachdem der Krieg Österreichs und Preußens gegen die Französische Revolution aus der Sicht der beiden monarchischen Mächte keinen guten Verlauf genommen hatte. Der Reichsgeneralfeldmarschall *Koburg* konnte den Revolutionstruppen im Jahre 1793 eine Reihe schwerer Niederlagen zufügen. Anders als bei den Türken, mit denen sich trotz der religiösen Differenz nach den Kämpfen ein völkerrechtlich gesicherter Frieden abschließen ließ, war jedoch eine Verständigung zwischen der Adelswelt des alten Europa und dem terroristischen Regime der Revolutionäre in Paris unmöglich. Der Krieg wurde auf Leben oder Tod geführt.

Tatsächlich dachte der Prinz daran, wie er es ausdrückte, die Revolution an ihrem Herd zu ersticken und nach Paris vorzustoßen. Dies schien 1793 vorstellbar, weil die Kaiserlichen und ihre Verbündeten die französischen Sperrfestungen an der Nordgrenze erobert hatten. Zwischen ihnen und der revolutionären Kapitale standen nur noch die fanatisierten Volksheere, wie sie die Jakobiner dank der allgemeinen Wehrpflicht, der *Levée en masse,* aufgeboten hatten. Friedrich Josias, in den Traditionen des Ancien Régime befangen und in der Zeit absolutistischer Kabinettskriege zum Berufsmilitär gereift, stand der Kriegführung mit politisierten Massenheeren fremd gegenüber. Mit diesem neuartigen Phänomen wusste dieser den Konventionen verpflichtete Aristokrat nicht viel anzufangen. Es spricht jedoch für sein Urteilsvermögen, wenn er erkannte, dass die Revolution nicht nur militärisch, sondern auch politisch bekämpft werden musste. Sein Problem war jedoch, dass die Führung in Wien, besonders der neue Staatskanzler Thugut, den Militärs keine weitergehenden Kompetenzen einräumen mochte. Allerlei unerfreuliche Briefwechsel mit Thugut und die eigene Niederlage bei Fleurus (Juni 1794) ließen es dem Reichsgeneralfeldmarschall geraten erscheinen, das Kommando niederzulegen. Nicht er, sondern der später so berühmte General Bonaparte sollte als Bändiger der Revolution in die Geschichte eingehen. Friedrich Josias zog sich nach Coburg zurück, wo er bis zum Tod im Jahre 1815 als Privatmann lebte. Zumindest den Ruhm des Türkensiegers konnte ihm keiner nehmen. In seinem von Geselligkeit geprägten Zeitalter konnte es daher nicht ausbleiben, dass Reisende eigens nach Coburg kamen, um den berühmten Feldherrn zu sehen und zu sprechen.

Bereits im Frühjahr 1795 häuften sich in auffälliger Weise die Besuche russischer Militärs und Diplomaten bei Friedrich Josias.

Bei diesen Visiten wurde nicht nur über Vergangenes geplaudert. Zarin Katharina hatte eine hohe Meinung von dem Coburger und wandte seiner Familie ihr Wohlwollen zu. Gerade in dieser Zeit suchte die Deutsche auf dem russischen Thron eine Frau für ihren Enkel Constantin. Eine deutsche Prinzessin wurde gesucht. Katharina, selbst aus der Zerbster Linie des anhaltischen Fürstenhauses stammend, hatte für den Petersburger Hof die Tradition der Heiratsverbindungen mit deutschen Dynastien fortgeführt. Die Mutter Constantins stammte aus Württemberg, die Frau seines älteren Bruders Alexander aus Baden. Die russischen Emissäre berichteten von den Reizen der drei älteren Töchter des Coburger Erbprinzen Franz Friedrich Anton nach Petersburg, nämlich von Sophie (geboren 1778), Antoinette (geboren 1779) und Julie/Juliane (geboren 1781). Kurzerhand lud nun die Zarin diese drei Prinzessinnen samt ihrer Mutter Auguste im Juli 1795 auf die weite Reise nach Russland ein. Dort sollte Großfürst Constantin selbst seine Auswahl treffen. Die Aussicht auf eine Eheverbindung mit dem unermesslich reichen russischen Kaiserhaus eröffnete den bankrotten Coburger Wettinern weite Perspektiven. Bis dahin hatten sich die familiären Allianzen Sachsen-Coburg-Saalfelds auf den Raum Thüringens und seiner Nachbarländer erstreckt (S. 230). Dem Status nach handelte es sich bei den einheiratenden Männern und Frauen jeweils um Angehörige ranggleicher reichsfürstlicher Häuser. Eine Liaison mit dem Herrschergeschlecht des riesigen Russischen Reiches revolutionierte die dynastischen Konstellationen, in denen sich die herzogliche Familie befand.

In St. Petersburg entschied sich Großfürst Constantin für Julie, die jüngste der aus Coburg angereisten Prinzessinnen, die in ihrer neuen russischen Heimat nach dem Übertritt zum orthodoxen Glauben den Namen Anna Feodorowna erhielt. Am 26. Februar 1796 fand im Petersburger Winterpalais die Hochzeit statt. Die Freude am Coburger Hof über die glänzende Verbindung und den Aufstieg des Hauses währte indes nicht lange, weil bald besorgniserregende Briefe von der zur Großfürstin Anna verwandelten Julie eintrafen, in denen sie das Unglück ihrer Ehe beklagte. Ein Zusammenleben mit ihrem charakterlich unausgeglichenen Mann, dem sie wiederholten Vertrauensbruch vorwarf, erschien der Großfürstin immer weniger vorstellbar. Es war ihr auch nicht zuzumuten. 1801 trennte sie sich von Constantin und verließ Russland. Ihre Rückkehr nach Coburg bedeutete jedoch nicht das Ende der dynastischen Bande zu den Romanows. Annas Schwager Alexander, der ebenfalls im Jahre 1801 russischer Zar wurde, schätzte sie weiterhin. Er hatte die Trennung sogar befürwortet und stellte der Großfürstin eine sehr großzügige jährliche Rente zur Verfügung, mit der sie ihren aufwändigen Lebensstil finanzierte. Da ihr weiterhin viel Geld aus Russland zur Verfügung stand, konnte sich Anna im schweizerischen Kanton Bern einen idyllisch gelegenen Landsitz zulegen. Dort lebte sie, von häufigen Reisen abgesehen, bis zu ihrem Tod 1860. Ihre Ehe mit Großfürst Constantin wurde nach dem Scheitern verschiedener Aussöhnungsversuche 1820 geschieden. Für den Aufstieg des Hauses Sachsen-Coburg-Saalfeld zu europäischer Bedeutung war die 1796 geschlossene Verbindung mit den Romanows fraglos entscheidend. Sogleich machten sich auch die finanziellen und politischen Vorteile für das kleine Herzogtum bemerkbar. Aus St. Petersburg setzte ein zwar nicht ganz regelmäßiger, aber ergiebiger Geldstrom in die leeren Coburger Kassen ein. Bereits die 1795 von der russischen Reise zurückkehrenden Prinzessinnen brachten üppige Geldgeschenke der Zarin Katharina in Höhe von 160 000 Goldrubel mit. Durch die Verwandtschaft mit dem reichen russischen Kaiserhaus gewann die Herzogsfamilie Kreditwürdigkeit bei den deutschen Bankhäusern. Erbprinz Franz Friedrich Anton, bisher angesichts der finanziellen Malaise zur politischen Untätigkeit verdammt, konnte an die Tilgung und Umschichtung des Coburger Schuldenberges herangehen. Damit bereitete er sich auf die Übernahme der Regierung vor, die ihm im September 1800 mit dem Tode des greisen Herzogs Ernst Friedrich zufiel.

Wie der Vater eine unbedeutende Persönlichkeit und zeitlebens kränkelnd, hat Franz Friedrich Anton in seiner kurzen Regierungszeit (1800–1806) doch manches bewegt und eine Erneuerung des maroden Herzogtums herbeigeführt. Seine Herrschaft war bestimmt durch eine Revolution von oben, die dem desorganisierten und verkommenen altständischen Staatswesen moderne Strukturen aufzwang. Ein effizienter Kleinstaat sollte entstehen. Dieses Werk konnte der selbst schwache und vor Widerständen zurückschreckende Herzog nur mithilfe eines ebenso fähigen wie durchsetzungswilligen Ministers vollbringen. Ein solcher Mann ließ sich nur dank der russischen Verbindungen für die Arbeit in Coburg gewinnen. Bei dem großen Reform-Minister handelte es sich um den in Coburg noch lange Zeit bekannten und teils auch berüchtigten Theodor Konrad von Kretschmann (1762–1820). Dieser äußerst strebsame, leider auch streitsüchtige Jurist und Verwaltungsmann bürgerlicher Herkunft hatte sich als preußischer Beamter empor gedient und sein Handwerkszeug als Reformer bei Karl August von Hardenberg, dem späteren Staatskanzler Preußens, erworben. Da Kretschmann sehr viel von Finanzdingen verstand, beriet er eine ganze Reihe von mit Geldsorgen beladenen thüringischen Fürsten, darunter auch den Coburger Franz Friedrich Anton. Dieser gelangte zu der Überzeugung, dass nur der Routinier Kretschmann das an fast allen Mängeln des Ancien Régime krankende Herzogtum retten konnte. Mit der Zielsetzung, große Reformen in Angriff zu nehmen, sollte Kretschmann nach Coburg kommen. Für den ambitionierten Spitzenbeamten war diese Aufgabe eigentlich wenig lockend. Kretschmann glaubte aber, durch Vermittlung des Herzogs russischer Gesandter in Berlin, Dresden oder München werden zu können. Ihn reizte der Glanz des Diplomatenstandes. Mit solchen Wünschen, die dann unerfüllt bleiben sollten, trat er im Juli 1801 sein Amt als Dirigierender Minister des Herzogtums Sachsen-Coburg-Saalfeld an. Schon zuvor war auf seine Initiative hin eine Staatsbank gegründet worden, um das zähflüssige Wirtschaftsleben im Fürstentum in Gang zu bringen. Mit größter Energie machte sich Kretschmann an die Umgestaltung der uneffektiven, teils chaotischen Coburger Staatszustände. Der von ihm erarbeitete Schuldentilgungsplan sollte die Arbeit der immer noch waltenden kaiserlichen Debitkommission überflüssig machen. Diese setzte ihre Tätigkeit vorübergehend aus und wurde 1802 ganz aufgehoben. Einen rationalistischen Verwaltungsmann wie den neuen Minister störten vor allem die wirren staatsrechtlichen Verhältnisse, in denen der Saalfelder Landesteil zum Fürstentum Altenburg stand. Kretschmann arbeitete an einer Bereinigung. Mit Vertrag vom 4. Mai 1805 wurden Coburg und Saalfeld zu einem einheitlichen Staatswesen vereint. Im Inneren folgte eine straffe Neuordnung der Verwaltung. An die Stelle diverser Kollegien und Kommission, die mehr Kosten als Leistungen erbrachten, trat eine einzige Behörde, die Landesregierung genannt wurde und die wiederum dem Landesministerium mit Kretschmann an der Spitze unterstand. Er schaltete und waltete in dem kleinen Land.

Gegen diesen vom Herzog nicht nur tolerierten, sondern sogar geförderten Ministerabsolutismus regte sich dann zunehmend Widerstand. Der von auswärts gekommene und aus dem Bürgertum aufgestiegene Kretschmann besaß keinen Rückhalt im Lande. Seine einzige Stütze war Herzog Franz Friedrich Anton. Dem Adel, der sich auf seine ererbte und seit jeher herkömmliche Autorität zum Befehlen berief, war der selbstherrliche Minister ein Stein des Anstoßes. Es kam hinzu, dass sich der rücksichtslos machtbewusste und zu schroffem Betragen neigende Kretschmann nicht im geringsten bemühte, bei den eingesessenen Eliten aus Adel und Bürokratie um Verständnis für die Notwendigkeit der Reformen zu werben. Es ereigneten sich in Wort und Schrift Auseinandersetzungen von verletzender persönlicher Schärfe, die in einem Wechsel feindseliger Publikationen zwischen Kretschmann und seinen Gegnern gipfelten. Die ganze deutsche Öffentlichkeit konnte sich somit in diesem lesefreudigen Zeitalter ein Bild von den unschönen politischen Rangeleien im Herzogtum machen. Das kleine Land brodelte vor Intrigen und Kampagnen. Der Funke sprang auch auf die Bevölkerung über, die im Februar 1803 mit Unruhen in der Residenzstadt auf Neuerungen der Verwaltung reagierte. Kretschmann und der Herzog zögerten nicht, angesichts der eher geringfügigen Ausschreitungen kursächsisches Militär nach Coburg zu rufen. Nicht nur bei den Eliten, auch in der Bevölkerung fehlte dem Ministerregiment jeder Rückhalt. Dennoch hielt Franz Friedrich Anton an Kretschmann fest, obwohl dieser von seinen Widersachern nicht ganz zu Unrecht auch noch des eigennützigen Wirtschaftens im Amt bezichtigt wurde. Der Minister ließ sich aber immer seltener in Coburg sehen und zog es vor, von seinem Landgut aus zu regieren. Als der Herzog im Dezember 1806 starb, brach Kretschmanns letzte Stütze weg. Der Nachfolger Ernst (I.) zeigte sogleich nach seinem Einzug in Coburg, dass er nicht gewillt war, die Dominanz eines allmächtigen Ministers zu dulden. Der Vielgehasste nahm seinen Abschied, blieb aber seiner immer wilderen Streitlust entsprechend dem Herzogshaus noch eine Weile durch Prozesse, Affären und Projekte für pikante Enthüllungsschriften verbunden. Die Publikation der Interna, die nur der öffentlichen Bloßstellung der herzoglichen Familie dienen sollten, hat Ernst mit knapper Not verhindern können. Die so turbulente Ära Kretschmann (1801–1807) hat Sachsen-Coburg-Saalfeld politisch und wirtschaftlich der Moderne geöffnet. Aus einem bankrotten Kleinterritorium mit verworrenen staatsrechtlichen Verhältnissen wurde ein mit anderen thüringischen Kleinstaaten vergleichbares und wettbewerbsfähiges Fürstentum, dem mit dem Ende des Heiligen Römischen Reiches im Jahre 1806 die Souveränität zufiel. Auch Coburg erlebte wie viele andere deutsche Gebiete in diesen Jahren die Konstruktion des modernen Staates in einer Revolution von oben. Tief greifend verändert wurden die Strukturen von Politik und Verwaltung, ohne dass freilich die gesellschaftlichen Verhältnisse oder gar die Vermögensverteilung angetastet worden wären.

Der Abschied vom Ancien Régime vollzog sich unter dramatischen Begleiterscheinungen. Der Krieg Napoleons gegen Preußen spielte sich in seiner ersten Phase im Herbst 1806 im Thüringischen ab. Vor den aus Franken heranrückenden Truppen des Korsen floh die herzogliche Familie aus Coburg ins vermeintlich sicherere Saalfeld. Gerade dort, unmittelbar vor Saalfelds Stadttoren, fand aber am 10. Oktober 1806 jenes Gefecht zwischen französischer und preußischer Reiterei statt, bei dem der Hohenzollernprinz Louis Ferdinand den Tod fand. Mitten in der grauenhaften Wirklichkeit des Krieges befand sich die herzogliche Familie. Diesen Aufregungen war der herzkranke Franz Friedrich Anton nicht mehr lange gewachsen. Er starb am 9. Dezember 1806, eben nach Coburg zurückgekehrt, im Alter von nur 56 Jahren. Da Coburgs dynastische Vormacht Kursachsen mit dem geschlagenen Preußen verbündet war, befand sich auch der Thronfolger Ernst (I.) im preußischen Hauptquartier, an dessen langem und schmählichem Rückzug von Weimar bis nach Königsberg er teilnahm. In Ostpreußen erkrankte er schwer an Typhus und schwebte mehrere Wochen zwischen Tod und Leben. Um diese Zeit starb gerade Ernsts Vater und das zum Königreich erhobene Kursachsen schloss zu günstigen Bedingungen in Posen Frieden mit dem siegreichen Napoleon (11. Dezember 1806). Der Empereur stand kurz davor, in den deutschen Fürstentümern seinen Willen durchzusetzen und auf den Trümmer des Heiligen Römischen Reiches eine neue Ordnung zu errichten. Umso schlimmer für das kleine Herzogtum Sachsen-Coburg-Saalfeld, dass sein junger Landesherr Ernst Ende 1806 handlungsunfähig im Lager der Preußen und Russen weilte. Der Aufmerksamkeit Napoleons entging auch dies nicht. Zwar trat bei Gelegenheit der Posener Verhandlungen auch Coburg wie die anderen ernestinischen Staaten dem Rheinbund unter dem Protektorat Napoleons bei. Dies war eine der letzten Aktionen Kretschmanns gewesen. Dennoch wurde es vom Imperator wie ein besiegter Feindstaat behandelt; es stand vom November 1806 bis zum Juli 1807 – mit kurzer Unterbrechung – unter französischer Verwaltung. Erst der französisch-russische Friedensschluss von Tilsit im Juli 1807 sah ausdrücklich die Rückgabe des Herzogtums an seinen Herrscher vor.

Wenn Ernst also endlich nach fast einjähriger Abwesenheit wieder nach Coburg zurückkehren durfte, so verdankte er dies nicht zuletzt der Fürsprache seines Schwagers Zar Alexander, auf den auch der mächtige Napoleon Rücksicht nehmen musste. Mit weitergehenden Hoffnungen sah sich Ernst aber enttäuscht. Er wollte sich die russischen Beziehungen zunutze machen, um zur napoleonischen Länderverteilung zugelassen zu werden. Insbesondere auf das vormalige preußische Fürstentum Bayreuth, das seit der Eroberung im Herbst 1806 unter französischer Herrschaft stand, hatte er ein Auge geworfen. Es war ein außergewöhnlicher Schritt für einen deutschen Fürsten, wenn Ernst kurz nach seiner Einsetzung 1807 persönlich nach Paris reiste, um dem Imperator seine Aufwartung zu machen. Auch wenn der junge, glanzvoll auftretende Herzog von Napoleon in Privataudienz empfangen wurde und in Paris auch die Gunst einiger Damen mit und ohne gesellschaftlichen Rang gewann, so brachte sein Aufenthalt an der Seine politisch doch keinerlei Ertrag. Das so sehr begehrte Bayreuth fiel 1810 an Bayern, einen für Frankreich sehr wertvollen Verbündeten. Das Rheinbundfürstentum Sachsen-Coburg-Saalfeld, das immer wieder Soldaten für die napoleonischen Feldzüge in Tirol, Spanien und schließlich Russland zu stellen hatte, war nur einer der kleinen Satelliten im System des Kaisers der Franzosen, der nicht umworben werden musste.

4   Coburg in der Welt

Der Aufstieg des Hauses Coburg innerhalb der europäischen Adelsgesellschaft am Ende des 18. Jahrhunderts war denselben Faktoren zu verdanken, die seit jeher das Glück aristokratischer Familien bewirken konnten: Heiratsverbindungen und Kriegsdienste. Die Siege des erfolgreichen Feldherrn Friedrich Josias machten den Namen Coburg in der Welt bekannt und die Petersburger Hochzeit von 1796 schließlich führte das ärmliche und unbedeutende Fürstenhaus in internationale dynastische Kombinationen ein. Bis dahin verlief der Aufstieg noch ganz in den Bahnen der Konvention und der adligen Konvenienz. Freilich begannen sich auch innerhalb des eigenen Standes bereits die ersten Neider zu regen.

Neben die herkömmlichen adelsweltlichen Karrierefaktoren trat aber mit der Französischen Revolution und den aus ihr folgenden Napoleonischen Kriegen eine gesellschaftliche Dynamik, die sich aus der Erschütterung der Gesellschaftsordnung des Ancien Régime ergab. Die Standesschranken fielen in Frankreich und wenigstens vorübergehend in den von der Revolution erfassten Gebieten, auch im übrigen Europa sollten sie an Bedeutung verlieren. Bereits der aufgeklärte Absolutismus in der zweiten Hälfte des 18. Jahrhunderts hatte die Grundlagen des Privilegienwesens erschüttert, indem er die Gleichheit aller Untertanen vor dem Gesetz erstrebte. Neben das angeborene Recht der Adligen auf Machtausübung und Autorität trat ein individueller Anspruch auf Erfolg und Glück durch persönliche Leistung, der die sozialen Grenzen sprengte. Die Große Revolution in Frankreich öffnete den Nichtadligen bisher versperrte Karrierewege und Aufstiegschancen. Alte Eliten stürzten, gewandte Profiteure des Umsturzes traten an ihre Stelle. Die Vorstellung von Elite insgesamt wandelte sich. Sie bezog fortan auch die Bürokraten ein, die spezialisierten Inhaber von Verwaltungswissen und Verwaltungsmacht, oder die Militärs, die zu den Leitfiguren des kriegerischen Zeitalters wurden. An den zahlreichen Feldzügen Napoleons nahmen ehrgeizige Soldaten und Offiziere teil, um Prestige, Beförderungen und Beute zu ernten. Die eigentlichen Gewinner waren freilich die Heereslieferanten, die erstaunliche Vermögen anhäufen konnten.

Die Dynamisierung der über ein Jahrtausend hinweg trotz aller Veränderungen doch erstaunlich stabilen Gesellschaftsordnung Europas setzte gerade den Adel, die alte erbliche Elite, unter großen Anpassungsdruck. Napoleon, der sich selbst zum Vollstrecker und Vollender der Revolution stilisierte, konnte Prestige und Wirkung adliger Titel richtig einschätzen und operierte erfolgreich mit diesem Erbe der Vergangenheit. Die Granden seines Verwaltungsapparates und seiner Armee überhäufte er mit klingenden Titeln. So erhob er beispielsweise seinen Reitergeneral Michel Ney, den Sohn eines Böttchers aus der Bierstraße in Saarlouis, zum Herzog von Elchingen und zum Fürsten von der Moskwa. Auch in den gegen grundlegende Umwälzungen der sozialen Verhältnisse weitgehend resistenten deutschen Landen wurde der Adel in den Sog der Neuerungen gezogen. Auch hier kam es zur Auflockerung der erstarrten Strukturen. Unter der Einwirkung Napoleons gerieten auch hier die Adelswelten in Bewegung. An Basis und Spitze der Pyramide verschoben sich Titel und Ränge. Kurfürsten wie der Bayer und der Sachse stiegen zu Königen auf, in Baden wurde ein Markgraf, in Hessen-Darmstadt ein Landgraf zum Großherzog. Pracht und Glanz der neuen Würden konnten freilich nicht ganz vergessen machen, dass sie letztlich einem Umsturz der alten hierarchischen Ordnungen des Heiligen Römischen Reiches entstammten. Sie gingen aus den Wurzeln der Revolution hervor.

Ein altes, von der Geschichte bis dahin mit wenig Glück bedachtes Geschlecht wie die Coburger konnte sich aufgerufen fühlen, die Legitimität adligen Herkommens mit der neuen „bürgerlichen" Kategorie der Leistung zu verbinden. Neben die ererbte Autorität trat ein individuell begründeter Anspruch auf Herrschaft, beruhend auf der Durchsetzung im politischen Geschäft. Ein letztes Mal sollte sich am Coburger Beispiel die Flexibilität der tausendjährigen europäischen Aristokratie bewähren, ihre Fähigkeit, sich krisenhaften Entwicklungen anzupassen und den Druck aus den anderen Schichten der Gesellschaft aufzufangen. Bis dahin waren nichtadlige Aufsteiger zumeist durch Nobilitierung in die tradierte Oberschicht absorbiert worden. Die Aufnahme in den Adel bildete die Krönung vieler individueller Erfolgsgeschichten in Mittelalter und Früher Neuzeit. Sie verlieh dem Reüssieren des Einzelnen über seine Nachkommenschaft Dauer auf viele Generationen. Leistung zählte, um in den Adel aufzusteigen. Sie war aber auch eine Voraussetzung für Positionsverbesserung innerhalb der aristokratischen Oberschicht. Vielleicht konnte gerade die Ausformung einer adligen Leistungsgesellschaft eine Antwort auf die Herausforderungen der Bürgerwelt sein. Es galt, ererbtes Prestige mit der Selbstbehauptung in den zeitgemäßen Formen des Daseinskampfes in Einklang zu bringen. Den Coburgern jedenfalls fehlte es zu Anfang des 19. Jahrhunderts nicht an Vergangenheit und Zukunft, nicht am Prestige des großen Namens und noch weniger an berechtigten Hoffnungen. Sie bewährten sich auf den Schlachtfeldern der Diplomatie und des Krieges. Sie waren, wichtigstes Erfordernis des Erfolges, in den Entscheidungszentren der Mächtigen präsent. Sie beherrschten die wichtige Kunst, Einfluss richtig auszuüben, um ihn somit zu mehren. Vor großem Publikum verstanden sie es, gute Figur zu machen. Außerdem vermittelten sie denjenigen Zeitgenossen, auf die es ankam, den Eindruck, für viele Aufgaben geeignet zu sein. Sie bedachten immer ihre Wirkung auf eine europäische Öffentlichkeit, die durch das Aufblühen der Medien, damals der Presse, mehr als zuvor zum wachen Zuschauer des politischen Geschehens wurde.

Die Coburger wurden zu Trägern von Zeichen und Bedeutungen, denen Aufmerksamkeit gewiss war. Europa rechnete mit ihnen. Zwischen 1830 und 1848 waren sie diejenige europäische Dynastie, die am ehesten die alten Traditionen der Monarchie mit den neuen Bestrebungen des kapitalkräftigen Bürgertums zu vereinen wusste. Den Anfang machte Prinz Leopold.

4.1 Familie als Weltmacht

4.1.1 Leopold: Der Prinz Europas

Im Jahre 1806, als das Heilige Römische Reich unterging und Herzog Franz Friedrich Anton von Sachsen-Coburg-Saalfeld starb, war Prinz Leopold 16 Jahre alt. Er war 1790 als jüngster überlebender Sohn des Herzogs und seiner Frau Auguste aus dem Hause Reuß Ebersdorfer Linie geboren worden.

Seine Jugend verlebte er im Spannungsfeld zwischen den beiden größten Mächten der Zeit, zwischen Russland und Frankreich. Die russische Hochzeit seiner Schwester Julie hatte für ihn zur Folge, dass er bereits mit fünf Jahren den nominellen Rang eines Hauptmanns im Petersburger Garderegiment erhielt, 1801 stieg er formell zum Obersten in der russischen Armee auf. Diese zunächst lediglich symbolischen Chargen sollten die Bande zwischen den Höfen in St. Petersburg und Coburg stärken. Nach dem frühen Tod des Vaters hat Leopold in sehr jungen Jahren Verantwortung für den Bestand des kleinen Herzogtums übernommen. 1807 reiste er mit dem Bruder Ernst zu Verhandlungen nach Paris, wo er die Gelegenheiten nutzte, um am Hof Napoleons wertvolle Beziehungen zu knüpfen und diplomatische Erfahrungen zu sammeln. Petersburg und Paris waren in den folgenden Jahren die beiden Pole, zwischen denen sich der junge Coburger hin und her bewegte. Einerseits erträumte er sich wohl einen Rang im glänzenden Gefolge Napoleons, der jedoch keinen nahen Anverwandten des Zaren in seiner nächsten Umgebung wünschte. Andererseits dachte der Prinz auch immer wieder an eine große Laufbahn in Russland. Napoleon wiederum war an den Coburgern interessiert, weil sie ihm als Brücke nach Russland dienen konnten. In dieser zwar schwierigen, aber auch verheißungsvollen Situation zwischen den beiden Machtblöcken des Kontinents wuchsen zugleich Leopolds Erwartungen und sein diplomatisches Geschick. 1808 nahm er am Erfurter Fürstentag teil, auf dem sich Kaiser Napoleon und Zar Alexander im Beisein zahlreicher deutscher Fürsten begegneten. 1811 leitete er schon selbstständig die Verhandlungen in München über offene Grenzfragen zwischen Bayern und dem Herzogtum Coburg, wie sie als Folge der Mediatisierungen in Franken entstanden waren.

Früh zum Diplomaten herangereift und in den vornehmen wie den weniger vornehmen Kniffen der Politik beschlagen, wusste Leopold einen günstigen Zeitpunkt für seine Entscheidung abzuwarten. Nach Napoleons Scheitern im Russlandfeldzug von 1812 war die Stunde des Prinzen gekommen. Im Frühjahr 1813 begab er sich in das Hauptquartier des Zaren Alexander im polnischen Kalisch, um am Kampf der Russen gegen das napoleonische Frankreich teilzunehmen. Leopold erhielt seine Ernennung zum Generalmajor im Stab des Großfürsten Constantin. An den folgenden Schlachten des Befreiungskrieges in Schlesien und Sachsen nahm er als Stabsoffizier teil, blieb somit zumeist abseits von den eigentlichen Kämpfen. Den siegreichen Armeen der Alliierten folgte er nach Frankreich. Mit dem eindrucksvollen Gefolge des Zaren zog Prinz Leopold am 31. März 1814 im soeben eroberten Paris ein. Damit sicherte er sich erstmals große Aufmerksamkeit. Wie die anderen Sieger, so ließ auch er sich feiern. Nicht nur in

Paris, sondern auch in London, wohin Alexander und seine Begleiter im Juni 1814 weiterreisten. Auch in der englischen Hauptstadt folgten Bälle, Diners und Jagdpartien. Daneben kam in den Unterredungen der Fürsten, Militärs und Diplomaten auch immer die anstehende Neuordnung Europas nach Napoleons Sturz zur Sprache. Dabei sollte dann auch Leopold einen Part erhalten, in dem sein persönlicher Erfolg und das verständliche Anliegen einer stabilen europäischen Friedensordnung eine merkwürdige Mischung eingingen.

Russland war im Begriff, zur führenden Kontinentalmacht aufzusteigen, während Großbritannien seine Positionen in Übersee und die Herrschaft auf den Meeren festigte. Nun strebte der diplomatische Areopag danach, diese beiden Führungsmächte der beginnenden Friedenszeit zu beschränken, um ein europäisches Gleichgewicht zu fördern. Wenn der Frieden halten sollte, mussten sich London und St. Petersburg in ihren Machtansprüchen mäßigen. Neben dem Wiener Kongress, der im September 1814 unter Leitung des österreichischen Außenministers Metternich seine Arbeit aufnahm, gab es noch eine Reihe diplomatischer Nebenschauplätze. Großer Beachtung erfreute sich auch die englische Heiratsfrage. Es war nämlich ein europäisches Politikum ersten Ranges, als der britische Außenminister Castlereagh im besetzten Frankreich die Verlobung der voraussichtlichen Thronfolgerin Charlotte mit dem Prinzen Wilhelm von Oranien bekannt gab. Als Ehepaar sollten die beiden die in der Geschichte nicht ganz neue Verbindung zwischen England und Holland verkörpern, also zweier großer Seemächte. Nun hatten die Holländer zwar unter der napoleonischen Fremdherrschaft ihre Flotte und ihre Wirtschaftskraft eingebüßt, doch wurde erwartet, dass die kleine Handelsnation mit der großen Vergangenheit wieder erfolgreich an ihre Geschichte anknüpfen würde. Dem Haus Oranien stand außerdem Gebietszuwachs ins Haus. Österreich erklärte sich bereit, zu dessen Gunsten auf die bis zur Französischen Revolution zu Habsburg gehörenden belgischen Provinzen zu verzichten. Unter Oraniens Zepter würden Süd und Nord der historischen Niederlande eine wirtschaftlich starke Einheit bilden.

Das neue und vergrößerte Königreich der Niederlande sollte ein wirkungsvolles Gegengewicht gegen das auch nach Napoleons Sturz als bedrohlich eingeschätzte Frankreich bilden. In einer heiratspolitisch fundierten Allianz an England gebunden, würde es dessen ohnehin schon erdrückendes Potenzial noch verstärken. Dann würde der Wiener Kongress wohl vergebens an der *Balance of Powers* arbeiten. So riefen die englisch-oranischen Heiratspläne im Jahr 1814 diplomatischen Gegendruck hervor. Besonders Österreich und Russland reagierten nervös. Konnte die britische Thronfolgerin nicht einen zwar gutaussehenden, aber machtlosen Prinzen heiraten, von denen es in deutschen Landen doch einige geben sollte? Diese Lösung schien der diplomatischen Kaste außerhalb Englands die für den europäischen Frieden zuträglichste. Gutaussehend und machtlos war Leopold von Sachsen-Coburg-Saalfeld ohne jeden Zweifel. Ersteres hatte ihm sogar Napoleon bestätigt, letzteres verstand sich von selbst. Der vierundzwanzigjährige deutsche Prinz, der im Juni 1814 als einer der vielen Begleiter des Zaren Alexander zu den Siegesfeiern nach London kam, durfte sich somit als Emissär Europas fühlen, wenn er sich um die Hand der achtzehnjährigen englischen Prinzessin bemühte. Diese war das einzige Kind des Prinzen von Wales, späteren Königs Georg IV., der die Regierung für seinen unheilbar geisteskranken Vater führte. Nun war der Prinz von Wales bei der englischen Bevölkerung keinesfalls beliebt. Sein Lebenswandel galt als höchst fragwürdig, seine Ehe war bekanntermaßen völlig zerrüttet. Auch bei seinen Brüdern sah es kaum besser aus. Sie lebten alle in morganatischen Ehen und blieben daher erbberechtigte männliche Nachkommen schuldig. Also würde Charlotte als das einzige Kind des Prinzregenten einmal regierende Königin von Großbritannien und Irland werden, ihr Mann konnte als Prinzgemahl entscheidenden Einfluss auf die Politik des neben Russland mächtigsten Landes in Europa ausüben.

Aufgrund des öffentlich ausgetragenen Dauerstreites zwischen ihren Eltern, Prinzregent Georg und seiner deutschen Frau Caroline von Braunschweig, hatte sich die junge Charlotte früh daran gewöhnt, selbst Entscheidungen zu treffen. So entschloss sie sich selbst dazu, die Verlobung mit dem Oranierprinzen wieder aufzulösen. Dabei dürften auch Einflüsterungen ihrer Mutter gegen die vom Prinzregenten aus politischen Gründen gewünschte englisch-holländische Verbindung eine Rolle gespielt haben. Nun wurde Charlotte aber von verschiedenen Gesprächspartnern auf den Coburger Prinzen Leopold aufmerksam gemacht. Europäische Politik spielte sich nicht zuletzt in den Vorzimmern jugendlicher Prinzessinnen ab! Die Annäherung zwischen dem Deutschen und der voraussichtlichen Erbin der britischen Krone fand bei den Mächten und in der Öffentlichkeit interessierte Beobachter. Zumeist nahm man es erstaunt und mit Wohlwollen zur Kenntnis, dass Charlotte ihren Willen auch gegen den eigenen Vater standhaft durchsetzte. Als die Verwicklungen sich auflösten, stand Leopold als auserwählter Bräutigam mitten auf der Bühne. Die Hochzeit im Mai 1816 war von allgemeiner Hochstimmung begleitet. Das von Affären und Ungeschicklichkeiten weitgehend zerstörte Ansehen des britischen Königshauses begann sich zu erholen. Die freudige Erregung schien sogar auf das Parlament in London überzugreifen, das dem Ehepaar eine bemerkenswert hohe jährliche Dotation von 60 000 Pfund bewilligte. Sollte Leopold Witwer werden, so sollte er allein 50 000 Pfund im Jahr erhalten.

Die Regierung stellte den Jungverheirateten das in der Nähe Londons gelegene Schloss Claremont zur Verfügung. Hier bildete sich um Charlotte und Leopold ein kleiner Hofstaat, zu dem auch bereits Christian Stockmar gehörte, der junge Coburger Arzt, der mit Leopold nach England gekommen war. Hier wuchs er bald über die Funktion eines Leibarztes hinaus. Stockmar wurde zum überlegenen Berater Leopolds und zuletzt zum diplomatischen Faktotum des Hauses Sachsen-Coburg in Belgien und England. Die guten Tage von Claremont waren leider gezählt. Charlotte starb im November 1817 bei der Totgeburt eines Kindes. Nach eineinhalb Jahren Ehe war Leopold bereits Witwer. In die Trauer mischte sich nach und nach auch die Sorge um seine Stellung in England. Zwar galt die Zusage des Parlaments, die den Lebensunterhalt des Prinzen in äußerst generöser Weise regelte. Doch wurde immer nachdrücklicher in Öffentlichkeit, Presse und Unterhaus die Frage formuliert, was der so gut versorgte Ausländer denn eigentlich für Britannien leiste. Für politische oder militärische Aufgaben kam er nicht in Betracht. Was sollte er also tun? Um seine Hoffnung auf eine einflussreiche Stellung in England sah er sich jedenfalls nach dem Tod Charlottes betrogen. Da die Thronfolgefrage wieder völlig offen war, setzte gleichsam ein Wettlauf um die Krone ein. Zwei von den bereits betagten Brüdern des Prinzregenten schlossen in der Erwartung legitimer Nachkommen noch standesgemäße Ehen. Einer war der mit Leopold auf gutem Fuß stehende Herzog Edward von Kent, ein ehemaliger Militär ohne sonderlich guten Ruf. Der Herzog löste seine morganatische Ehe auf, um mit 50 Jahren wieder auf Brautschau zu gehen. Dabei half ihm Leopold. Dessen Coburger

Schwester Victoire, 1803 mit dem Fürsten von Leiningen vermählt, war seit einigen Jahren Witwe. Victoire erklärte sich unter bestimmten Umständen auf Drängen Leopolds bereit, eine Ehe mit dem fast zwanzig Jahre älteren Herzog von Kent einzugehen. Sie bedang sich aus, mit ihren Kindern aus der ersten Ehe weiterhin in der leiningischen Residenz Amorbach im Odenwald leben zu dürfen. Dort waren die Lebenshaltungskosten angenehm niedrig. Der Herzog von Kent sollte einfach einen Teil des Jahres bei seiner Frau in Deutschland verbringen.

Unter dieser Bedingung kam 1818 der Ehekontrakt zustande, der die Bande zwischen Sachsen-Coburg und dem englischen Königshaus nachhaltiger knüpfte. Dies galt zumal, nachdem Victoire im Mai 1819 eine Tochter zur Welt gebracht hatte, die auf den Namen Victoria getauft wurde und die in England aufwuchs, um einmal die Königin dieses Landes zu werden. Für Leopold war die kleine Victoria auch eine Garantin seines zukünftigen Einflusses auf den Gang der Dinge in England. Da Edward von Kent bereits 1820 starb, nahm sich Onkel Leopold des kleinen Mädchens an. Für Victoria wurde er zu einem Ersatzvater. Diese verwandtschaftliche und persönliche Nähe hatte auch ihre politische Bedeutung. Der seit 1820 regierende König Georg IV. war wie seine Brüder nicht bei bester Gesundheit und überdies unter der Bevölkerung Englands weniger denn je beliebt. Einige englische Zeitungen ergingen sich dank der auf der Insel herrschenden Pressefreiheit in weitgehenden Spekulationen. In manchen Artikeln wurde die Abschaffung der unpopulären Monarchie und die Einführung eines Präsidialsystems nach amerikanischem Muster gefordert. Realistischer waren freilich die Vermutungen, dass der Thron bald vakant würde. Dann wäre die kleine Victoria Königin und ihr deutscher Onkel Leopold womöglich Regent des Landes. Es blieb bei den Gedankenspielen. Georgs IV. Bruder und Nachfolger Wilhelm IV., als häufig betrunkener *Sailor Billy* ebenfalls ohne Ansehen bei der Bevölkerung, starb 1837 wenige Wochen nach Victorias Volljährigkeitserklärung. Daher war eine Regentschaft überflüssig.

Leopold hatte mittlerweile aber schon lange eine neue Aufgabe außerhalb Britanniens gesucht und gefunden. Er beschäftigte sich intensiv mit zwei Ländern, die neu auf der politischen Landkarte Europas erschienen und für die er als Monarch in Frage kam. Griechenland und Belgien traten um 1830 in die europäische Staatengemeinschaft ein. Es fehlte aber nicht an

Versuchen, ihnen den Eintritt in diese nach den Machtverhältnissen hierarchisch abgestufte Staatengesellschaft zu verwehren. Die Schlüsselfigur europäischer Diplomatie in den Jahrzehnten nach dem Wiener Kongress von 1815, der österreichische Staatskanzler Fürst Metternich, setzte nach den Erschütterungen der napoleonischen Zeit auf die Bewahrung der bestehenden Ordnung. Der Fürst wollte das für Aristokraten und Reiche so gefährliche Gespenst der Revolution bannen. Er wünschte die Ruhe Europas. Der 1821 beginnende nationale Aufstand der Griechen gegen die seit Jahrhunderten andauernde türkische Herrschaft war aber ein Ereignis, dem auch die konservativen Mächte Rechnung zu tragen hatten. Moralisch und politisch setzten sich die Regierungen ins Zwielicht, wenn sie die Hilferufe aus Hellas ignorierten und gegen die grausamen Repressionsmaßnahmen der Türken in Griechenland nichts unternahmen. Die von humanistischen Bildungswegen geprägten Adligen und Bürger Europas brachten große Sympathien für die griechische Sache auf. Nach Ansicht der Idealisten schickte sich das antike Hellas an aufzuerstehen. Die öffentliche Meinung machte sich unüberhörbar zugunsten des unterdrückten Volkes geltend. Die Aufständischen benötigten dringend diplomatische Unterstützung und militärische Hilfe. Auf längere Sicht brauchten sie auch einen Monarchen als nationale Integrationsfigur, der ihnen das Wohlwollen der Großmächte verschaffen und erhalten konnte. In dem Maße wie die griechische Unabhängigkeit immer mehr zur Tatsache wurde, wuchs die Bedeutung der Königsfrage an. Seit Ende 1824 war der in England zu einem müßigen Leben verdammte Coburger Prinz Leopold als Anwärter auf den hellenischen Thron im Gespräch. Zu seinen Vorzügen gehörte es aus Sicht der Griechen, dass er diplomatische und militärische Erfahrung besaß und dem neuen Staat die Hilfe des mächtigen Großbritannien sichern konnte. Da Leopold freilich als Kandidat Englands galt, stieß seine Anwartschaft auf den neuen Thron in den Kanzleien der übrigen Großstaaten auf Ablehnung. Frankreich stellte ihm sogar einen eigenen Kandidaten aus der albertinischen Vetternlinie entgegen, den als gelehrten Philologen ausgewiesenen Prinzen Johann von Sachsen. Leopold, der in den Briefen an Stockmar über die bisherige Ziellosigkeit seines Lebens geklagt hatte, war für die Aussicht auf eine große Aufgabe dankbar. Als die Verhandlungen konkretere Formen annahmen, reiste er nach Neapel, um seinem erhofften Königreich näher zu sein. Aus seinem Traum von Hellas wurde nichts. Im Mai 1830 musste der vorsichtige Leopold den Großmächten, die damals als Geschäftsführer der internationalen Politik fungierten, und den Griechen eine Absage erteilen. Sein Realitätssinn siegte über seine Fantasie. Ihm war klar geworden, dass den Griechen nach dem Erringen ihrer Freiheit erst eine Phase innerer Machtkämpfe bevorstand. Er wollte nicht über ein armes uneiniges Land mit überdies unsicheren Grenzen regieren. Der coburgische Geschäftssinn verbot ihm das romantische Abenteuer. Nach seinem Rückzug von der Thronkandidatur galt der Coburger den Diplomaten als wankelmütig, die Äußerungen der Griechen über seinen Verrat fielen noch um einiges schärfer aus. Man bezichtigte ihn sogar der Feigheit und Bequemlichkeit, weil er sein materiell abgesichertes ruhiges Leben in England nicht für eine große Aufgabe preisgeben wollte. Das Scheitern des bayerischen Prinzen Otto, der an seiner Stelle zum griechischen König gewählt wurde, gab Leopold im nachhinein Recht. Nach dreißigjährigem aufreibendem Königtum verlor der Wittelsbacher 1862 seinen Thron und wurde aus dem Land gejagt.

4.1.2 *Brüssel 1830: Die belgische Revolution*

Das 1815 von den Siegern über Napoleon geschaffene Königreich der Niederlande war ein instabiler Staat, der auf engem Raum allzu viele Gegensätze vereinte. Zwischen Holland und Luxemburg, zwischen Nordsee und Ardennen umschloss es eine Reihe von Provinzen mit unterschiedlichen Traditionen, mit verschiedenen Sprachen und Dialekten. Einer tatsächlichen Integration des von der Diplomatie als nordwestlicher Schlussstein des europäischen Sicherungssystems gegen Frankreich konzipierten Länderkonglomerates standen die Spannungen zwischen dem von Holland her geprägten Norden und dem flämisch-wallonischen Süden entgegen. Beide Teile hatten sich 250 Jahre lang politisch, konfessionell und wirtschaftlich verschieden entwickelt. Noch schwerer wog die Tatsache, dass sich die Belgier im gemeinsamen Königreich mit gutem Grund als Bürger zweiter Klasse empfanden. Sie trugen eine hohe Steuerlast, musste der Süden doch auch für die holländischen Altschulden aus der Zeit lange vor Bildung des neuen Staates aufkommen und dafür sahen sich die Belgier von den führenden Posten im Königreich weithin ausgeschlossen, die durchweg von Holländern besetzt waren. So stammten beispielsweise 1830 von den 128 Beamten des niederländischen Innenministeriums in Den Haag nur 11 aus dem Süden, unter den Offizieren der Armee war es gerade einmal ein Fünftel, obwohl doch im belgischen Teil der Monarchie mehr Menschen lebten als im Norden! Der von Holland aus über die anderen Provinzen seines Reiches herrschende König Wilhelm aus dem Haus Oranien konnte sich daher der Loyalität des Südens nicht ganz sicher sein. Er sparte zwar nicht mit Gesten des guten Willens, doch war sein absolutistisches Regiment in den belgischen Provinzen denkbar unbeliebt, wo man sich 1789/90 offen gegen den Absolutismus des damaligen österreichischen Landesherrn Kaiser Joseph II. erhoben hatte. Diese Brabanter Revolution und ihr zeitweiliger Erfolg war in Brüssel auch in den ersten Jahrzehnten des 19. Jahrhunderts nicht vergessen.

Indessen fühlte sich König Wilhelm sicher, dass sich die Belgier nicht zu einer geschlossenen Opposition gegen sein Regime zusammenschließen würden. Zu groß erschienen ihm die Gegensätze unter den politischen Eliten in Brüssel und auf dem Lande. Der Oranier hoffte auf die offensichtlich tiefe Kluft zwischen den großgrundbesitzenden Aristokraten und dem einflussreichen katholischen Klerus einerseits und den hitzköpfigen Brüsseler Advokaten andererseits, denen die Revolutionen des Jahres 1789 vor Augen schwebten, die große in Frankreich und die kleine in Brabant. Gerade im Streit um die gesellschaftliche Rolle der in Belgien seit der Gegenreformation dominierenden katholischen Kirche standen sich die beiden Lager der Konservativen und der Liberalen scheinbar unversöhnlich gegenüber. Dies schien die Chance König Wilhelms zu sein. Doch brachte es die Haager Regierung mit einer ganzen Reihe von Ungeschicklichkeiten dahin, dass sich die beiden Gruppen 1828 zu einer vereinten katholisch-liberalen Oppositionsbewegung gegen die Politik der Holländer zusammenschlossen. Schließlich war der Klerus in Belgien aufgeschlossener für aufgeklärtes Gedankengut als anderswo und die Liberalen verstanden sich zum größten Teil auch als Katholiken. Weiteren Zündstoff hatte die Regierung 1822 mit den diskriminierenden Sprachgesetzen aufgehäuft, die das Niederländische zur Amtssprache im ganzen Königreich erhoben. Weniger im teils deutschsprachigen Luxemburg als vielmehr in der Wallonie mit ihrer französischen Hochsprache sorgte diese Maßnahme für böses Blut. Die frankophonen Juristen in Brüssel, Lüttich oder Luxemburg empfanden es als Zumutung, eine von ihnen wenig geschätzte Sprache lernen zu müssen, wenn sie sich in ihrer Stellung behaupten wollten.

Gründe zur Unzufriedenheit gab es im Süden viele. Es fehlte ein Funke, um das Feuer des Aufruhrs zu entzünden. Dieser Funke flog von Paris nach Brüssel. Beide Städte waren sich nicht nur geografisch nahe. 1789 hatten sie beide Revolutionen erlebt, freilich von sehr unterschiedlichem Charakter und Verlauf. In Paris hatte während der letzten Julitage 1830 ein aus sozialen Notlagen geborener Barrikadenaufstand von Arbeitern, Studenten und ehemaligen Soldaten das reaktionäre Königtum des Bourbonen Karl X. hinweggefegt. Dieser Spätabsolutist hatte sich selbst ins Unrecht gesetzt, weil er einen Staatsstreich gegen die französische Verfassung von 1814 ausgeheckt hatte. So beschwor der verfassungsbrüchige Monarch selbst den Geist der Revolution von 1789 herauf. Allerdings sahen sich die Straßenkämpfer, die auf den Barrikaden ihr Leben für revolutionäre und republikanische Ideale eingesetzt hatten, am Ende der „drei glorreichen Tage" um die Früchte ihres Sieges betrogen. Diese wurden von anderen geerntet. Zu den Betrogenen gehörte auch der gestürzte König Karl X., der nach dem Aufruhr in der Hauptstadt zugunsten seines minderjährigen Enkels abdankte und den Herzog Louis-Philippe von Orléans zum Regierungsverweser ernannte. Louis-Philippe schob das Kind beiseite und ließ sich selbst in einer erfolgreichen Intrige mit einigen ehrgeizigen bürgerlichen Politikern zum König proklamieren. Als „Bürgerkönig" trat er an die Spitze der in der Revolution geborenen Julimonarchie. Opfer dieser Winkelzüge waren der rechtmäßige Thronanwärter ebenso wie die Revolutionäre von Paris. Statt einer Republik der Freien und Gleichen wurde eine liberale Monarchie nach dem Geschmack der wirtschaftlich führenden Bourgeoisie geschaffen. Louis-Philippe wagte aber ein gefährliches Spiel, wenn er dem erfolgreichen Volksaufstand ein politisches Komplott aufpfropfte. Er opferte die Legitimität der Monarchie. Er war weder rechtmäßiger Thronfolger noch Wunschkandidat der Revolutionäre. Das Julikönigtum stützte sich weder auf die Volkssouveränität noch auf die geheiligten Traditionen der Krone. Sein Amt trat Louis-Philippe vielmehr auf die Weise an, dass er vor einer Versammlung von Bankiers, Industriellen und Verwaltungsbeamten einen Eid auf die von Karl X. gebrochene Verfassung ablegte. Die Meinung Louis-Philippes, dass die Revolution damit beendet sei, wollten die Aktivisten von den Barrikaden jedoch nicht teilen.

Die Brüsseler Revolution folgte dem Vorbild der Pariser Vorgänge im Juli 1830. Es kennzeichnet den Leichtsinn der Behörden in Brabant, wenn sie die Aufführung der Oper „La muette de Portici" des französischen Komponisten Auber auf Brüssels Bühne gestatteten. Immerhin geht es in dem pathetischen Werk um den Aufstand der unterdrückten Neapolitaner gegen die Spanier im 17. Jahrhundert. Im Anschluss an eine Vorstellung begannen in Brüssel am 25. August 1830 schwere Unruhen. Die Regierung in Den Haag reagierte vorsichtig. Das Militär kam erst spät zum Einsatz und ging dann nicht entschlossen genug vor, um die Revolte niederzuschlagen. Im September folgten dann heftige Straßenschlachten in Brüssel zwischen holländischen Soldaten und belgischen Rebellen, bei denen die Armee zum Rückzug gezwungen wurde. Die Schlacht um Brüssel, bei der Blut floss, vertiefte den Graben zwischen Nord und Süd erheblich. Nun war bei den Belgiern die Entschlossenheit gewachsen, ihre nationale Unabhängigkeit einzufordern. Es fanden Wahlen zu einem Nationalkongress *(Congrès National / Volksraad)* statt, der am 18. November 1830 ein unabhängiges Belgien proklamierte. Dieser revolutionäre Akt zerstörte einen Teil der 1815 vom Wiener Kongress geschaffenen Ordnung und wurde daher von den Großmächten als europäische Angelegenheit betrachtet. Russland und Preußen trafen sogar Anstalten zu einer bewaffneten Intervention in Belgien, um die legitime Herrschaft des Oraniers wiederherzustellen. Zugleich planten sie damit eine Machtdemonstration gegen Louis-Philippe in Frankreich, dessen Legitimität den konservativen Monarchen als ähnlich fragwürdig galt wie die der belgischen Revolutionäre. Der Ende 1830 beginnende nationale Aufstand der Polen gegen Russland lenkte die Aufmerksamkeit der Regierungen in Berlin und St. Petersburg dann jedoch wieder nach Osten. Es blieb aber die Tatsache bestehen, dass die Vorgänge in Brüssel eine tragende Säule der Nachkriegsordnung zerstört hatten. Wie sollten sich die Großmächte, die sich für Europa als Ganzes verantwortlich fühlten, nun verhalten? Im November 1830 trat auf Initiative Großbritanniens in London eine Konferenz der diplomatischen Vertreter zusammen, die sich des Problems annehmen sollte. Nicht unwichtig war dabei der britische Regierungswechsel, der sich gleichzeitig vollzog. Die Tory-Regierung unter dem Herzog von Wellington wurde durch ein Whig-Kabinett ersetzt, in dem der spätere Premierminister Lord Palmerston den Posten des Außenministers bekleidete. Dieser gefiel sich nun in der Rolle eines Protektors der rebellischen Belgier. Palmerston setzte bei den anderen Großmächten die prinzipielle Anerkennung der Unabhängigkeit des neuen Staates durch. Als nächstes war die Frage zu klären, welche Grenzen Belgien erhalten sollte.

Zwischen Holland und Belgien umstritten waren die beiden Provinzen Limburg und Luxemburg. Für letzteres bestand als zusätzliches Problem, dass es zum Deutschen Bund gehörte und sich eine preußische Festungsbesatzung in den Mauern der Hauptstadt befand. Nicht wenig belastet wurde die Regelung der Territorialfrage durch das unbescheidene Auftreten der belgischen Vertreter, die in einer Mischung aus politischer Naivität und revolutionärem Sendungsbewusstsein meinten, sich über die Vorgaben der Londoner Konferenz hinwegsetzen zu können. Sie mussten erst lernen, dass sich der neue Kleinstaat den vorhandenen Mächtestrukturen unterzuordnen hatte, wenn er sich in die europäische Staatengemeinschaft einfügen wollte. Ihren provokanten Stil behielten die Brüsseler Politiker auch in der Königsfrage bei. Im November 1830 schloss der belgische Nationalkongress das Haus Oranien von der Thronfolge für alle Zeiten aus. Dieser rüde Akt machte jede Wiederannäherung an den Norden unmöglich und richtete sich nicht zuletzt gegen die weiterhin orangistisch eingestellte Hocharistokratie im eigenen Land. Tonangebend für den Beschluss war der Lütticher Revolutionär Alexandre Gendebien (1789–1869), der den neuen Staat möglichst nahe an Frankreich heranführen wollte. Gendebien liebäugelte zwar mit einer republikanischen Verfassung, hielt es unter den gegebenen Umständen jedoch für das Beste, den zweiten Sohn des französischen Bürgerkönigs Louis-Philippe, den Herzog von Nemours, zum belgischen Bürgerkönig zu machen. Wirkliche Befugnisse sollten dem jungen Mann in der noch auszuarbeitenden Verfassung aber nicht eingeräumt werden. Allenfalls dachte Gendebien an eine „Republik mit Krone".

Louis-Philippe machte den Belgiern Hoffnungen, doch nur aus taktischen Gründen. Dem Bürgerkönig, dessen Stellung in Frankreich noch nicht gefestigt war, ging es vor allem darum, die drohende Kandidatur von Angehörigen des Bonaparte-Clans für den belgischen Thron zu verhindern. Nachdem der Nationalkongress im Februar 1831 den noch minderjährigen Herzog von Nemours zum König gewählt hatte, lehnte Louis-Philippe jedoch mit aller Bestimmtheit die Würde für seinen Sohn ab. Die britische Regierung hatte nämlich schon mit Krieg gedroht, falls es zu einer engen Verbindung zwischen Frankreich und Belgien kommen würde. Es war eine Maxime der britischen Politik, die Festsetzung einer Festlandsmacht in Belgien, das traditionelle Einfallstor für britische Waren auf dem Kontinent, zu verhindern. Den düpierten Belgiern blieb nun nichts anderes übrig, als einen Regenten für ihr kleines Reich zu wählen. Sie entschieden sich für Erasme Surlet de Chokier (1769–1839), einen betagten Lebemann ohne sichtbare politische Fähigkeiten. Er konnte nur eine Übergangslösung sein. Der junge belgische Staat benötigte einen König, wenn er nicht nach außen und im Inneren noch mehr an Prestige einbüßen wollte. In dieser Situation bot sich Leopold von Sachsen-Coburg als Retter an. Sein Name war in diplomatischen Kreisen immer wieder gefallen, wenn über geeignete Kandidaten für den belgischen Thron geredet wurde. Für ihn sprach einiges. Er war intelligent und gewandt, verfügte über politisches Talent und mancherlei nützliche Bekanntschaften. Außerdem verband er eine Ausstrahlung von Würde mit einem angenehmen Äußeren. Gegen ihn konnten die Briten sicherlich nichts einwenden. Vielmehr sah man es auf der Insel angesichts der hohen jährlichen Unterhaltssumme des Witwers ausgesprochen gern, wenn er sich eine neue Aufgabe auf dem Festland suchte. Den frankophilen belgischen Revolutionären behagte der britisch geprägte Deutsche zunächst wenig. Die schwierige Situation erforderte aber nach einhelliger Überzeugung eine rasche Lösung. Da die Großmächte die Geduld mit Belgien zu verlieren schienen, drohte dem kleinen Land die Teilung zwischen begierigen Nachbarn in Nord, Süd und Ost. Aus Frankreich und Holland, aber auch aus dem Gebiet des Deutschen Bundes waren entsprechende Absichten zu vernehmen. Man musste rasch handeln. Die Belgier sahen keine Alternative mehr zu Leopold. Die Mehrzahl ihrer Politiker waren zwar Republikaner, doch sahen sie ein, dass ihr kleines revolutionäres Staatswesen ein gekröntes Haupt benötigte, wenn es von den Großmächten wirklich anerkannt sein wollte. Die in England geführten Verhandlungen zwischen Leopold und den belgischen Emissären gestalteten sich dennoch nicht ganz einfach, weil der Nationalkongress bereits im Februar 1831, gleichzeitig mit der Berufung Nemours', die Verfassung des Landes verkündet hatte. Belgien konstituierte sich in der Staatsform einer parlamentarischen Monarchie, die dem König nur sehr geringe politische Macht im Zusammenspiel der Institutionen einräumte – eine Republik mit Krone. „Meine Herren," erklärte Prinz Leopold den Unterhändlern aus Belgien, „Sie haben die Monarchie übel zugerichtet, während sie selbst nicht da war, um sich zu verteidigen." Stockmar riet ihm aber dennoch zur Annahme von Krone und Verfassung. Im Laufe der Zeit lasse sich noch manches zum Vorteil des Königtums verbessern, meinte er. Leopold akzeptierte. So wurde er zum ersten Oberhaupt einer parlamentarischen Monarchie in Europa, zum König der Belgier.

Im Juli 1831 kam er in sein Königreich. Seine Einsetzung am 21. Juli 1831 in Brüssel lief in Formen ab, die das Wesen der liberalen Monarchie versinnbildlichten. Auf einer unter freiem Himmel aufgebauten Bühne sprach der Prinz feierlich einen Eid auf die belgische Verfassung. Dann erschien durch einen Theatertrick auf dem Podium ein bis dahin unsichtbarer Thron, vor den sich Leopold stellte. Stehend hielt er in französischer Sprache eine Rede an das Volk und seine Repräsentanten. Der Bund zwischen König und Bevölkerung wurde über das Band der Verfassung geschlossen. Würde er sich bewähren? Die erste Belastungsprobe ließ nicht lange auf sich warten. Der niederländische König Wilhelm betrachtete die Inthronisation Leopolds als Kriegsgrund und schickte sich an, den verlorenen Reichsteil im Süden mit Gewalt zurückzuerobern. Es schien ihm auch zu gelingen. Nach einem Feldzug von zehn Tagen Dauer hatten die holländischen Truppen die gerade erst entstandenen Streitkräfte Belgiens besiegt und standen vor der Wiederbesetzung Brüssels. Leopold erwies sich zwar als tapferer Anführer seines ihm noch völlig fremden Heeres. Er erwarb Achtung in der Bevölkerung, doch konnte auch er die Niederlage nicht abwenden, die sehr deutlich ausfiel. Es blieb nur ein Hilferuf an die Franzosen.

In Paris hatte Louis-Philippe seine Herrschaft mittlerweile gefestigt. Eine begrenzte erfolgreiche Militäraktion in Belgien würde seinem Prestige dienen und den Tatendrang der französischen Armee befriedigen. Die Rechnung ging auf. Vor der Übermacht der von Süden einmarschierenden Franzosen wichen die holländischen Soldaten wieder über die Grenze zurück. Belgien war gerettet. Freilich durften auch die Befreier nicht allzu lang im Lande bleiben, da Großbritannien andernfalls mit Krieg drohte. Jedenfalls hatte der für Belgien und seinen eben erst eingesetzten König peinliche Verlauf des Feldzuges im Sommer 1831 bewiesen, wie sehr der junge Staat zu seinem Schutz auf auswärtige Hilfe angewiesen war. Die parlamentarische Monarchie in Brüssel schien nur im engen Schulterschluss mit dem liberalen Bürgerkönigtum in Paris überlebensfähig. Aus dieser Situation zog der Coburger Heiratspolitiker Leopold die unvermeidlichen Schlüsse. Er vermählte sich 1832 mit Louise-Marie, der Tochter des Bürgerkönigs. Der König der Belgier war somit den Herrscherhäusern Großbritanniens und Frankreichs verbunden. Er wurde zur Schlüsselfigur im dynastischen Europa, zu einer Zeit, da sich die Massen anschickten, die Politik zu ihrer Sache zu machen.

4.1.3 Leopold, Coburg, Belgien

Im November 1831 einigten sich die Großmächte in London auf ein internationales Abkommen über den Status Belgiens. Darin wurde dem kleinen Land inmitten großer Mächte die völkerrechtlich garantierte Neutralität auferlegt. Ein Angriff auf sein Gebiet galt fortan als europäischer Casus Belli. Zwar verweigerte der niederländische König die Unterschrift unter den in London ausgehandelten „Vertrag der 24 Artikel", da er seine belgischen Ansprüche weiter aufrecht erhielt, doch war damit der neue Staat endgültig in die europäische Gemeinschaft aufgenommen. Belgien entstand, weil sich die Mächte nicht auf Alternativen zur Bildung dieses souveränen Kleinstaates verständigen konnten. Als Staatsgründung aus dem Geiste der Revolution musste sich Leopolds parlamentarisches Königreich im weiterhin von der Reaktion bestimmten Europa für seine Existenz rechtfertigen. Es war die Aufgabe des Monarchen, seinem Land einen würdigen Platz im europäischen Konzert zu sichern. Eine schwierige Aufgabe, da Belgien von den Großmächten gewogen und für zu leicht befunden worden war. Seine Repräsentanten hatten auf der internationalen Bühne unglücklich agiert, militärisch war es den holländischen Truppen unterlegen und hatte sich nur dank französischer Waffenhilfe behauptet. Leopold brachte seine wichtigste diplomatische Kunst zur Anwendung, das Abwarten. Er hatte die nötige Ausdauer und hoffte nicht ohne Grund, dass sich die Dinge im Lauf der Zeit zu seinen Gunsten entwickeln würden. Mit den Jahren blieben die Fortschritte nicht aus. 1838 ließ die niederländische Regierung ihre Bereitschaft erkennen, den Vertrag der 24 Artikel zu ratifizieren, um sich in aller Form mit der Existenz Belgiens abzufinden. Die beiden strittigen Provinzen Limburg und Luxemburg sollten geteilt werden, was nicht ohne große

Erregung in den betroffenen Gebieten vor sich ging, deren Bevölkerung nicht nach ihren Wünschen gefragt wurde.

Nach außen endlich mit gesicherten Grenzen versehen, stabilisierte sich der belgische Staat auch im Inneren. Glänzend bestand er die Belastungen des europäischen Revolutionsjahres 1848. Bis dahin hatten die Diplomaten Leopolds Königreich als künstliches Gebilde und als Anhängsel Frankreichs eingeschätzt. Dann mussten sie ihre Ansichten jedoch revidieren. Zwischen Lüttich und Ostende blieb es ruhig, während anderswo die Throne wackelten und die Regime stürzten. Die Pariser Februarrevolution von 1848, die Leopolds Schwiegervater Louis-Philippe in einer heftigen Welle des Volkszornes hinwegspülte, fand diesmal keine Fortsetzung in Brüssel. Zwischen Paris und Brüssel verglomm der revolutionäre Funke. Als ein Trupp revolutionsbegeisterter Franzosen die belgische Grenze überschritt, um die republikanischen Ideale im Nachbarland zu verbreiten, konnte er unter Mithilfe der Bevölkerung von den belgischen Sicherheitskräften mühelos entwaffnet werden. Die Zufriedenheit der Belgier mit ihren Verhältnissen beruhte vor allem auf den ökonomischen Erfolgen der Jahre vor 1848. Schon am Ende des 18. Jahrhunderts das wirtschaftlich am höchsten entwickelte Gebiet des europäischen Festlands, machte Belgien nach der Unabhängigkeit nochmals einen großen Sprung nach vorn. Sein engmaschiges Eisenbahnnetz war das leistungsfähigste auf dem Kontinent. Es lieferte die Grundlage für die weitere wirtschaftliche Erschließung und beflügelte die Produktionskräfte. Belgien triumphierte, weil es nicht nur in der Politik, sondern auch in der Ökonomie und im Verkehrswesen zu revolutionären Entscheidungen willens war. Bereits 1834 hatte die Abgeordnetenkammer den Aufbau eines nationalen Eisenbahnnetzes beschlossen. Dieser Kraftakt war wagemutig zu einer Zeit, in der lediglich Großbritannien und die USA bereits Erfahrungen mit dem neuen Verkehrsmittel gesammelt hatten. Auf dem Kontinent lag das Monopol für den Transport von Menschen und Waren noch bei den Pferden. Die zügig fertig gestellte West-Ost-Schienenverbindung zwischen dem Seehafen Antwerpen und dem Rheinhafen Köln verlagerte eine der Hauptachsen des europäischen Handels nach Belgien. Vom Eisenbahnbau profitierte vor allem die wallonische Metallindustrie, deren Aufschwung den für die Flamen schmerzlichen Niedergang der traditionsreichen Textilindustrie Flanderns auffing. Belgien bewies glänzend, dass es ökonomisch lebensfähig war. Es konnte auf eigenen Beinen stehen. So war es zu verkraften, wenn die Verhandlungen über eine belgisch-französische Zollunion 1842 am Einspruch Preußens und Englands scheiterten. In seiner außenpolitischen Bewegungsfreiheit blieb der Kleinstaat weiterhin eingeschränkt.

Nachdem die Selbstbehauptung geglückt war, lebte freilich in Belgien der alte Streit zwischen Konservativen und Liberalen wieder auf und nahm teils bedrohliche Formen an. Da König Leopold jedoch von beiden Seiten als Garant der Stabilität geachtet wurde, konnte er immer wieder ausgleichend wirken. Der Coburger sah sich selbst als *Roi médiateur*, als Vermittler zwischen den Gegensätzen. Dies galt im Inneren und nach außen. Leopold stand nicht nur mit seiner Nichte Victoria in innigem Briefwechsel, die sich an der Spitze einer modernen westeuropäischen Monarchie befand, er korrespondierte vor 1848 auch rege mit dem österreichischen Staatskanzler Metternich, der sich selbst als lebendes Bollwerk gegen alle Neuerungen betrachtete. Leopold wurde als eleganter Reiter gelobt. So wie er im Sattel das Gleichgewicht fand, so balancierte er auch innen- und außenpolitisch zwischen den Kräften der Veränderung und denen der Beharrung. Als erfolgreicher Akrobat in einer von heftigen Konfrontationen geprägten Phase europäischer Politik hätte er eigentlich glücklich sein können. Leider war er es nicht. Nachdem Leopold die schwierige Aufgabe gemeistert hatte, seinen kleinen Staat gegen alle Anfechtungen zu sichern, nahmen bei ihm Langeweile und Ungenügen überhand. Die parlamentarische Monarchie bot dem König nur wenig Spielräume. Er repräsentierte und vermittelte. Zwar hatte er sich die Außenpolitik als eigene Domäne gesichert, doch bot Belgien keine ausreichende Machtbasis, um gestaltend in die europäischen Dinge einzugreifen. Die belgische Innenpolitik mit ihren zahlreichen Gegensätzen auf engem Raum bot zwar viel Stoff zur Beschäftigung und zum Nachdenken, doch befriedigte sie ihn nicht. Der kosmopolitische deutsch-britische Aristokrat hatte eben doch nur wenig gemein mit dem Land, an dessen Spitze er stand. Bereits Anfang 1841 musste Jules van Praet, Leopolds Privatsekretär, dem Baron Stockmar seine Besorgnis mitteilen, „dass Belgien anfangen könnte, den König anzuwidern. Das Land hat seinen Geist beschäftigt, so lange seine Existenz gesichert werden musste. Heute ist das anders. Für unsere Innenpolitik bringt der König mehr Überdruss als Teilnahme auf. Er erfüllt seine Pflicht gewissenhaft, aber ohne Befriedigung." Tatsächlich plante Leopold ausgedehnte Auslandsreisen, die ihm die ersehnte

Abwechslung bringen sollten. Seine Minister redeten es ihm wieder aus. Als Leopold nach den Wahlen von 1847 einige von ihm sehr wenig geschätzte liberale Politiker ins Kabinett berufen musste, hielten sich zähe Gerüchte über seine bevorstehende Abdankung.

Leopold blieb auf seinem Posten, doch konnte er der Versuchung nicht widerstehen, Neues zu wagen. Zu einem fruchtbaren Feld seiner Aktivitäten wurde die coburgische Familienpolitik, zu deren Zentrale er seine Brüsseler Residenz machte. Wie sehr Leopold im Ancien Régime wurzelte, zeigt sich schon an der übergroßen Bedeutung, die er dynastischen Heiratsverbindungen als Mittel der Politik zumaß. Der konstitutionelle Monarch im neutralen Kleinstaat betätigte sich in ganz Europa als Stifter hochadliger Eheverbindungen. Das dynastische Brautbett war der Fixpunkt aller seiner Kombinationen. So entkam er dem kleinlichen Gang belgischer Innenpolitik und konnte sich sogar als geheimer Gestalter der Zukunft Europas fühlen. 1836 fädelte er die Ehe seines Neffen Ferdinand aus der katholischen Linie Sachsen-Coburg-Koháry mit der jungen portugiesischen Königin Dona Maria II. da Glória ein. Als Titularkönig von Portugal brachte Ferdinand die zweite Krone in das Coburger Haus ein. Nach diesem Muster, aber mit noch mehr persönlicher Anteilnahme, brachte Leopold 1840 die Ehe zwischen seiner Nichte Victoria, inzwischen Königin von England, und seinem deutschen Neffen Albert zustande. Weiterhin weckte auch die griechische Krone Leopolds Begehren. Nach seinem eigenen Verzicht wollte er sie 1831 seinem in Coburg regierenden Bruder Herzog Ernst I. aufdrängen. 1862/63, nach dem Scheitern der Wittelsbacher in Athen, wünschte er sie seinem Coburger Neffen Ernst II. zuzuwenden. Es blieb bei den Wünschen, da die Verwandten in Coburg nicht minder vorsichtig agierten als Leopold selbst, der 1830 auf die Königskrone Griechenlands verzichtet hatte, da sie nach den weisen Worten Stockmars leicht zur „Dornenkrone" werden konnte.

Die hektischen Aktivitäten des Coburgers in Brüssel und den Aufstieg Sachsen-Coburgs in Europa betrachteten die älteren Dynastien mit einer eigentümlichen Mischung aus Argwohn und Geringschätzung. Als Profiteure der Revolution von 1830 unterlagen Orléans in Frankreich und Sachsen-Coburg in Belgien einer Heiratsblockade der etablierten Herrscherhäuser in Mittel- und Osteuropa. Zwangsläufig verbanden sich daher die dynastischen Parvenüs eng miteinander. Leopold selbst hatte 1832 Louis-Philippes Tochter Louise-Marie geheiratet. Deren Schwester Clémentine wurde 1843 zur Frau August Ludwigs von Sachsen-Coburg-Koháry, von Leopolds zweitem Wiener Neffen. Louis, ein Sohn des Bürgerkönigs, ging die Ehe mit Viktoria, einer weiteren katholischen Coburgerin ein. Leopold muss das liberale Bürgerkönigtum in Frankreich für ein solides Unternehmen gehalten haben, wenn er die Coburger zur Filiale des Hauses Orléans machte. Damit glaubte er auch den Interessen Belgiens zu dienen. Der Brüsseler Heiratspolitiker arbeitete an einer dynastischen Integration Europas mit Coburg als Mittelpunkt. Sein kleines uneiniges Königreich befand sich auf einer Bruchstelle der europäischen Geschichte, eingekeilt zwischen großen Mächten, zwischen Frankreich, England und Preußen. Seit der Schlacht von Bouvines 1214 und zuletzt am Tag von Waterloo 1815 war es der Schauplatz gewaltsam ausgetragener Mächtekonflikte, bei denen sich die Rolle Belgiens und der Belgier darin erschöpfte, Schlachtfeld und Leidtragende zu liefern. Jede angemessene Außenpolitik, die von Brüssel aus betrieben werden konnte, musste daher eine Form der europäischen Integration zum Ziel haben. Belgische Außenpolitik und coburgische Hauspolitik standen daher für Leopold nicht im Widerspruch. Sachsen-Coburg konnte aus seiner Sicht zur Klammer zwischen West und Ost werden. Früher oder später müssten auch Habsburger, Hohenzollern und Romanows ihre Zurückhaltung aufgeben. Schließlich hatten, historisch betrachtet, diese alten Dynastien auch einmal so klein angefangen wie die Coburger.

Leopolds Kalkulationen wohnte aber ein entscheidender Fehler inne. Sie waren eher den höfischen Allianzen und den Heiratsbündnissen des 18. Jahrhunderts verpflichtet als den Gesetzen der Politik im 19. Jahrhundert. Leopold, der spätgeborene Prinz aus kleinem deutschem Haus, blieb ein Mann des Ancien Régime. Seinem Zeitalter der politischen und technischen Revolutionen stand er fremd gegenüber. Deshalb hat er sich verrechnet. Gerade in der belgischen Innenpolitik, die ihn nicht interessierte, hat der Coburger als Integrationsfigur erfolgreich gewirkt. In den europäischen Revolutionsjahren 1848/49 blieb es in seinem Land ruhig. Leopolds dynastische Vision konnte sich dagegen nach 1848 nicht mehr gegen die Wirklichkeit behaupten. Die Februarrevolution stürzte die Orléans in Frankreich. Nur durch die rasche und demütigende Flucht nach England konnten sich Louis-Philippe und seine Frau überhaupt vor dem Zorn ihres Volkes retten. Nach einem republikanischen Zwischenspiel voller sozialer Kämpfe begann in Frankreich ein neues bonapartistisches Abenteuer, das Zweite Kaiserreich unter Napoleon III. Mit Frankreich und Orléans fiel der Schlussstein aus Leopolds kunstvollem, aber unzeitgemäßem Gebäude dynastischer Politik heraus. Auch wenn die revolutionären Bewegungen Europas nach 1849 wieder von einer Welle der Reaktion überspült wurden, so waren doch die aristokratischen Exklusivrechte auf die Gestaltung der Politik endgültig erloschen. Internationale Politik konnte nicht mehr im Stil eines Familienunternehmens betrieben werden. Leopold war nach 1848 schon zu alt, um noch zu lernen. Er setzte seine Heiratspolitik fort. Sie stand aber nicht mehr im Zeichen der dynastischen Expansion Coburgs, sondern diente fortan der außenpolitischen Absicherung der belgischen Unabhängigkeit, die vom bonapartistischen Regime in Frankreich gefährdet schien. Aus Paris ertönten immer wieder Forderungen nach teilweiser oder vollständiger Annexion Belgiens sowie nach der Rheingrenze. Die expansionistischen Tendenzen Napoleons III. ließen dem Außenpolitiker Leopold eine Annäherung an Österreich geraten erscheinen. Das Haus Habsburg stand in seinen Augen für die Bewahrung des Status quo in Europa. Der Sohn des Königs, Leopold (II.), heiratete 1854 die Erzherzogin Marie-Henriette. Seine Tochter Charlotte wurde 1857 die Frau des Erzherzogs Ferdinand Maximilian, des Bruders von Kaiser Franz Joseph, der 1864 für kurze Zeit Kaiser von Mexiko wurde, dieses Abenteuer in Mittelamerika aber mit dem Leben bezahlte. Die Verbindung mit dem Haus Österreich brachte den belgischen Coburgern kein Glück ein. Zu erinnern wäre hier auch an Stephanie, die Tochter Leopolds II., die dem österreichisch-ungarischen Thronfolger Rudolf bis zu dessen Selbstmord 1889 in unglücklicher Ehe verbunden war. Das Kalkül Leopolds I. zielte aber niemals auf das Gelingen oder Misslingen einzelner Lebensläufe. Er verfolgte große Ziele mit der unerbittlichen Logik eines Mannes, der vom Zeitalter der Aufklärung und des Rationalismus geprägt war. Bei allen gewichtigen Unterschieden waren die österreichische Monarchie und das Königreich Belgien für ihn Staatswesen mit verwandten Problemen. Beide schlossen verschiedene Völker oder Sprachgemeinschaften ein. Beide wurden vom Nationalismus tödlich bedroht, den Kaiser Napoleon III. von Paris aus eifrig schürte, weil er sich nach dem Vorbild seines Onkels zum Patron der Nationalitäten in Europa stilisierte. Ein gefährliches Spiel! Es mündete in einen großen Aufbruch des Nationalismus in Europa. In dem von der Politik Frankreichs und dem Kalkül Bismarcks heraufbeschworenen deutsch-französischen Nationalkrieg von 1870 sollte das Zweite Kaiserreich untergehen. Mit der Nationalisierung der europäischen Politik endete aber auch die kosmopolitische Karriere des Hauses Sachsen-Coburg als der Dynastie des geschäftstüchtigen aristokratisch-bürgerlichen Liberalismus. Leopold starb mitten in dieser großen nationalistischen Wende im Dezember 1865 in seinem Schloss Laeken.

4.2   Albert – der deutsche Prinz

Prinz Albert wurde am 26. August 1819 als zweiter Sohn des Herzogs Ernst I. von Sachsen-Coburg-Saalfeld und der Prinzessin Dorothea Luise von Sachsen-Gotha-Altenburg auf Schloss Rosenau bei Coburg geboren. Er war damit um ein Vierteljahr jünger als seine englische Cousine Victoria, von der zu erwarten war, dass sie einmal auf den englischen Thron gelangen würde. Wegen des internationalen Erfolges einiger Coburger war die Heiratspolitik bereits zur Passion dieses kleinen deutschen Hofes geworden. So machte sich die Herzoginwitwe Auguste in Coburg schon früh Gedanken über eine künftige Ehe des Enkels Albert. Sollte er sich nicht dereinst gut als Gemahl Victorias ausmachen, als Mann in unmittelbarer Nähe des britischen Thrones? So konnten die Coburger ihre durch die Ehe Leopolds gewonnene vorteilhafte Position in Britannien behaupten. Leopold, der Sohn der klugen Auguste, fand Gefallen an dem Gedankenspiel. Zusammen mit seinem Freund Stockmar dachte er darüber nach, wie man den jungen Albert auf eine künftige große Rolle auf den Britischen Inseln vorbereiten konnte. Auf die Erziehung seiner Nichte Victoria und seines Neffen Albert übte Prinz Leopold einen großen Einfluss aus. Die Halbwaise Victoria wuchs nach dem Tode Edwards von Kent 1820 vaterlos auf, während Albert und sein um ein Jahr älterer Bruder Ernst (II.) das Unglück hatten, früh ihre Mutter zu verlieren. Die Ehe ihrer Eltern war völlig zerrüttet. Herzog Ernst I. war weder für die Rolle des Ehemannes noch für die eines Vaters charakterlich geeignet. Er ließ sich 1826 von Luise scheiden und verbannte sie. Wenige Jahre später starb sie in Paris. Ihre

Söhne Ernst und Albert hat sie nicht mehr wiedergesehen. Da sich der Vater nur wenig mit den Jungen beschäftigte, bestellte Stockmar für die Beiden einen Erzieher, der aus demselben Holz geschnitzt war wie er selbst. Christoph Florschütz, ein Coburger Lehrersohn, hatte sich wie Stockmar mit unermüdlichem Fleiß ein gewaltiges Wissen angeeignet, das ihm einen bescheidenen sozialen Aufstieg ermöglichen sollte. Stockmar und Florschütz, die Aufsteiger, huldigten einem rigorosen Leistungsprinzip, mit dem sie voller Verachtung auf die bequeme und für die Gesellschaft nutzlose Lebensweise adliger Müßiggänger herabsahen. Ihrer Meinung nach hatte der Mensch rastlos tätig zu sein, um sich in der Welt zu bewähren und Bleibendes zu schaffen. Noch mehr als den unbändigen erstgeborenen Ernst prägte dieses spartanische Leistungsethos Stockmars und Florschützens den schwachen und weniger selbstständigen Albert. Er sollte ihm zeit seines kurzen Lebens verpflichtet sein.

Als Hauslehrer vermittelte Florschütz seinen Zöglingen ein breit angelegtes Pensum, das über den damals üblichen Zuschnitt adliger Bildungserfahrungen weit hinausreichte. Neben Sprachen und Geschichte standen auch die damals aufblühenden Naturwissenschaften, Recht, Philosophie, Politik und sogar die Künste auf dem anspruchsvollen Lehrprogramm. Wenn die Erziehung der Jungen zu Einsatz und Leistung im Mittelpunkt stand, so waren dies bürgerliche Ideale in strenger und nüchterner Ausprägung. Einem bürgerlichen Bildungskonzept war auch der Universitätsbesuch verbunden, den Ernst und Albert als noch sehr junge Männer 1837/38 in Begleitung Florschütz' an der damals besonders modernen und international renommierten Bonner Hochschule absolvierten. Danach trennten sich die Wege der Brüder, da Ernst als künftiger Coburger Thronerbe eine militärische Laufbahn in Dresden antrat. Albert wurde hingegen von Leopold und Stockmar weiterhin systematisch auf seine künftige Aufgabe an der Seite einer Königin von England vorbereitet. Der belgische König vermittelte seinem Neffen am Brüsseler Hof eine Einführung in die politische Praxis der parlamentarischen Monarchie. Stockmar begleitete Albert auf einer Bildungsreise nach Italien, die dem jungen Mann ein wenig Weltläufigkeit und Lebensnähe vermitteln sollte. Gerade dieses Ziel wurde nicht erreicht. Dafür war der kühle und starre Protestant Stockmar auch nicht der richtige Reisegefährte. Dessen dogmatischer Rigorismus wirkte vielmehr nachteilig auf den Prinzen ein, der sich ohnedies bereits ein eisernes Leistungsethos und erstaunlich strenge Moralgrundsätze angeeignet hatte. Das katastrophale Scheitern der Ehe seiner Eltern hatte ihn geradezu zu einem Eiferer für die Sittlichkeit werden lassen. Schon während der Bonner Studiensemester war Albert sehr ernsthaft der Gelehrsamkeit ergeben. Er befasste sich mit den verschiedensten Wissensgebieten, da er meinte, dass ihm nur gründliche Kenntnisse das Recht zu eigenem Urteil geben würden. Für sein Alter war er ein leidenschaftlicher Arbeiter, der gesellige Freuden mied, weil sie ihm nur wenig bedeuteten und er sie folglich als Zeitverschwendung empfand. Am ehesten nach seinem Geschmack waren ausgedehnte Wanderungen mit wenigen auserwählten Freunden. Er liebte die kluge Konversation und das Verweilen in der Natur. So erholte er sich von den Anstrengungen der Wissenschaft.

1837 hatte Victoria mit gerade 18 Jahren den Thron Englands bestiegen. In den politischen Fragen vertraute sie ihrem Premierminister Lord Melbourne. Anders als ihr deutscher Cousin Albert, mit dem sie bis dahin erst einmal flüchtig zusammengetroffen war, genoss sie große Gesellschaften, Small talk und bedeutungslosen Zeitvertreib. Der zumeist ernste, verschlossene und steife Albert unterschied sich doch erheblich von der vergnügten, temperamentvollen Victoria. Wenn das Eheprojekt trotz des verschiedenen Naturells der Beiden doch Fortschritte machte, so war dies dem unermüdlichen Einsatz des Onkels Leopold in Brüssel zuzuschreiben. Dieser verfolgte dabei, wie gesagt, nicht nur die Interessen des Hauses Sachsen-Coburg. Der König der Belgier war sich auch gewiss, den Belangen seines Landes, Englands und Europas zu dienen. Für den belgischen Staat, der sich nicht auf die freundlichen Absichten seiner Nachbarn verlassen konnte, erschien die dynastische Anbindung an die britische Schutzmacht überlebenswichtig. England selbst würde nur davon profitieren, wenn ein gewissenhafter, fleißiger und moralisch einwandfreier Prinzgemahl neben seiner regierenden Königin das Ansehen der durch Schlendrian und Sittenlosigkeit der späten Hannoveraner in Verruf geratenen Krone wiederherstellte. Für Europa hätte es schließlich Modellcharakter, wenn das mächtige England von einer funktionierenden und im Volk verankerten konstitutionellen Monarchie geführt würde. Eine dem kontinentalen Frieden und der wirtschaftlichen Entwicklung verpflichtete Achse der liberalen Kronen zwischen Brüssel, London und Paris konnte der Zukunft des Kontinents die Richtung vorgeben. Victoria selbst demonstrierte, dass zu solchen politischen Kalkulationen auch immer der menschliche Faktor hinzutrat, wenn sie Albert bei dessen zweitem Besuch in England im Herbst 1839 in ihr feuriges Herz schloss und sich entschied, keinen anderen als eben ihn zu heiraten. Albert selbst betrachtete ganz nüchtern seine kommenden Jahre in der unmittelbaren Nähe des britischen Thrones als gewaltige Herausforderung, der er sich mit dem ihm eigenen, kräftig entwickelten Pflichtgefühl zu stellen hatte.

Bereits die Hochzeit im Februar 1840 verlief unter Umständen, die dem deutschen Prinz zeigten, dass er bei den Briten nicht uneingeschränkt willkommen war. Als Ausländer, Coburger und Neffe des nicht ganz zu Unrecht als geizig verschrienen Leopold erfreute sich Albert bei den Untertanen seiner Frau nur geringer Popularität. Er musste erleben, wie das Parlament unter Hinweis auf Onkel Leopolds üppige Dotierung seine jährliche Unterhaltssumme reduzierte. Einen angemessenen Titel, der ihm als Ehemann der Monarchin einen würdigen zeremoniellen Rang verschafft hätte, sollte er ebenfalls lange Zeit nicht erhalten. Erst 1857 wurde er offiziell zum Prinzgemahl *(Prince Consort)* ernannt. Bis dahin hieß er schlicht nur Prinz von Sachsen-Coburg und Gotha. Noch mehr schmerzten den empfindlichen Albert freilich die öffentlichen Angriffe auf seine Person. Dies war der Preis der auf dem Kontinent von vielen so bewunderten britischen Freiheiten, die Albert im Prinzip durchaus bejahte. Die Presse wurde von der Obrigkeit nicht gegängelt und sah in Attacken auf den beim durchschnittlichen Steuerzahler unbeliebten „fremden Kostgänger" die Möglichkeiten zur Steigerung des eigenen Absatzes. Die kurz zuvor entstandene Satirezeitschrift PUNCH goss über Jahre hinweg regelmäßig ihren ätzenden Spott über dem Prinzen aus. Was immer er auch anfing, es wurde sogleich ins Lächerliche gezogen. Seine manchmal ein wenig heikle Rolle als nachgeordneter Ehemann der Königin wurde mit Geringschätzung kommentiert. Der Hohn der bürgerlichen Blätter schmerzte, noch mehr tat jedoch die teils offene Missachtung von Teilen der britischen Aristokratie weh. Gerade den im Londoner Gesellschaftsleben dominierenden Adligen war der langweilige Moralist vom Kontinent verhasst, der seinerseits kein Hehl daraus machte, wie sehr er das müßige und genusssüchtige Leben, dem sich das Gros der Adelskreise hingab, verachtete. Gerade die Privilegierten mussten nach Alberts Ansicht bestrebt sein, der Allgemeinheit zu nützen.

Jedenfalls wollte Albert selbst nützlich sein. So war er in der harten Schule Florschütz' und Stockmars erzogen worden. Die bürgerlichen Aufsteiger hatten ihn mit den in der Philosophie Kants aufs Neue begründeten Begriffen der Pflicht und der Sittlichkeit imprägniert. Den erstaunten Engländern bot Prinz Albert Kantianismus in Aktion. Er begnügte sich nicht damit, ausdauernd die zahlreichen Repräsentationspflichten zu erfüllen, die er schon aufgrund der häufigen Schwangerschaften Victorias zu übernehmen hatte. Mit achtunggebietendem Fleiß eignete er sich eine überlegene Sachkenntnis auf allen Gebieten britischer Politik an. Er beließ es nicht bei theoretischer Reflexion, sondern arbeitete angestrengt an einer Linderung der vielen Missstände, die er vorfand. Dies galt besonders für die drängende soziale Frage, das größte Problem der Innenpolitik im 19. Jahrhundert. Die Heftigkeit und Gründlichkeit, mit der die Industrielle Revolution gerade die britische Gesellschaft verändert hatte, ließ die Not der neuen Schicht der Fabrikarbeiter hier besonders deutlich zu Tage treten. In den ausgedehnten, wenig menschenfreundlichen Industrierevieren Englands litten die Arbeiterfamilien oft unter elendesten Lebensbedingungen. Für diese neu entstandene Klasse musste sich nach Alberts Ansicht die Krone zuständig fühlen. Als Gemahl der Königin war der Prinz freilich weit davon entfernt, die sozialen Zustände insgesamt in Frage zu stellen, für ihn ging es um karitative Ansätze, die kleine Verbesserungen für die Leidtragenden des wirtschaftlichen Fortschrittes mit sich brachten. Albert übernahm den Vorsitz in verschiedenen wohltätigen Gesellschaften, die sich aus christlicher Verantwortung für die „Besserung der Lage der arbeitenden Klassen" engagierten. Er entwarf für einen dieser Vereine günstige, aus Hohlziegeln aufgeführte Reihenmietshäuser für Arbeiter, die den Bewohnern eine menschenwürdige Behausung und darüber hinaus den Eigentümern eine profitable Geldanlage bieten sollten. Mit solchen pragmatischen Schritten wollte Albert den sozialen Missständen nach und nach abhelfen. Er reiste selbst in die Industriegebiete, sprach mit Arbeitern und Fabrikanten. Auf Schloss Windsor wurde es üblich, zu Weihnachten die armen Familien aus der Nachbarschaft einzuladen und mit nützlichen Dingen zu beschenken. So erlebte Britannien erstmals das Schauspiel einer sozial verantwortungsbewussten Monarchie. Für Albert kam es dabei allein auf die Vorbildfunktion an. Bei den Reichen im Lande wollte er ein Umdenken bewirken.

Sein Arbeitseifer zog immer weitere Kreise und machte selbst vor dem Militär nicht halt, obwohl es ihm auf diesem Feld nun wirklich an allen praktischen Erfahrungen mangelte. Als nomineller Inhaber verschiedener Regimenter und als Feldmarschall fühlte er sich aber auch für die britischen Streitkräfte verantwortlich. Die Armee schien ihm nach ihrem Sieg bei Waterloo 1815 in eine Art von Dämmerschlaf gefallen zu sein, aus dem er sie mit Reformen wachrütteln wollte. Albert wälzte Pläne für eine bessere Bewaffnung und Ausrüstung der Soldaten. Das bei den Offizieren immer noch verbreitete Duellieren suchte er ganz abzuschaffen. Da er sich für alles und jedes zuständig fühlte, lieferte Albert den hämischen Karikaturisten des PUNCH eine Vorlage, mit der ihn die Zeitschrift dann jahrelang ins Lächerliche ziehen sollte. Albert, der in seiner Jugend gründlichen Zeichenunterricht genossen hatte, glaubte eine neue Kopfbedeckung für die Infanterie entwerfen zu müssen. Das gezeichnete Ergebnis, eine Art Tschako mit alberner Krempe, der an einen missglückten Zylinder erinnerte, wurde von der zuständigen Kommission des Heeres abgelehnt. Den boshaften Satirikern des PUNCH zugespielt, diente das eigenartige Modell in dem Blatt lange Zeit als persönliches Markenzeichen des Prinzen. Auch Reformen im Bildungswesen und in der Landwirtschaft machte Prinz Albert zu seiner Sache. Er ließ sich zum Kanzler der Universität Cambridge wählen und suchte diese Hochschule nach dem Vorbild der modernen preußischen Universitäten, das er in Bonn kennen gelernt hatte, zu erneuern. In Windsor errichtete er eine Musterfarm, die ausgezeichnete Ergebnisse hervorbrachte, da sie bahnbrechend neue landwirtschaftliche Methoden anwandte. Premierminister Peel suchte den steifen und immer sehr bemühten Albert im ländlichen Britannien beliebt zu machen, indem er ihm bei einer Rede das Epitheton *„British Farmer"* zulegte. Diese Bezeichnung nutzten die Gegner freilich nur wieder aus, um den Prinzen zu verhöhnen. Selbst wenn die ersehnte Anerkennung für die Mühen ausblieb, ließ sich Albert in seiner Arbeitswut nicht hemmen. Ein leitender Staatsbeamter mit großem Überblick und scharfem Urteil, Charles Greville, schrieb daher 1856 in seinem persönlichen Tagebuch: „Die Königin ist nicht intelligent, der Prinz macht alles und ist in jeder Hinsicht König." Nur in zwei Hinsichten nicht, wäre zu ergänzen, fehlten ihm doch der Titel und die Anerkennung im Volk.

Nur einmal sollte Albert in England vorübergehend populär werden. Dies verdankte er dem Erfolg der Great Exhibition von

1851. Albert, der deutsche Idealist, war überzeugt, dass der Sinn von Geschichte in der „Verwirklichung der menschlichen Eintracht" liege. Die Völker sollten sich näher kommen und zum Besten der Menschheit im friedlichen wirtschaftlichen Wettbewerb miteinander messen. Dies war der wesentliche Gedanke hinter dem Projekt der Londoner Weltausstellung, das den Prinzen seit 1849 beschäftigte. In der englischen Hauptstadt wurde eine Gesamtschau der industriellen und kunsthandwerklichen Produktion des gesamten Globus vorbereitet. Ein bis dahin einmaliges Projekt. Alberts Vision einer fruchtbaren Synthese von Kunsthandwerk und moderner Technik sollte konkrete Formen annehmen. Das Ausstellungsgebäude, von dem Landschaftsgärtner Paxton entworfen, der sich bis dahin als Konstrukteur von Gewächshäusern einen Namen gemacht hatte, erschien als genaue Umsetzung dieses Gedankens. Der aus Glas und Eisen in wenigen Monaten errichtete Kristallpalast verkörperte eine erfolgreiche Allianz von Zweckmäßigkeit und Schönheit. Die Vorbereitung der Großen Ausstellung strengte Albert wieder sehr an, der nun mit Anfang Dreißig immer häufiger an die Grenzen seiner Belastbarkeit stieß. Als führender Kopf der Planungskommission musste er bei den Sponsoren Geld sammeln und die zahlreichen Skeptiker beschwichtigen. Diesmal sollte ihn aber der überwältigende Erfolg für die viele Mühe entschädigen. Die Kommission leistete ausgezeichnete Arbeit. Alle Termine wurden unter größtem Zeitdruck eingehalten und die Schau öffnete am vorgesehenen Tag, am 1. Mai 1851, ihre Pforten. Mit der unvorstellbaren Fülle von 100 000 Exponaten aus aller Welt und mit dem großartigen Gebäude des Kristallpalastes begeisterte sie die Besucher aus Britannien und aus dem Ausland. Sieben Millionen Eintrittskarten wurden bis zum letzten Ausstellungstag am 15. Oktober 1851 verkauft. Dies ergab einen von niemand erwarteten Reingewinn der Veranstaltung von 186 000 Pfund. Ein solches Ergebnis überraschte selbst die größten Optimisten, auch den Prinzen selbst, der freilich kein Optimist war. Während die Ausstellung noch andauerte und unzählige Gäste fesselte, dachte er bereits darüber nach, wie der Erlös am nützlichsten angewendet werden konnte. Der pädagogische Impuls der Großen Ausstellung, möglichst vielen Betrachtern Kenntnisse über die Welt zu vermitteln, sollte in der Zukunft weiterwirken. Im Londoner Stadtteil South Kensington wollte Albert auf einer noch grünen Wiese eine Metropole des Wissens entstehen sehen, ein Museumsviertel, für das die Zeitgenossen bald den

Namen *Albertopolis* prägen sollten. Um den Kern des heutigen Victoria-and-Albert-Museums entstanden nach und nach die Gebäude für Akademien, Forschungsinstitute und weitere Museen. So gewann Alberts Enthusiasmus für Bildung und Wissenschaft bauliche Gestalt. Während der langwierigen Bauarbeiten, die über den frühen Tod des Prinzen hinaus andauerten, hielten allerdings die materialistischen Kaufleute und Gutsherren mit ihrer Meinung nicht hinter dem Berg, dass es sich dabei um eine besonders üble Form der Geldverschwendung handle.

Vom Politiker Albert blieb noch viel mehr als die Hochburg des Wissens in South Kensington. Es war eine bescheidene Würdigung seiner Verdienste bei der Regierungsarbeit an Victorias Seite, wenn er 1857 – spät genug – den Titel eines Prinzgemahls erhielt. Bis dahin hatte er bereits den größten Teil seiner Lebensenergie auf die öffentlichen Angelegenheiten Englands verwendet. In seiner Umgebung nahm man bereits mit Erschrecken einen fortschreitenden körperlichen Verfall und unübersehbare Spuren des vorzeitigen Alterns wahr, die Früchte der Überanstrengung. Albert las und entwarf Denkschriften, bearbeitete Akten und Korrespondenzen, hielt zeitraubende Verbindungen mit Politikern und Beamten, hörte sich fremde Ratschläge an und gab selbst welche. König war er nach Einschätzung Grevilles in allem, außer dem Titel nach. Doch war er in jedem Fall ein moderner König, der die Erfordernisse der Zeit und die Vorgänge in der Gesellschaft aufmerksam zur Kenntnis nahm. Neben dem Thron stehend, entwarf er das moderne Erscheinungsbild der britischen Monarchie. Wie sein Onkel Leopold in Belgien, so stand auch dieser Coburger für den tragfähigen Kompromiss zwischen dem bürgerlichen Liberalismus der Zeit und den historischen Herrschaftsrechten der Krone. In Britannien wurde das parlamentarische Regierungssystem nicht aus einem Guss erschaffen wie in Belgien, doch hatte die Parlamentarisierung hier tiefe geschichtliche Wurzeln. 1832 war sie im Zuge einer Wahlrechtsreform weiter vorangeschritten. Das Unterhaus in London repräsentierte das Land, von seinen Mehrheitskonstellationen hingen Premierminister und Regierung ab, nicht mehr von der Gunst des Monarchen. War es nicht ein Gebot der Stunde, die Krone zu entpolitisieren, wenn ihr schon die reale Macht entglitten war? Albert führte Victoria auf diesen Weg. Über den Parteien stehend, politisch in den Grenzen des Menschenmöglichen neutral, entwickelte sie sich zur allseits anerkannten Symbolfigur des Staates und des Empire, die dem Alltagsstreit der

Meinungen entzogen war. Diese Wandlung war Alberts Werk. Unmittelbar nach ihrer Thronbesteigung hatte Victoria nämlich ganz nach Art der hannoverschen Könige selbst am Machtkampf zwischen den Lagern teilgenommen und sich in die Parteipolitik eingemischt. Ihre persönlichen Vorlieben machte sie zum Maßstab bei der Führung des Landes. 1839 hatte sie als eifrige Anhängerin Lord Melbournes noch dem Exponenten der Parlamentsmehrheit, Sir Robert Peel, die Berufung zum Premierminister verweigert. In diesem Kräftemessen mit dem Unterhaus hatte sie sich selbst eine unvermeidliche politische Niederlage bereitet, die dem Ansehen des Königtums weiter schadete. Ein solches Debakel wollte Albert aus weiser Einsicht in die tatsächlichen Machtverhältnisse den künftigen Trägern der Krone ersparen. Manche Historiker möchten daher die parlamentarische Monarchie belgischer und britischer Prägung sogar als „Coburger Modell" bezeichnen. Dabei ist freilich nicht von einem feststehenden Konzept auszugehen. Leopold I. in Belgien und Albert in England waren nun einmal Ausländer in exponierter und prekärer Position, ohne besonderen Rückhalt an den Parteien und Gruppierungen im Land, die ihnen aktive Teilnahme an den jeweiligen Machtspielen gestattet hätte. Sie mussten über dem Handgemenge des politischen Alltags stehen und hätten sich selbst in Gefahr gebracht, wenn sie mit einem der Lager paktiert hätten. Ein Ausländer an der Spitze musste erst recht allen alles recht machen.

Politische Neutralität bedeutete freilich niemals Abstinenz von der Politik. Vielmehr hat Albert den verbliebenen Einfluss und die Prärogativen der Krone energisch wahrgenommen. Wenn er glaubte, über die bessere Lösung für ein Problem zu verfügen, hat er dies auch der Regierung gegenüber entschieden zur Geltung gebracht. Seiner Überzeugung nach war das direkte Eingreifen in die Politik aber nicht die wichtigste Aufgabe eines Monarchen. Die Krone sollte indirekten Einfluss auf das Land üben, indem sie den Stil prägte und den Zusammenhalt des Landes über alle Gegensätze hinweg verkörperte. Könige hatten die Vorbilder der Gesellschaft zu sein, die exemplarischen Bürger ihrer Reiche. Albert stellte sich selbst diese gewaltige Aufgabe. Als rastloser Arbeiter und strenger Moralist entsprach er den Vorstellungen des protestantischen Bürgertums, das selbst zu Leistung und Einsatz erzogen wurde. Die Tugend im Palast war für die meisten Briten nach den Ausschweifungen der späten Hannoveraner eine Wohltat, auch wenn die unterhaltsamen Skandalmeldungen über das Königshaus in der Presse wegfielen. Nun konnten sich auch anständige und arbeitsame Menschen mit dem Königshaus identifizieren. Als symbolischer Mittelpunkt der Nation durfte die Krone von nun an einen festen Platz im Bewusstsein der Briten beanspruchen. Der Nationalstolz fand einen ruhenden Pol, von dem er ausgehen konnte. Durch öffentliche Darstellung und ein mit neuen Inhalten aufgeladenes pompöses Zeremoniell fand die alte Institution der Monarchie zu einprägsamen Sinnbildern. Sie verband die Nation mit ihrer Geschichte und war somit die einfachste, für jeden plausible Antwort auf die Frage nach der Besonderheit Britanniens. Mit den Jahren und Jahrzehnten, in denen Victoria zur Patronin eines Weltreiches auf der Höhe seiner Macht reifte, wurde auch die Choreografie ihrer öffentlichen Auftritte immer weiter verbessert und ausgefeilt. Der Gipfel war mit den grandiosen Feiern zum 60. Jubiläum ihrer Thronbesteigung 1897 erreicht, die zu einer glanzvollen Inszenierung einer erfolgreichen Monarchie und eines stolzen Imperiums wurden. Die Krone zeigte sich und tat es mit spektakulären Bildern, vor denen die Fragen nach ihrer weiteren Daseinsberechtigung zunächst verstummen mussten.

Zu der Zeit, da Victoria zur glaubhaften Inkarnation eines die Kontinente umspannenden Reiches wurde, war Albert nur noch ein ferner Schatten. Sein Tod am 14. Dezember 1861, im Alter von 42 Jahren, war das Ergebnis seines selbstzerstörerischen Arbeitseifers. Er hatte sich vor der Zeit verbraucht. Stockmar, der treue Arzt und Berater, konnte nur wiederholt eine „Überanstrengung von Geist und Körper" konstatieren. Die Übermüdung führte zur Todesbereitschaft. Bis ans Ende hatte der Kranke seine vermeintlichen oder tatsächlichen Pflichten erfüllt. Victorias Trauer um den Verstorbenen war derart maßlos, dass viele sie für geisteskrank hielten. Sie zog sich für Jahre aus der Öffentlichkeit zurück, trug nur noch schwarze Kleider und erhob den toten Albert zum Abgott. Im ganzen Empire ließ sie Denkmäler für ihn errichten. Auf den vielgeschmähten deutschen Prinzen geht nicht nur das heutige englische Königshaus zurück, auch zur Bestandssicherung der Monarchie hat er viel beigetragen.

4.3   Coburg in Portugal: Dom Fernando und die Regeneration

Ferdinand von Sachsen-Coburg-Saalfeld (1785–1851) war fünf Jahre älter als sein Bruder Leopold, der erste König der Belgier. Ferdinand war dem Beispiel seines Großonkels Friedrich Josias gefolgt und 1803 als österreichischer Rittmeister in den aktiven Militärdienst eingetreten. Mit Ausnahme der Jahre 1809–1813, als er der Armee des Kaisers von Österreich auf napoleonischen Druck hin fernbleiben musste, hat der Coburger in der k.u.k. Kavallerie Karriere gemacht und brachte es am Ende zum Rang eines Generals. Im Habsburgerreich lebend, wuchs er in den Adel der Monarchie hinein. Zum Katholizismus konvertiert, heiratete Prinz Ferdinand 1816 Maria Antonia Gabriele von Koháry (1797–1862) aus einer der reichsten Aristokratenfamilien Ungarns. In der heutigen Slowakei, dem damaligen Oberungarn, besaßen die Koharys eine beeindruckende Vielzahl von Schlössern, Gütern und Bergwerken. Das Paar hatte vier Kinder, die Tochter Viktoria (1822–1857) sowie die Söhne Ferdinand (1816–1885), August (1818–1881) und Leopold (1824–1885). Die somit entstandene katholische Linie Sachsen-Coburg-Koháry, die aufgrund ihrer Einkünfte und ihrer internationalen Verbindungen zu den ersten Familien Österreichs und Ungarns gehörte, spielte nach 1831 in den oft gewagten Kombinationen des Onkels Leopold in Brüssel eine wichtige Rolle. Die Konfession der österreichischen Coburger berechnete Leopold, der auch als König der Belgier Protestant geblieben war, als wichtigen Faktor mit ein. Mit der Wiener Linie wurde das heiratspolitische Strategiespiel des ersten belgischen Königs auf das katholische Süd- und Westeuropa ausgedehnt.

Aus Brüsseler Sicht boten sich im Jahre 1835 für den ältesten Sohn des österreichischen Kavalleriegenerals und der ungarischen Fürstentochter, den gerade achtzehnjährigen Prinzen Ferdinand, glänzende Aussichten in Portugal. Die erst sechzehn Jahre alte portugiesische Königin Maria II. da Glória war schon Witwe. Ihr erster Ehemann August von Leuchtenberg, aus napoleonisch-bayerischer Familie stammend, war zwei Monate nach seinem Eintreffen in Lissabon plötzlich verstorben. Es ist nicht verwunderlich, wenn der bedauernswerte junge Mann der europäischen Öffentlichkeit als das Opfer eines Giftmordes galt. In den innenpolitischen Gegensätzen, von denen Portugal damals zerrissen wurde, war jedes Mittel recht. Um das Überleben des Königshauses Bragança, der einzigen Klammer für das zerfallende Land, zu sichern, musste die junge verwitwete Königin bald eine neue Ehe eingehen. Angesichts der heftigen Parteienkämpfe kam nur ein in den portugiesischen Streitigkeiten neutraler Ausländer für die nicht ungefährliche Würde eines Prinzgemahls von Portugal in Betracht.

In Wien war man über die Details des lusitanischen Wirrwarrs nicht ganz im Bilde, doch hatten die Eltern des Prinzen Ferdinand berechtigte Bedenken, ihren Sohn in den politischen Hexenkessel von Lissabon zu schicken. Die Argumente des Königs Leopold, der sich einmal mehr seines Verbindungsmannes Stockmar bediente, und die Verlockung einer weiteren Königskrone für Coburg müssen die Zweifel dann aber doch zerstreut haben. Die von Stockmar ausgegebene coburgische Devise „Einheit im Handeln und tiefes Geheimnis über die Handlungen" bestimmte wieder das Verfahren. Leopold betrieb die portugiesische Hochzeit seines Neffen Ferdinand mit Elan und ließ seine Verbindungen nach Paris und London spielen. Sowohl beim britischen Kabinett als auch bei seinem Schwiegervater Louis-Philippe in Paris fand Leopold offene Ohren. Die dynastische Achse Coburg-Orléans konnte bis nach Lissabon erweitert werden. Die seit der Unabhängigkeit expandierende belgische Wirtschaft begann nach Rohstoffquellen und Absatzmärkten in Übersee Ausschau zu halten. In diesem Kalkül kam den ausgedehnten Besitzungen Portugals in Afrika eine gewissen Rolle zu. Der Wille der Großmächte England und Frankreich hatte wiederum in Lissabon entscheidendes Gewicht. Mit den Engländern pflegte Portugal schon seit dem 14. Jahrhundert enge Bündnisbeziehungen, die als Garantie der Unabhängigkeit und als Rückversicherung gegen den großen, oft bedrohlichen Nachbarn Spanien ihren Wert besaßen. Nach der napoleonischen Invasion Portugals 1807 und der anschließenden Befreiung des Landes durch britische Truppen unter Wellesley, dem späteren Herzog von Wellington, begann der traditionelle Alliierte mehr und mehr die Allüren einer Hegemonialmacht an den Tag zu legen, was die Portugiesen verständlicherweise nicht schätzten. Sie neigten daher dazu, mit der Annäherung an Frankreich dem Einfluss der Briten Grenzen zu setzen. Seit der Pariser Julirevolution 1830 unterstützte die liberale französische Juli-Monarchie im Bürgerkrieg die Liberalen Portugals. Paris verpflichtete sich die künftigen Sieger überdies durch die großzügige Gewährung von Krediten.

Im Koordinatensystem dynastischer, politischer und wirtschaftlicher Interessen der Entscheidungsträger in Brüssel, Paris und London fand der Plan der Heiratsverbindung zwischen Sachsen-Coburg und Bragança seinen Platz. Prinz Ferdinand selbst war viel zu jung und zu naiv, um die Entscheidungen zu verstehen, mit denen über ihn bestimmt wurde. Er diente einer ambitionierten Familienpolitik als gefügiges Werkzeug. Kunstinteressiert, musisch erzogen und auf das müßige Leben eines Landadligen im Habsburgerreich vorbereitet, fehlte ihm jede Ahnung vom politischen Geschäft. Über sein Schicksal verhandelten sein Vater und der portugiesische Gesandte in London, Graf Lavradio, unter der Leitung Stockmars in Coburg. Dort wurde am 1. Dezember 1835 der Heiratsvertrag unterzeichnet. Der junge Ferdinand hatte auf sein Erbe in Ungarn Verzicht zu leisten, dafür gewährte ihm sein künftiges Heimatland eine jährliche Unterhaltssumme von 9 000 Pfund Sterling, die bei der Geburt eines Sohnes verdoppelt werden sollte. Dann würde der Prinz auch den Königstitel erhalten. Seine Hauptaufgabe war es somit, für Nachwuchs im Königshaus zu sorgen. Stockmar beharrte bei den Verhandlungen auf dem Prinzip, dass ein Coburger nicht billiger zu haben war als Prinzen aus anderen Häusern. Daher sollte Ferdinand in Portugal alle diejenigen Würden erhalten, die auch der früh verstorbene August von Leuchtenberg besessen hatte, beispielsweise den Oberbefehl über die Armee. Damit war dem völlig unmilitärischen jungen Coburger nicht gedient, andererseits musste die Vertragsklausel das Misstrauen der Liberalen in Portugal wachrufen, für die es gerade darauf ankam, die Streitkräfte aus der Verbindung mit dem Königshaus herauszulösen. Auf seiner Reise nach Lissabon im Frühjahr 1836 besuchte Ferdinand die Stationen coburgischer Familienpolitik in Brüssel, Paris und London. Seine königlichen Verwandten Leopold und Louis-Philippe, die sich seit einigen Jahren selbst auf unsicheren Thronen behaupteten, gaben dem jungen Mann Ratschläge für seine schwierige Zukunft am Tejo mit. Schließlich sollte er dort ihren Interessen dienen. Der arme deutsche Prinz kam am 8. April 1836 in der portugiesischen Hauptstadt an, wo gleich am folgenden Tag die Trauung mit Maria da Glória stattfand. Wenigstens zwischen Ferdinand und Maria, deren Mutter eine Habsburgerin war, stellte sich bald das beste Einvernehmen ein. Dagegen zeigten boshafte Karikaturen und verleumderische Zeitungsartikel dem Prinzgemahl Dom Fernando, dass er im Lande nicht ganz willkommen war. Besonders seine Ernennung zum Oberkommandierenden der Armee sorgte für böses Blut unter den Akteuren im Machtkampf. Solange er die Landessprache nicht verstand, fehlten dem angefeindeten Ausländer die elementaren Voraussetzungen, um die inneren Verhältnisse seines ihm ganz fremden Landes zu verstehen. Aber sobald das Sprachproblem behoben war, wuchsen die Schwierigkeiten noch und Dom Fernando machte viele Fehler. Dabei war er sehr intelligent und lernbereit, aber Portugal durchlebte in der ersten Hälfte des 19. Jahrhunderts eine der verworrensten Phasen seiner Geschichte. Auch die Portugiesen selbst verstanden ihr Land oft genug nicht mehr.

Am Anfang auch des lusitanischen Chaos stand Napoleon. Er beendete mit einem Streich die Herrschaft des Ancien Régime, als er im Oktober 1807 die Invasion französischer Truppen in Portugal anordnete. Das Land hatte den Anschluss an die vom Kaiser gegen England verhängte Kontinentalsperre verweigert. Vor den einmarschierenden Franzosen flohen die königliche Familie, der Hof und die Regierung nach Rio de Janeiro. Brasilien, bisher nur Kolonie, wenn auch eine besonders glänzende und reiche, wurde daher zum eigentlichen Zentrum des portugiesischen Imperiums, während im alten Mutterland nur eine Statthalterschaft zurückblieb, die mit wechselndem Glück und englischer Unterstützung gegen die Eindringlinge kämpfte. Der Krieg dauerte bis zum endgültigen Abzug der Franzosen 1811 an und hat das kleine Portugal in großes Elend gestürzt. Die Verluste an Menschenleben, aber auch an materiellen und kulturellen Werten waren erschreckend hoch, schließlich hatten Freund und Feind ausgiebig geplündert. Nach der Befreiung lag die Wirtschaft für lange Zeit am Boden. Handel, Landwirtschaft und Gewerbe erholten sich nur langsam. Die Brasilianer nutzten ihre Chance und schüttelten das Handelsmonopol der alten Kolonialmacht ab, sodass die wirtschaftliche Basis fehlte, die einigen Portugiesen bis dahin Wohlstand und vielen ein Auskommen gesichert hatte. Nun verschaffte Großbritannien seinen Händlern in Südamerika zu Lasten des alten Verbündeten günstige Konditionen. Die Missstimmung in Portugal nahm noch größere Ausmaße an, als König João (Johann) VI. und der Hof keine Anstalten machten, von Rio wieder nach Lissabon überzusiedeln, obwohl von dem auf Sankt Helena gefangenen Napoleon nach 1815 endgültig keine Gefahr mehr drohte. Ohne den König im Land fühlte sich die alte stolze See-macht Portugal als verarmte Kolonie des glücklicheren Brasilien. Genau so gut konnte man sich als Protektorat des britischen Verbündeten empfinden, der Macht und Einfluss am Tejo auch nach der Vertreibung der Franzosen nicht preiszugeben gedachte. In der Armee, teils sogar in der Verwaltung, behaupteten die Briten diejenigen Schlüsselpositionen, die sie sich während des Krieges angeeignet hatten. Eine politisch aktive Elite aus Beamten und Handelsbürgern wollte Portugal in seiner schwierigen Lage von Grund auf erneuern. Der Staat sollte umfassend reformiert, der ausländische Einfluss beschnitten und Brasilien wieder in seinen einstigen Status als Garant des portugiesischen Wohlstandes herabgedrückt werden.

Nach einer ersten Revolte im Jahr 1817 kam es 1820 in Porto zur liberalen Revolution, die sich von der regsamen Hafen- und Handelsstadt aus über das ganze Land verbreitete. König João wurde von den siegreichen und selbstbewussten Revolutionären aus Brasilien zurückberufen. Tatsächlich traf er im Juli 1821 nach vierzehn Jahren Abwesenheit wieder in Lissabon ein. Nach An-fangserfolgen blieb die liberale Revolution jedoch stecken. Brasi-lien ließ sich nicht mehr in die frühere koloniale Abhängigkeit hineinzwingen. Im September 1822 wurde seine Unabhängigkeit proklamiert. Dom Pedro, der in Rio de Janeiro verbliebene älteste Sohn König Joãos ließ sich zum brasilianischen Kaiser ausrufen. In Portugal stockte indessen die geplante grundlegende Modernisie-rung des Staatswesens. Der von den Liberalen ausgearbeiteten und von einer schmalen Elite getragenen sehr fortschrittlichen Verfas-sung von 1822 fehlte in der konservativ geprägten Gesellschaft gerade des ländlichen Portugal wirklicher Rückhalt. Die Einfüh-rung einer parlamentarischen Monarchie kam wohl zu früh für ein Land, in dem es nach den Jahren von Krieg und Chaos kein gefestigtes Bürgertum gab und in dem die Strukturen des Ancien Régime immer noch in den Köpfen fortlebten. Der auf die Bewahrung seiner traditionellen Herrschaftsbefugnisse bedachte Adel und der großteils nicht reformfreudige Klerus widersetzten sich offen. Es kam 1823/24 zu Aufständen, die das liberale System stürzten. Dabei trat der jüngere Sohn des Königs, Dom Miguel, als Exponent derjenigen Gruppen auf, die für eine absolutistische Regierung und für die Bewahrung der ständischen Gesellschaft plädierten. Der König, der anders als Miguel das Rad der Zeit nicht zurückdrehen und einen mittleren Kurs zwischen den Extremen steuern wollte, starb plötzlich im März 1826. Nach dem Erbrecht folgte ihm sein ältester Sohn Pedro, der bereits als Kaiser in Brasilien herrschte. Eine Wiedervereinigung der früheren Kolonie und des einstigen Mutterlands, zumindest in Personalunion, mochten sich nun aber auf beiden Seiten des Atlantiks nur noch wenige vorstellen. Pedro entschloss sich dazu, nach kurzer Regierungszeit in Portugal zugunsten seiner siebenjährigen Tochter Maria (II.) da Glória abzudanken und nach Brasilien zurückzukehren. Vor der Abdankung erließ er allerdings aus königlicher Machtvollkommenheit eine neue Verfassung, die Charta *(Carta Constitucional)* von 1826, die nicht so freiheitlich war wie die Konstitution der Liberalen von 1822. Sie war dem Vorbild der französischen Charte von 1814 verpflichtet und beließ wie diese dem Königtum zahlreiche Prärogativen, die Krone blieb im Zentrum der Machtausübung. Pedro wollte mit der Verfassung die Grundlage für eine Versöhnung von Konservativen und Liberalen schaffen. Diesem Zweck sollte auch die für später in Aussicht genommene Vermählung seiner Tochter Maria mit dem Bruder Miguel, dem Idol der Absolutisten, dienen. Dom Pedro segelte mit dem festen Glauben über den Atlantik zurück, die Angelegenheiten Portugals gut geregelt zu haben. Er täuschte sich. Dom Miguel leistete zwar den geforderten Eid auf die Charta, schwor dem Bruder Treue und verlobte sich mit der kleinen Maria. Aber bald erlag er den Einflüssen seiner reaktionären Umgebung. In einem Staatsstreich ließ er sich selbst 1828 von seinen Sympathisanten zum König ausrufen, schaffte die Charta ab und regierte despotisch. Außer mit seiner Brutalität wurde er dem Land auch mit seiner politischen Unfähigkeit zur Last, die einen weiteren Niedergang zur Folge hatte.

Bereits 1829 bildete sich auf den Azoren eine liberale Gegenregierung zum Regiment Miguels, die sich gegen alle Angriffe behaupten konnte. 1831 musste Dom Pedro zugunsten seines minderjährigen Sohnes auf die brasilianische Kaiserwürde verzichten. Er kehrte nun nach Europa zurück, um „das Königreich für seine Tochter zurückzuerobern" und die Verfassung von 1826 wiederherzustellen. Die Rückeroberung begann auf den Azoren. Von England und Frankreich unterstützt, gelang den liberalen Streitkräften unter Pedros Führung im Juni 1832 die Landung auf dem Festland. Es folgte ein zweijähriger grausamer Bruder- und Bürgerkrieg, der dem Land von neuem schwere Wunden schlug und es in die vollständige Abhängigkeit von den beiden westlichen Großmächten trieb. Die Anhänger der alten Ordnung unterlagen und Miguel musste aus Portugal fliehen. Dom Pedro konnte den Sieg jedoch nicht lange auskosten, starb er doch kurz nach dem endgültigen Sieg seiner Anhänger im September 1834. Seine Tochter Maria musste nun ohne ihn in den wirren Verhältnissen zurechtkommen. Während die siegreichen Heerführer ihres Vaters in Lissabon regierten, an der Spitze Marschall Saldanha, heiratete sie erst im Januar 1835 den jungen Leuchtenberger und nach den dessen baldigem Tod eben Ferdinand von Sachsen-Coburg-Koháry. Bereits 1837 wurde dem Paar der erste Sohn geboren, sodass Dom Fernando vertragsgemäß den Titel eines Mitkönigs *(rei-consorte)* erhielt. Zur Ruhe kam das Königreich aber noch lange nicht. Die katastrophalen wirtschaftlichen Verhältnisse blieben vielmehr der Nährboden für Aufstände. Im September 1836 rebellierte der verarmte Mittelstand in Porto. Wie 1820 breitete sich auch jetzt der Aufruhr von der Hafenstadt über das ganze Land aus. Als Symbolfigur der Septemberrevolution galt der Anführer der Radikalen in Porto, Manuel da Silva Passos. Ihn spülte die revolutionäre Welle an die Spitze der portugiesischen Politik. Als erster Mann in der neuen Regierung trat er für die Wiedereinführung der ultraliberalen Konstitution von 1822 ein. Dies verärgerte den Hof, der sich langsam von den Schrecken der Septemberrevolution erholte. Königin Maria bestand darauf, nur mit der Konstitution zu regieren, die ihr Vater 1826 erlassen hatte. Mit einem Verzicht auf die Prärogativen der Krone und mit einer Parlamentarisierung des politischen Systems war sie nicht einverstanden. Statt abzuwarten, bis die auf den Straßen siegreichen *Setembristas* auf den eroberten Pfründen träge und zufrieden wurden, begannen die Königin und ihr Hof gegen Manuel Passos zu konspirieren. Die Ergebnisse der Septemberrevolution sollten samt und sonders rückgängig gemacht werden.

Bei diesem Vorgehen zeigte sich auch die Kehrseite coburgischer Familienpolitik, die das Mittel der Intrige keineswegs verschmähte und die eben erst errungene Machtposition der Dynastie energisch gegen demokratische Ansprüche verteidigte. König Ferdinand, überfordert und schon aufgrund seiner Jugend ungeeignet für große Aufgaben, hatte ausländische Berater an seiner Seite, die Coburgs Belange zu vertreten meinten, denen aber Kompetenz und Legitimation fehlten, um auf die portugiesische Innenpolitik einzuwirken. Sie taten es dennoch. Zu nennen ist hier der Coburger Hofrat Carl Dietz (1801–1888), Ferdinands einstiger Lehrer, der nicht von dessen Seite wich und der politische Fragen von der Warte des voreingenommenen deutschen Biedermannes beurteilte. Er wünschte patriarchalische Ordnung im Staat, in der die einen befahlen und die anderen gehorchten. Ungestüme Forderungen nach Volksrechten betrachtete Dietz als persönlichen Angriff auf seinen geliebten Zögling. Ein anderer Ratgeber vom gleichen Schlag war der belgische Gesandte Sylvain van de Weyer (1802–1874), einer der Brüsseler Revolutionäre von 1830, der sich rasch zum Konservativen gewandelt hatte. Im Auftrag des Königs Leopold trat er 1836 in Portugal für die Verteidigung königlicher Macht ein, die hier zugleich Coburgs Macht war. Leopold und Van de Weyer rieten dem Königspaar zu Entschlossenheit und Härte, wobei ein maßvolles Auftreten angesichts der gespannten innenpolitischen Zustände sicherlich vernünftiger gewesen wäre. Die üblen Folgen derartiger Ratschläge zeigte die *Belenzada* vom November 1836. Dabei handelt es sich um einen gescheiterten Staatsstreich der Königin und ihrer Clique gegen die Ergebnisse der Septemberrevolution. Maria, Ferdinand und ihr Hofstaat flohen aus Lissabon ins nahe Belém. Dort wollten sich die Monarchen auf ein britisches Kriegsschiff begeben und die Großmächte zu militärischer Intervention gegen ihr eigenes Volk aufrufen. Dieser nicht gut durchdachte Plan scheiterte schon daran, dass weder Großbritannien noch Frankreich die Bereitschaft zum bewaffneten Eingreifen zeigten. Nun bot sogar König Leopold an, ein belgisches Expeditionskorps zum Kampf gegen Manuel Passos und die portugiesischen Revolutionäre auszusenden. Allerdings besaß Belgien noch keine eigene Flotte, um die Truppen zu verschiffen und Britannien verweigerte die Bereitstellung der nötigen Transportkapazitäten. Sonst wäre es zu dem traurigen Skandal gekommen, dass der selbst durch eine Revolution auf den Thron gekommene Coburger belgische Soldaten in den Kampf gegen das portugiesische Volk geschickt hätte, bei dem es vielleicht um die Interessen Sachsen-Coburgs, aber nicht um die Anliegen Belgiens ging.

Maria musste sich mangels in- und ausländischer Unterstützung beugen. Die Gegenrevolution fand nicht statt. Statt dessen verlegte sich der königliche Palast den *Setembristas* gegenüber auf die Strategie passiver Resistenz. Die Monarchin verweigerte die Unterschrift unter Gesetze und verzögerte die Besetzung von Ministerposten, um die Regierung zu lähmen. Selbst von häufigen Schwangerschaften außer Gefecht gesetzt, musste sie das politische

Feld jedoch weitgehend einem in der Verfassung nicht vorgesehenen Triumvirat überlassen, dem ihr Mann Ferdinand, dessen Mentor Dietz und der neue belgische Gesandte Joseph Goblet (1790–1873) angehörten. Goblet war der Nachfolger des nach London wechselnden Van de Weyer. Auch er war der Ansicht, dass es in Portugal kein reifes Bürgertum gebe, das die Geschicke des Staates in seine Hände nehmen könne. Dies war der Unterschied zu Belgien oder England. Die weise politische Neutralität der Krone war daher für Goblet in Lissabon gerade nicht am Platz. Der fortdauernde Widerstand des Königtums führte dazu, dass sich der *Setembrismo* in der Regierungsverantwortung rasch verschliss. Manuel Passos stürzte im Juni 1837. Der Hof betrieb nun erneut die Gegenrevolution, indem er die Revolte des Herzogs und Marschalls Saldanha (1791–1876) insgeheim unterstützte. Zwar wurde diese Erhebung niedergeschlagen, doch schien die erschöpfte liberale Bewegung nun zum umfassenden Kompromiss mit der sich zäh behauptenden Monarchie bereit. Das Ergebnis war eine neue Verfassung im Jahre 1838, die eine Mischung zwischen der liberal-demokratischen Konstitution von 1822 und der Charta des Jahres 1826 darstellte. Diese Einigung in der verfassungspolitischen Mitte befriedigte freilich keine der beiden Seiten. In dem Maße, wie der Elan der Septemberrevolution im harten politischen Alltag unterging, schlug die Stunde der Opportunisten, die statt für Prinzipien nur für die eigene Macht kämpften. Von diesem Schlag war der junge ehrgeizige Anwalt António Bernardo da Costa Cabral (1803–1889) aus der Landschaft Beira. Aus ganz einfachen Verhältnissen stammend, war der radikale Abgeordnete von dem Gedanken an den eigenen Aufstieg besessen. Seit 1839 Justizminister, wurde er starker Mann in der Regierung und Verbündeter des Hauses Coburg-Bragança. In einem friedlichen Staatsstreich im Januar 1842 setzte Cabral die Rückkehr zur Charta von 1826 durch, die der Krone die bei weitem genehmste Verfassung war. Zum Grafen von Tomar geadelt, bestimmte der Aufsteiger als Innen- und Justizminister die portugiesische Politik. Cabral war ganz eindeutig König Ferdinands Mann. Dem Coburger als Förderer und Profiteur des *Cabralismo* müssen daher die unübersehbaren Schattenseiten dieses Regimes mit angelastet werden, nämlich die Entwicklung zur korrupten Despotie, wie sie fast zwangsläufig aus jeder unkontrollierten Machtkonzentration folgt. Das Königspaar sah es nicht ungern, wenn Cabral am Parlament vorbei regierte, wenn er mit den Mitteln des Polizeistaates die Opposition unterwarf. Neben dem eigenen Machterhalt im Verein mit der Krone ging es Cabral auch um die Modernisierung Portugals. Er wollte der Entwicklung einer bürgerlich-kapitalistischen Ordnung Raum verschaffen. Damit entsprach er den Vorstellungen, wie sie die Dynastie Sachsen-Coburg in den von ihr beeinflussten Ländern zur Geltung brachte. Die Coburger verkörperten zu einem guten Teil die Moderne des 19. Jahrhunderts mit den Komponenten Bürgertum und Kapitalismus. Die Dynastien von 1830, Orléans und Coburg, fußten auf der Bourgeoisie. In Portugal waren die Bürger freilich nach Jahrzehnten von Krieg und Depression wenig selbstbewusst und in ihren politischen Ideen ziemlich realitätsfern. Man musste sie nach Kräften fördern. So lange wie junge feurige Advokaten aus der unteren Mittelschicht wie Passos oder einst auch Cabral im Parlament und in den politischen Clubs den Ton angaben, fehlte der konstitutionellen Monarchie die stabile Trägerschicht. Anstelle der Volkstribunen mit ihrem Radikalismus musste ein ökonomisch reüssierendes und daher saturiertes Bürgertum als Grundlage des Staates im coburgischen Sinne aufgebaut werden.

Der Modernisierer Cabral sollte das Coburger Programm in Portugal verwirklichen. Allerdings stand dessen gewalttätiger Reformismus im fundamentalen Widerspruch zur Beharrungskraft des ländlichen Portugal, das in einer anderen Welt lebte als die urbanen Eliten. Gegen Cabrals Steuerreformen und das von der Regierung aus hygienischen Gründen verhängte Verbot von Beerdigungen in den Kirchen erhob sich die Landbevölkerung. Sie wollte von alten Gebräuchen, die zu ihrer Identität gehörten, nicht lassen. Der Aufruhr der Bauern und Tagelöhner fegte 1846 das Regime Cabrals hinweg. Dem Druck ihres Volkes mochten sich Ferdinand und Maria aber nicht beugen. Sie wünschten die Fortsetzung des Cabralismo, der ihnen als der einzige gangbare Weg zu einer stabilen Monarchie erschien. Auf die Person an der Spitze des Kabinetts kam es dabei nicht so sehr an. Die Königin legte sich auf den Marschall Saldanha als neuen starken Mann fest. Dessen Ernennung zum Regierungschef im Oktober 1846 lieferte freilich das Fanal zum zweiten Bürgerkrieg. Die Opposition war die Machtspiele des Königspalastes leid, sie wollte keine Fortsetzung der cabralistischen Regierungspraxis mit Saldanha. Da es viel Unzufriedenheit gab in Portugal, erhielten die Rebellen genügend Zulauf. Ferdinand, der selbst das formelle Oberkommando über die Streitmacht der Krone führte, machte bei den militärischen

Auseinandersetzungen keine gute Figur. Der Radikalismus der jungen Anwälte schien am Tejo vor seinem endgültigen Sieg zu stehen. Die Machtübernahme der Opposition in Lissabon und sogar die Proklamierung der Republik schien wahrscheinlich. Da nahm das königliche Paar wieder seine übliche Zuflucht bei den auswärtigen Mächten. Ferdinand und Maria appellierten an das Ausland, das ihren Wünschen entsprach. Eine Intervention des spanischen Heeres und der britischen Flotte zugunsten der Krone stellte das Gleichgewicht der Kräfte wieder her. Im Juni 1847 mussten sich die um ihre Siegchancen gebrachten Rebellen unterwerfen (Vertrag von Gramido). Damit war auch die Machtfrage zwischen Königtum und Volk vorerst entschieden. Ein Gleichgewicht konnte entstehen, wie es Portugal so dringend brauchte. Wenn sich die Stabilität der Institutionen gleichwohl noch immer nicht einstellen wollte, so lag das an den zur Gewohnheit gewordenen persönlichen Rivalitäten zwischen den Hauptakteuren, besonders Saldanha und Cabral. Königin Maria entschied sich mit ihrer Schaukelpolitik zwischen den beiden Giganten der portugiesischen Politik wiederum für eine verkehrte Strategie. Im Juni 1849 entließ sie den Marschall und ernannte an seiner Stelle wieder Cabral zum Regierungschef. Saldanha sann auf Rache. Er bereitete einen neuen Aufstand vor, der dann endlich für längere Zeit der letzte in Portugal bleiben sollte.

Um den Marschall formte sich eine Bewegung mit dem verlockenden Namen *Regeneração de Portugal*. Das Wort allein schien schon den Zauberstab zur Lösung der Probleme Portugals zu bieten. In dem Begriff der Regeneration floss die Sehnsucht zweier Generationen nach Frieden und Wohlstand zusammen nach einem halben Jahrhundert voller Wirren und Enttäuschungen. Bereits die erste der portugiesischen Revolutionen von 1820/21 hatte die „Grundlagen der glücklichen Regeneration" schaffen wollen. In nicht enden wollenden Machtkämpfen war das Versprechen untergegangen. Saladanha trat 1851 an, um es zu erfüllen. Der Dynamik seiner Bewegung mit dem klangvollen Namen wollten sich nur wenige entgegenstellen. König Ferdinand versuchte es, als er an der Spitze der Armee gegen den Rebellen Saldanha auszog. Es war zwecklos. Er war so klug, die Sinnlosigkeit eines erneuten Bürgerkrieges einzusehen. Statt zu kämpfen, leitete er ein Arrangement mit dem Marschall in die Wege. Dieser trat an die Spitze der Regierung, wobei sich Cabral in die Rolle des mit Titeln und Einkünften wohlversehenen Verlierers fügte.

Von breiter Zustimmung getragen, bildete die Regenerationspartei ein liberal-bürgerliches Regime, das zum Einklang mit der konstitutionellen Monarchie des Hauses Coburg-Bragança fand. Alle politischen Mitspieler hatten nun die nötige Reife erlangt, um dem Land das Gleichgewicht der Institutionen zu ermöglichen. Ferdinand hatte seine langen Lehrjahre beendet, er wurde selbst zum König der Regeneration. Als 1853 Dona Maria starb, erschöpft von ihren vielen Schwangerschaften, stand der Coburger für zwei Jahre an der Spitze des zur Ruhe kommenden Landes. Er führte die Regentschaft für den ältesten seiner Söhne, den begabten, aber früh verstorbenen Pedro V. (1837–1861). Als der nun volljährige Pedro 1855 König wurde, konnte sich Ferdinand aus dem politischen Geschäft weitgehend zurückziehen, gelobt von allen Parteien für seine Weisheit und Zurückhaltung. Für ihn begann ein langer und angenehmer Ruhestand. Seine Söhne Pedro und Luís (1838–1889) setzten die Regeneration fort, die dem Königreich immerhin Stabilität gewährleistete. Beherrscht von einer Oligarchie Vermögender, denen das System alle Macht und Freiheit reservierte, wurde der Staat verbürgerlicht. Die Praxis des „Rotavismus" mit turnusmäßigen Regierungswechseln sorgte dafür, dass keine politische Gruppe innerhalb des Grundkonsenses der Bourgeoisie dauerhaft vom Genuss der Macht ausgeschlossen blieb. Wer die Spielregeln beachtete und die Mittel zum Mitspielen hatte, durfte an der Herrschaft auf Zeit teilhaben. Insgesamt besaß allerdings nur ein Prozent der Bevölkerung das Wahlrecht! Die Führungsschicht im oligarchischen Liberalismus war schmal. Abgesichert wurde die bürgerliche Ordnung zugunsten weniger von einem soliden wirtschaftlichen Aufschwung, der ökonomischen Regeneration. Die technische Moderne begann in Portugal erst mit dem Ende der politischen Wirren 1851. Als ihre treibende Kraft gilt Fontes Pereira de Melo (1819–1887), ein Militäringenieur und Gefolgsmann Saldanhas, der viele Ministerposten und gelegentlich auch das Amt des Regierungschefs bekleiden sollte. Fontes Pereira öffnete Portugal weit für ausländisches Kapital, vor allem englisches und französisches, das die technologische Revolution voranbrachte. 1856 konnte endlich die erste Eisenbahnlinie Portugals in Betrieb gehen. Dank dem neuen Verkehrsmittel belebte sich auch der nach den Bürgerkriegen brachliegende Binnenmarkt wieder.

Ferdinand, der Vater der regierenden Könige Pedro V. und Luís, durfte sich nach seiner oft unglücklichen Rolle in der Politik ganz seiner ursprünglichen Bestimmung widmen. Für ein Leben als künstlerisch interessierter Grandseigneur auf den ungarischen Schlössern seiner Familie erzogen, konnte er sich nun als König-Künstler *(Rei-Artista)* in Europa einen Namen machen. Er hatte weder Regierungs- noch Repräsentationspflichten, daher konnte es heißen, er habe in seiner ruhigen zweiten Lebenshälfte nur die Freuden des königlichen Daseins genossen, ohne die Dornen der Herrschaft zu spüren. Es hatte allerdings auch seine politische Bedeutung, wenn Dom Fernando die verfallenden Monumente portugiesischer Vergangenheit wie den berühmten Turm von Belém oder das Kloster Batalha mit der königlichen Grablege vor dem Untergang rettete, wenn er junge Künstler seines Landes mit eigenem Geld förderte und sich auch als Mäzen des Histori-kers Alexandre Herculano (1810–1877) betätigte, des Autors einer vierbändigen Geschichte Portugals bis zum Beginn der Neuzeit. Der König arbeitete damit an der kulturellen Regenera-tion Portugals, die wohl eben so wichtig gewesen sein dürfte wie die politische und wirtschaftliche. Er suchte eine Antwort auf die schwierige Frage nach der Identität der Portugiesen. Er tat dies bekanntlich vor allem als Bauherr. Der Versuch einer architekto-nischen Lösung dieses Problems, der riesige Pena-Palast in den Sintra-Bergen nahe am Atlantik, hat von der Architekturkritik jahrzehntelang Spott geerntet. „Stilmischmasch" und „fantasti-sches Ungetüm" lauteten einige der Verdikte. Erst spät wurde das Bauwerk als eindruckvolles Experiment gewürdigt, das eine Quintessenz der portugiesischen Geschichte in Stein zu über-liefern versucht. Poesie, Romantik und Historismus haben darin jedenfalls zu einer sehr originellen Einheit gefunden. König Ferdinand war überzeugt, dass Kunst und Geschichte, wenn schon nicht die aktuelle Politik, dem Leben einen Sinn geben konnten. In einem anderen mitteleuropäischen Immigranten, dem aus Hessen-Kassel stammenden Militäringenieur Wilhelm Ludwig von Eschwege (1777–1855) fand er einen Baumeister, der bereit war, seine Visionen von der Burg auf dem Berg, „der Brücke zwischen den Zeitaltern" zu verwirklichen. Aus der Zu-sammenarbeit der beiden Ausländer entstand ein Bauwerk, in dem sich alle Widersprüche des Lebens auflösen sollten, unter denen der sensible Ferdinand so sehr gelitten hatte. Das frühe und traurige Ende seines Vetters Albert in England vor Augen, war der alternde Titularkönig zum Glücklichsein entschlossen. 1869 hei-ratete er eine US-amerikanische Opernsängerin schweizerischer

Abstammung, Elise Hensler (1836–1929), der sein anderer Vetter Ernst II. von Sachsen-Coburg und Gotha den Titel einer Gräfin von Edla verlieh. Die teils heftige Kritik in Adel und Bürgertum Portugals an dieser morganatischen Verbindung scheint den betagten König wenig gestört zu haben. Mit der Gräfin zog er sich auf die Pena zurück, in eine Atmosphäre voller Harmonie und fern der Politik.

Ganz verschont blieb der König auch auf seinem Sitz über dem Atlantik nicht vom Getriebe der europäischen Staaten. 1862 bot man auch ihm die wieder verfügbare Krone Griechenlands an, die er jedoch ohne Zaudern ablehnte. 1868 sorgte die auflebende Ideologie des Iberianismus für Unruhe auf dem Pena-Schloss. Besonders linke Intellektuelle traten unter diesem Etikett für eine Vereinigung Spaniens und Portugals ein. In dieser Union sahen sie die Chance zur Erneuerung der Halbinsel, die in vielen Bereichen hinter der Entwicklung in Frankreich oder England zurücklag. Im September 1868 stürzte Königin Isabella II. von Spanien über eine Palastrevolution. Der neue Machthaber General Prim, der sich in Madrid nur mit Schwierigkeiten an der Regierung hielt, versuchte die Wasser des Iberianismus auf seine Mühlen zu leiten. Im Januar 1869 bot er dem im Ruhestand befindlichen Titularkönig von Portugal Dom Fernando die Krone Spaniens an. Dies konnte der erste Schritt zur Fusion beider Länder sein. Allerdings war die Mehrzahl der Portugiesen strikt gegen den Zusammenschluss mit dem stets beargwöhnten größeren Nachbarn. Ferdinand konnte im Einklang mit seinem Volk das Angebot erleichtert ablehnen. Vom politischen Kampf hatte er ein für allemal genug. Auch seinen Sohn Luís schwor er auf eine Absage an die Spanier ein. Da wurde die spanische Thronvakanz aber bereits zu einem europäischen Problem. General Prim hielt nämlich auch Dom Fernandos Schwiegersohn Leopold von Hohenzollern-Sigmaringen (1835–1905) für einen geeigneten Thronanwärter. Dieser zeigte sich sogar willig, hatte doch sein Bruder Karl als Fürst und künftiger König von Rumänien bereits Karriere gemacht. Es musste beileibe nicht immer ein Coburger sein, auch die katholische Zollernlinie von der Schwäbischen Alb kam für Aufgaben auf europäischen Thronen in Betracht. Bei den Hohenzollern war freilich zu beachten, dass der jüngere, protestantische Zweig über das Königreich Preußen regierte. Angesichts der seit „Sadowa" 1866 immer mehr zunehmenden Spannungen zwischen Preußen und Frankreich war die

Bewerbung eines Angehörigen dieser Familie um die höchste Würde in Spanien eine problematische Angelegenheit. Kaiser Napoleon III., innenpolitisch unter Druck geraten, glaubte sich eine weitere Niederlage in seinem diplomatischen Zweikampf mit dem preußischen Ministerpräsidenten Bismarck nicht erlauben zu können. Er erzwang eine Absage des Sigmaringers und feierte dies als großen Erfolg. Dann wünschte der Mann in Paris im Verlauf seiner Schachpartie mit Bismarck noch einen Sieg. Das war zu viel. Das wechselseitige Überbieten der beiden Antagonisten in Paris und Berlin führte im Juli 1870 zum Ausbruch des Deutsch-Französischen Krieges. Zuvor hatte Napoleon III. noch mit anderen Kniffen versucht, die Thronkandidatur Leopolds von Hohenzollern-Sigmaringen in Spanien zu hintertreiben. Dazu bediente er sich des Marschalls Saldanha, des Veteranen aus den portugiesischen Wirren der ersten Jahrhunderthälfte. Der auch als fast Achtzigjähriger noch naive und impulsive Saldanha war auf den Botschafterposten nach Paris abgeschoben worden. Von dort kehrte er als Werkzeug der französischen Politik nach Lissabon zurück, obwohl die Weisungen seiner Regierung dahin lauteten, er habe auf seinem Posten zu verbleiben. Der alte Marschall tauchte Ende 1869 in Portugal auf und wollte Dom Fernando zur Annahme des spanischen Angebotes zwingen. Als alle Überredungsversuche nichts fruchteten, unternahm der alte Mann sogar im Mai 1870 nochmals einen Staatsstreich, um den Senior der königlichen Familie zum Umzug nach Madrid zu zwingen.

Am 9. Juli 1870 musste ihm der widerwillige König schließlich eine schriftliche Zusage an die Spanier ausstellen, die aber mit allerlei Einschränkungen versehen war. Die Farce blieb ohne Wirkung, schließlich steuerten die Verantwortlichen in Paris und Berlin bereits auf einen Krieg zu, der nichts mehr mit der iberischen Königsfrage zu tun hatte. In Madrid entschied man sich vorläufig für die Republik. Der Putsch Saldanhas wurde von der weiter amtierenden portugiesischen Regierung elegant aufgefangen. Das Kabinett arbeitete einfach weiter und schob den unbequemen alten Mann wieder in eine Botschaft ab, diesmal nach London. Der Marschall, der wie ein Gespenst aus den wirren Tagen Portugals aufgetaucht war, hatte Dom Fernando die letzte Störung seines beschaulichen Daseins bereitet. Der Hausherr der Pena hatte die Axiome coburgischer Familienpolitik mit individualistischer Konsequenz umgekehrt. Er war der erste Coburger, der sich mit Händen und Füßen gegen eine Krone gewehrt hatte. Sie schien ihm nach seinen Erfahrungen der gewaltigen Mühe nicht wert. Er verstand sich als Privatier. Die Portugiesen nahmen ihm diese genusssüchtige Indolenz sogar ab und an übel. Die Kritik wurde besonders heftig, als nach seinem Tod 1885 die Bestimmungen seines Testamentes bekannt wurden. Demnach vermachte er seinen gesamten Besitz, die mit Mitteln aus seiner persönlichen Schatulle errichtete Pena eingeschlossen, an die Gräfin Edla. Journalisten warfen dem Toten vor, dass er seine Pflichten als König verkannt habe. Dieser Vorwurf entbehrte nicht der Ungerechtigkeit, er trifft aber insofern die Wahrheit, als Ferdinand von Sachsen-Coburg-Koháry eigentlich niemals König hatte sein wollen. Als Objekt geschäftstüchtiger Familienpolitik war er ein halbes Jahrhundert zuvor nach Portugal gekommen.

Die scharfe Kritik in der Presse, die so seit einigen Jahrzehnten nicht mehr üblich war, zeigte gewisse Auflösungstendenzen des portugiesischen Königtums an, die sich in den folgenden zwei Jahrzehnten verschärften. Neue Turbulenzen kündigten sich an. 1908 fiel König Carlos, Ferdinands Enkel, mit dem Kronprinzen einem Mordanschlag zum Opfer. 1910 wurde nach einem fast kampflosen Umsturz die Republik proklamiert.

4.4 Bulgarien – das letzte Königreich

Mit Ausnahme des verspäteten Königreiches Albanien, wo noch 1928 ein allerdings wenig stabiler Thron aufgerichtet wurde, war Bulgarien das letzte Land Europas, in dem die Monarchie dauerhaft Wurzeln schlagen konnte. Erst nach dem Ende der osmanischen Fremdherrschaft 1877/78 gingen die Bulgaren daran, gleich anderen europäischen Völkern ihren Nationalstaat zu schaffen. Sie taten es unter der Hypothek offener Grenzfragen und unter der lästigen Kuratel der Großmächte. Ähnlich wie Belgien nach 1830/31 war das neue Bulgarien nach 1878 nicht Herr im eigenen Haus. Es war ein Staat unter europäischem Vorbehalt, der auf der ethnischen und historischen Bruchstelle des Balkans entstand. Wie Belgien brauchte es einen Monarchen mit Mut und Geduld. So wie 1831 in Brüssel, so bot sich 1887 in Sofia einem Coburger die Aussicht auf einen späten Königstitel. Auch wenn die Krone im einen wie im anderen Fall nach dem Buchstaben der jeweiligen

Verfassung nur sehr wenige Befugnisse einschloss, so war sie doch ein Objekt der Begierde. Der Weg, den Ferdinand von Sachsen-Coburg-Koháry (1861–1948) gehen musste, ehe er 1908 der international anerkannte König eines unabhängigen Bulgarien wurde, war ungleich schwerer und risikoreicher als der, den Leopold als erster König der Belgier beschritten hatte. Im Ergebnis begründeten beide, Leopold in Brüssel und Ferdinand in Sofia, neue Dynastien aus coburgischer Wurzel. Als Leopold sein Wagnis antrat, schienen allerdings die Grundfesten des monarchischen Europa noch leidlich stabil. Ein halbes Jahrhundert später, als Ferdinand auf den Balkan zog, war das anders. Seine Zeitgenossen wunderten sich daher über das romantisch-naive Abenteuer eines Prinzen, der auszog, um König zu werden. Die Zeit für solche Geschichten schien vorüber. Noch größer war das Erstaunen über den Erfolg des Coburgers, er berechtigte zu außergewöhnlichen Hoffnungen. Noch 1911 lautete daher das Urteil eines Zeitgenossen über den so dynamischen Zweig der Ernestiner: „The Coburgs have gone far – they may go farther yet."

Bulgarien war in der Mitte des 19. Jahrhunderts viel eher eine rückständige türkische Provinz als ein europäisches Land. 450 Jahre osmanischer Herrschaft hatten es vom Westen isoliert. Unter Schwierigkeiten vollzog sich in dieser Zeit die „nationale Wiedergeburt" Bulgariens, die an die historische Überlieferung bulgarischer Staatlichkeit im Mittelalter anknüpfte. Träger der Wiedergeburt waren zumeist diejenigen Bulgaren, die es als Handwerker oder Kaufleute zu Vermögen gebracht hatten und die oft im Ausland oder in der osmanischen Reichshauptstadt Konstantinopel lebten. Aus diesen Kreisen ging eine schmale intellektuelle Schicht hervor, die an der Wiederbelebung nationaler Identität arbeitete in einem Land, das von den Unterdrückern systematisch seiner Elite beraubt worden war. Wichtig war vor allem die Pflege der eigenen Sprache. Dabei galt es besonders, die Vorherrschaft des Griechischen, der prestigeträchtigen Lingua franca für die christlichen Völker des Osmanenreiches, zu beseitigen. Auch in der Hierarchie der orthodoxen Kirche, an der das Nationalgefühl seinen Rückhalt fand, dominierten griechische Geistliche, zumindest bis 1870, als eine eigenständige bulgarische Kirche (Exarchat) geschaffen wurde. Neben der kulturellen Emanzipation ging es auch um den bewaffneten Kampf für eine politische Befreiung der Bulgaren. Mitten im ruckartigen Zerfall des Osmanischen Reiches im Lauf des 19. Jahrhunderts sollten die

Bulgaren aber zusammen mit den Albanern, die nie einen eigenen Staat besessen hatten, die letzten sein, die ihre nationale Unabhängigkeit erreichten. Griechen, Rumänen, Serben und Montenegriner kamen früher an dieses, den europäischen Völkern gemeinsame Ziel. Da das bulgarische Siedlungsgebiet nahe an Konstantinopel heranreichte, hätte dessen Loslösung aus dem Reich der Sultane zum völligen Zusammenbruch der türkischen Machtposition in Europa führen müssen. Dies suchten die westlichen Großmächte, besonders Großbritannien, unbedingt zu vermeiden. Es ging einmal mehr um das kontinentale Gleichgewicht. Ein Kollaps der Türkei musste einen unkontrollierbaren Machtzuwachs Russlands zur Folge haben, das schon im 18. Jahrhundert ein begehrliches Auge auf die Meerengen und auf die alte Hauptstadt der byzantinischen Kaiser geworfen hatte. So überkreuzten sich in einer für die Bulgaren tragischen Weise nationale Ansprüche mit dem diplomatischen Kalkül der Großmächte. Die beinahe regelmäßig wiederkehrenden bulgarischen Revolten und Befreiungsversuche wurden von der osmanischen Obrigkeit jeweils im Blut erstickt. Daher richteten sich die politischen Erlösungshoffnungen der orthodoxen Slawen auf dem Balkan zumeist auf das russische „Brudervolk". Die Zaren wären zwar gern als Befreier der christlichen Balkanvölker aufgetreten. Die europäischen Machtverhältnisse ließen es aber nicht zu. Eine offene Kraftprobe zwischen England und Frankreich einerseits, Russland andererseits, war der Krimkrieg von 1853–1856. Die Regierung in London unterstrich, dass sie für den Erhalt der Türkei sogar auf russischem Boden Krieg zu führen bereit war. Russland, auf der Krim von Engländern und Franzosen militärisch geschlagen, musste seine Balkanambitionen vorerst ruhen lassen.

Eine Wendung brachte erst das zunehmende Engagement der europäischen Öffentlichkeit für die gepeinigten und unterdrückten Bulgaren. Ein erneuter Aufstand gegen den Sultan war 1876 mit der üblichen Brutalität niedergeschlagen worden. Die Gräuelberichte aus Bulgarien mobilisierten jedoch Intellektuelle, Politiker und Diplomaten. Im Londoner Unterhaus prangerte der Oppositionsführer Gladstone die Komplizität des Premierministers Disraeli mit den türkischen Unterdrückern an, der politische Literat Victor Hugo hielt als Abgeordneter in der französischen Nationalversammlung eine feurige Rede zugunsten der bulgarischen Sache. Am größten war die Aufregung in Russland. Sie mündete in den russisch-türkischen Krieg von 1877/78, der um

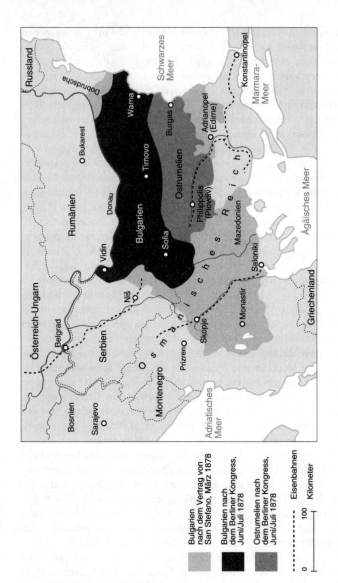

Karte 3: Bulgarien 1878–1885
(Nach: Stephen Constant, Foxy Ferdinand (1861–1948). Tsar of Bulgaria, London 1979)

die Sache der Befreiung Bulgariens geführt wurde. Mit den russischen Truppen kämpften Rumänen, Serben und Montenegriner sowie eine bulgarische Landwehr, die im Geheimen aufgestellt worden war. Das Kriegsglück lag bei den Russen. Ihr General Gurko eroberte am 6. Juli 1877 Tirnovo, die alte Hauptstadt des mittelalterlichen bulgarischen Reiches. Hier proklamierte er die Wiederentstehung eines bulgarischen Staates. Es war bezeichnend, dass ein russischer General dies tat. Im Gefolge Gurkos befand sich der junge Offizier Alexander von Battenberg, der künftige erste Fürst Bulgariens. Ihren Vormarsch auf Konstantinopel mussten die russischen Soldaten im Januar 1878 auf britischen Druck hin beenden. Sie kamen bis San Stefano (Yeşilköy), einem Vorort der Metropole. Hier wurde am 3. März 1878 ein Präliminarfrieden geschlossen, der die politische Landkarte Südosteuropas umgestaltete. Rumänien, Serbien und Montenegro erhielten die ihnen bisher verwehrte Souveränität. Ferner entstand Großbulgarien als autonomes Fürstentum unter der Tributpflichtigkeit der osmanischen Hohen Pforte. Die türkische Armee sollte weiterhin die bulgarischen Durchzugsstraßen benutzen dürfen, dabei jedoch der Kontrolle einer im Lande verbleibenden russischen Streitmacht von 50 000 Mann unterliegen. Diese Regelung erwies sich als notwendig, weil der neue Staat wie ein Sperrriegel zwischen der Türkei und den noch übrigen Besitzungen des Sultans in Europa (Kosovo, Albanien, Epirus) lag. Obwohl das Bulgarien von San Stefano somit nicht völlig souverän sein sollte, schien die Sehnsucht der Nationalbewegung erfüllt zu werden. Alle Bulgaren zwischen Schwarzem Meer und Ohridsee waren in einer politischen Einheit vereinigt. Das Konzert der Großmächte bestimmte es aber anders.

Großbritannien und Österreich-Ungarn erhoben Widerspruch. Ein starker slawischer Staat in Südosteuropa war ihnen nicht geheuer und besonders fürchteten sie den Machtzuwachs Russlands. Da die Balkanfragen Europa in einen großen Krieg zu stürzen drohten, lud der deutsche Reichskanzler Fürst Bismarck die führenden Mächte zu einem Kongress nach Berlin, der im Juni/Juli 1878 stattfand. Vertreter der Völker Südosteuropas wurden dazu nicht an die Spree geladen. Hier verhandelten und entschieden allein die Diplomaten der Großmächte und der Türkei. Das Ergebnis war denn auch für die abwesenden Bulgaren niederschmetternd. Russland wurde zum Zurückweichen gezwungen und musste die Ergebnisse des Friedens von San Stefano preisgeben. Bulgarien wurde in Berlin in drei Teile zerschlagen. Im Norden entstand ein autonomes Fürstentum unter der Bezeichnung *Bulgarien,* das dem Sultan tributpflichtig blieb. Der südöstliche Teil, das antike Thrakien, wurde mit dem Namen *Ost-Rumelien* zu einer von der Pforte abhängigen Provinz mit innerer Autonomie unter internationaler Aufsicht. *Makedonien* schließlich, der südwestliche Gebietsteil Großbulgariens, fiel vollständig unter die Herrschaft des Sultans zurück. Der Berliner Kongress und seine Ergebnisse bedeuteten für die bulgarische Nationalbewegung eine Katastrophe. Die kommenden Jahrzehnte sollten im Schatten eines Kampfes um „San-Stefano-Bulgarien" stehen. Vorerst musste aber der nördliche Rumpfstaat zwischen Balkangebirge und Donau organisiert werden. Das Land brauchte einen Fürsten, der es auf den Weg in die Moderne führen konnte. Es benötigte Straßen, Eisenbahnen und Telegraphenlinien, Banken und Fabriken.

Mit dem stillschweigenden Konsens der in Berlin versammelten Großmächte galt Bulgarien als russisches Protektorat. In der Verwaltung und im Militär des jungen Staates dominierten Russen, ihre Uniformen prägten auch das Straßenbild in der neuen Hauptstadt Sofia. Auch der im April 1879 gewählte erste Fürst des Landes war ein Kandidat der Russen, Alexander von Battenberg (1857–1893), ein Verwandter der Zarenfamilie. Daneben empfahl sich der noch sehr junge Battenberg allenfalls aufgrund seiner slawischen Abstammung für die schwierige Aufgabe auf dem Balkan. Seine Mutter war eine polnische Gräfin, während sein Vater dem großherzoglichen Haus Hessen entstammte. An politischen Erfahrungen fehlte es dem zum Statthalter Russlands vorgesehenen jungen Fürsten völlig, lediglich einige militärische Meriten hatte er sich bislang erworben. Ihm fiel es daher schwer, sich in den heftigen, mit persönlichen Gegensätzen aufgeladenen Machtkämpfen der Parteien zu behaupten, die gleich nach der Befreiung die innenpolitische Szenerie des Fürstentums prägten. Die Wogen nationaler Leidenschaft gingen hoch in einem Land, das sich nicht zu Unrecht als Opfer diplomatischer Machenschaften empfand. Battenberg war auch nicht der geeignete Mann zum gewissenhaften Umgang mit der liberalen bulgarischen Verfassung von 1879, die zur allgemeinen Verblüffung sogar den Segen des autokratisch regierten Russland erhalten hatte. Der Fürst liebäugelte eher mit dem Absolutismus als mit der Demokratie. Zur schwersten Belastung der Herrschaft Battenbergs entwickelten sich aber die unverhohlenen Machtansprüche Russlands. Die Schutzmacht wollte Bulgarien wie ein eigenes Gouvernement regieren. Dieses imperiale Gebaren erregte den Widerspruch bulgarischer Nationalisten, die zwischen der Dankbarkeit für die Befreiernation und der Hörigkeit gegenüber ausländischen Ansprüchen sehr wohl zu unterscheiden wussten. Fürst Alexander agierte mit wechselndem Glück auf dem unsicheren Boden des Balkans. Mit seinem Unabhängigkeitswillen zog er sich den Hass des seit 1881 in Sankt-Petersburg regierenden Zaren Alexander III. zu, der mit seinem cholerischen Temperament ohnedies zu Zornausbrüchen neigte. Der Zar hielt Battenberg für einen Verräter, weil dieser Russland vermeintlich um die Früchte seines mit vielen Opfern erkauften Sieges bringen wollte. Zum endgültigen Bruch führte ein Aufstand in Ost-Rumelien im September 1885, in dessen Verlauf Battenberg die Vereinigung dieses Gebietes mit seinem Fürstentum proklamierte. Damit war zumindest eine Mauer des vom Berliner Kongress errichteten kunstvollen Gebäudes eingestürzt. Diese Provokation der Großmächte hatte man ohne vorherige Konsultation Russlands gewagt, was den Zorn Alexanders III. weiter steigerte. Battenberg handelte aber im Einklang mit dem Nationalgefühl der Bulgaren. Er gewann sogar das Ansehen eines Nationalhelden, als es ihm gelang, einen Angriff Serbiens auf sein Land abzuwehren. Der König von Serbien hatte sich zum Verteidiger des Berliner Vertrages aufgeschwungen, um seine Eroberungsabsichten zu kaschieren. Des Zaren Geduld mit Bulgarien und mit Battenberg war erschöpft. Auf sein Geheiß hin zettelten russische Diplomaten und Militärs Verschwörungen gegen den Fürsten an. Im August 1886 putschten mit Wissen des Militärattachés an der Botschaft Russlands in Sofia bulgarische Offiziere gegen den Fürsten, den sie mit vorgehaltener Waffe zur Abdankung zwangen. Hastig schaffte man den Gestürzten dann über die Grenze in Richtung Österreich-Ungarn. Unterdessen sammelten sich um Stefan Stambulov (1854–1895), den einstigen Revolutionär und jetzigen Parlamentspräsidenten, die Anhänger Battenbergs. Sie schlugen gegen die Putschisten los und brachten das Land unter ihre Kontrolle. Vergebens rief Stambulov den Fürsten nach Sofia zurück. Dieser wollte nicht gegen den Willen des Zaren nach Bulgarien zurückkehren. Der russische Herrscher blieb jedoch unversöhnlich. Battenberg wird erst nach seinem frühen Tod – er starb 1893 mit 36 Jahren in Graz – nach Bulgarien zurückkehren dürfen. Er sollte dann ein Staatsbegräbnis erhalten.

Nun musste sich Stambulov als Vorsitzender des Regentschaftsrates mit der Situation zurechtfinden, dass dem Fürstentum der Fürst abhanden gekommen war. Er bewies sich als wendiger Staatsmann, dem die Journalisten sehr großzügig das Epitheton „bulgarischer Bismarck" zuschrieben. Für Stambulov ging es vor allem darum, die Unabhängigkeit seines Landes zu behaupten und den russischen Einfluss zu begrenzen. Außenpolitisch setzte dies eine Annäherung an Österreich-Ungarn, den Rivalen Russlands um die Vorherrschaft auf dem Balkan, voraus. Folglich führte die Suche bulgarischer Emissäre nach einem neuen Fürsten zunächst einmal nach Wien. Es fehlte zwar nicht an Kandidaten, die meisten hielt die Regentschaft aber für ungeeignet. Dies galt zumal für den vom Zaren Alexander präsentierten Anwärter, den georgischen Fürsten von Mingrelien, einen abgelebten kaukasischen Bonvivant. Man konnte es den Bulgaren wirklich nicht verdenken, wenn sie diesen Bewerber aus Sankt-Petersburg ablehnten. In der Hauptstadt Österreichs kam es zu Kontakten zwischen Stambulovs Vertretern und Erzherzog Johann Salvator, einem unkonventionellen Mitglied des Hauses Habsburg. Sein Ende war geheimnisvoll. Er sollte später seinen Titel niederlegen und unter dem bürgerlichen Namen Johann Orth als Kapitän seines eigenen Handelsschiffes am Kap Hoorn Schiffbruch erleiden und spurlos verschwinden. An Mut und Abenteuerlust fehlte es ihm nicht, doch kam er als Angehöriger des Erzhauses für den Fürstenthron des diplomatisch geächteten Bulgarien nicht in Betracht. Angesichts der offenen Feindschaft Russlands drohte einmal wieder Krieg auf dem Balkan. Johann Salvator wollte jedoch gern nach Sofia gehen. Er brachte den Prinzen Ferdinand von Sachsen-Coburg-Koháry als weiterer Anwärter ins Gespräch, der vielleicht nur als Platzhalter für ihn selbst fungieren sollte. Die Gerüchte gelangten bald in die Presse und nach Sankt-Petersburg. Die Reaktion Zar Alexanders III. ließ an Deutlichkeit nichts zu wünschen übrig: „Die Kandidatur ist so lächerlich wie die Person."

In Wirklichkeit erfreute sich der 26 Jahre alte Coburger beim europäischen Hochadel nicht des besten Ansehens. Er besaß zwar das Patent eines ungarischen Kavallerieoffiziers, doch war bekannt, dass er sich vor Pferden fürchtete. Aus der Sicht des mit seinen ritterlichen Traditionen verwobenen Adels wog dieser Makel schwer. Aufgrund seiner Neigungen und Abneigungen galt der am 26. Februar 1861 in Wien geborene Ferdinand als Weichling. Er studierte ernsthaft die Vogelkunde und war Ehrenmitglied der

Deutschen Ornithologischen Gesellschaft sowie anderer naturkundlicher Gelehrtenvereinigungen. Daneben galt seine Begeisterung der Oper. Ihm lag das Theatralische und Pompöse, auch im persönlichen Auftreten. Vielen galt er daher als lächerlicher Popanz, so auch dem Zaren Alexander III., der ihn bei seiner Krönung in Moskau 1883 kennen gelernt hatte. Große Zeremonien und Staatsfeiern liebte der Opernfreund Ferdinand. Zudem zog es ihn regelmäßig zu den Bayreuther Festspielen. Es gelang ihm sogar, die Lehren des von ihm bewunderten Meisters Richard Wagner mit dem Glauben der katholischen Kirche zu verbinden, als deren treuer Sohn er sich ein Leben lang empfand. Der überkultivierte Aristokrat interessierte sich aber auch für moderne Technik. Er wusste mit Lokomotiven umzugehen und hat mehr als einen Zug selbst erfolgreich gesteuert. Später entdeckte er auch seine Liebe für das Automobil. Bei allem Enthusiasmus für schnelle Verkehrsmittel hatte er aber auch Angst vor schwarzen Katzen. Wie mancher moderne Mensch war er abergläubisch und ließ sogar eine Neigung zum Okkultismus erkennen. Dieser begabte, aber nicht gerade lebenstüchtige Salonmensch des Fin de siècle schickte sich 1887 an, in der politischen Erdbebenzone Europas eine wichtige Rolle zu spielen. Als Verwandter von Königen fühlte sich dieser Coburger selbst zum Königtum berufen. Sein Vater August von Sachsen-Coburg-Koháry (1818–1881) war der Bruder des portugiesischen Titularkönigs Ferdinand. August hatte 1843 im Zuge der Heiratspolitik seines Onkels Leopold, Königs der Belgier, die Orléans-Prinzessin Clémentine geheiratet, die Mutter und politische Mentorin Ferdinands. Sie war die Tochter des letzten französischen Königs Louis-Philippe, der 1848 in Paris gestürzt worden war. Von hohem monarchischem Sendungsbewusstsein durchdrungen, wollte Clémentine ihre Kinder auf Thronen sehen. Besonders ihr Jüngster Ferdinand schien ihr zum Herrscher geboren. Ihre größte Sehnsucht galt der Wiedererrichtung des Orléans-Königtums in Frankreich. Dafür standen jedoch aufgrund der Stabilisierung der Französischen Republik nach 1871 die Chancen schlecht. Wenn schon nicht Frankreich, so kam auch jedes andere Land Europas in Frage. Clémentine war es, die mit ihrem Ehrgeiz den jüngsten Sohn in das bulgarische Abenteuer trieb. Als sie 1907 hochbetagt starb, ließ ihr Ferdinand an ihrer letzten Ruhestätte in Coburg die Grabinschrift setzen: „...Tochter eines Königs, zwar selbst nicht Königin, doch Mutter eines Königs." Damit hatte der Herrscher Bulgariens die Wurzel seines Königstraumes aufgedeckt. Neben den internationalen Verbindungen des Hauses Sachsen-Coburg war das gewaltige Vermögen Clémentines, der damals reichsten Dame der Welt, einer der Gründe dafür, dass sich die Bulgaren mit der Kandidatur Ferdinands anfreundeten. Das diplomatisch isolierte Land benötigte dringend ausländisches Kapital. Da Stambulov ohnedies die Sofioter Fäden in der Hand zu halten gedachte, war ihm der als weltfremd und ahnungslos geltende Ferdinand als Fürstenanwärter nicht unangenehm.

Um die für Bulgarien schädliche Zeit des Wartens auf einen neuen Fürsten abzukürzen, ließ Stambulov die Große Nationalversammlung am 6. Juli 1887 die Berufung Ferdinands beschließen. Dieser kam, legte am 2. August in Tirnovo den Throneid ab und traf dann in Sofia ein, wo ihn die Bevölkerung freundlich, aber ohne Überschwang begrüßte. Dem einfachen Volk gefiel der militärisch straffe Battenberg besser als der zu Korpulenz und Trägheit neigende Coburger. Auch für Ferdinand war Bulgarien nicht das Land der Wünsche. Er hatte nach seiner Wahl einige Wochen gezögert, obwohl ihn seine Mutter antrieb und er große Lust auf einen Thron hatte. Allerdings wollte er als der von den Großmächten und aller Welt anerkannte Fürst nach Bulgarien kommen. Seine eigenen diplomatischen Vorstöße in Wien, Coburg und Berlin verliefen aber erfolglos. Seine Avancen prallten an der eisigen Ablehnung Russlands ab, hinter der sich die übrigen Großmächte verschanzten. Lediglich aus Wien kamen sehr vorsichtige Signale der Anerkennung. Das war auch alles. Für die Russen allerdings war es unakzeptabel, wenn in ihrem „Protektorat" ein Deutscher und Katholik, ein Angehöriger des ungarischen Hochadels, den Thron besetzte. Ferdinands Versuche, über seinen Coburger Onkel Ernst II. eine freundliche Stellungnahme Bismarcks zu erwirken, verfingen nicht. Für den Reichskanzler zählte nur der Zustand der deutsch-russischen Beziehungen, die er nicht durch Schritte in Bulgarien, das ihn nicht interessierte, verderben wollte. So blieb es einsam um den Coburger im Fürstenpalais von Sofia. Wenigstens erwarb er sich mit seinem Ausharren unter schwierigen Umständen den Respekt der Bulgaren. Hinter ihm standen seine Mutter und ein von Clémentine dirigierter Hofstaat aus österreichischen und französischen Adligen, der sich vor dem Hintergrund des Balkangebirges fremd ausnahm. Die Regierungsgeschäfte führte weiterhin Stefan Stambulov, der zwar starke diktatorische Neigungen an den Tag legte, aber sein Land unstrittig voranbrachte. Wirtschaft und Infrastruktur entwickelten sich. Am 12. August 1888 sah Europa auf Bulgarien. An diesem Tag eröffneten Ferdinand und Stambulov die bulgarische Trasse der Orienteisenbahn Paris-Wien-Konstantinopel. Das zuvor unscheinbare Sofia war an den internationalen Verkehr angeschlossen. Es verwandelte sich in kurzer Zeit aus einer orientalischen Provinzstadt in eine kleine, aber vornehme europäische Kapitale mit breiten und sauberen Boulevards, mit einer modernen Universität und zahlreichen weiteren wissenschaftlichen Einrichtungen. Auch die Industrie machte Fortschritte, litt aber unter dem Mangel an ausländischem Kapital.

Für den Eisenbahnliebhaber Ferdinand war der 12. August 1888 ein großer Tag. Sonst hatte er nur wenig zu tun. Da er im Ausland nicht als Fürst von Bulgarien anerkannt war, konnte er auch nicht an fremde Höfe reisen, um sich und sein Land glanzvoll zu repräsentieren, was ihm doch so sehr Vergnügen bereitet hätte. Er reiste nur als Prinz von Sachsen-Coburg-Koháry, nicht aber als Monarch durch Europa. Wegen seiner Geltungssucht tat ihm das weh. Er sah sich selbst als einen Grundpfeiler europäischer Zivilisation im Südosten, er wünschte zu beweisen, dass die Monarchie trotz aller demokratischen Tendenzen noch am Ende des 19. Jahrhunderts eine gute politische Ordnung mit großer Zukunft war. Seiner Eitelkeit schmeichelten Pracht und Glanz des Hoflebens, die freilich in einem gewissen Kontrast standen zur einfachen bäuerlichen Lebensweise der meisten Bulgaren. Es fehlte im Land selbst auch nicht an Spott, weil Ferdinand in Sofia das strenge Wiener Hofzeremoniell eingeführt hatte. Hatte Bulgarien nicht andere Bedürfnisse? Aber dem Fürsten ging es wohl nicht in erster Linie um sein Land, ihm ging es um das Königtum schlechthin, das natürlich nicht ohne territoriale Grundlage existieren konnte – und um seine eigene Person. Glänzende Äußerlichkeiten waren ihm sehr wichtig. Da seine Anerkennung auch nach Jahren noch ausstand, war der Bruch des Fürsten mit seinem Ministerpräsidenten wohl unvermeidlich. Stambulov hatte Ferdinand den größten Einsatz der Regierung für das Ende der diplomatischen Blockade Bulgariens zugesagt. Geschehen war aber wenig. Stambulov kam mit der außenpolitischen Isolation Bulgariens gut zurecht, solange er nur im Lande selbst nach Belieben schalten und walten konnte. Für Kompromisse mit den Russen war er nicht zu haben. Nachdem Ferdinand hinter dem Rücken des Ministerpräsidenten mit russischen Diplomaten verhandelt hatte, war das Verhältnis der beiden zerrüttet. Stambulov reichte im Mai 1894 seinen Rücktritt ein. Zwischen ihm und dem Fürsten kam es zu einer Reihe öffentlicher Auseinandersetzungen, die in der Presse ausgetragen wurden. Am 18. Juli 1895 fiel Stambulov mitten in Sofia einem brutalen Mordanschlag seiner Gegner zum Opfer. Feinde hatte er sich während seiner Zeit an der Macht zur Genüge geschaffen. Der Abgang des Diktators und der Tod des immer noch hasserfüllten Zaren Alexander III. am 1. November 1894 veränderten die Situation grundlegend. Ferdinand setzte nun alles daran, den außenpolitischen Blockadering um sein Land aufzusprengen. Er hatte unter der Isolation zu lange gelitten. Beinahe wäre sogar sein wichtigstes Anliegen daran gescheitert, nämlich die Gründung einer Dynastie. Der Monarch fand lange keine Ehepartnerin, weil keines der respektablen Häuser Europas auf seine Werbungen eingehen mochte. Trotz des gewaltigen Familienvermögens der Sachsen-Coburg-Koháry galt der Potentat Bulgariens wegen seiner unsicheren politischen Zukunft als schlechte Partie. Nach eifrigem Bemühen fand die als Brautwerberin tätige Mutter Clémentine schließlich doch bei einer der frömmsten katholischen Herrscherfamilien Anklang, bei den entthronten Bourbonen von Parma. Der 1859 im Verlauf der italienischen Einigung vertriebene Fürst von Bourbon-Parma willigte in die Hochzeit seiner Tochter Marie-Louise mit Fürst Ferdinand ein. 1893 fand die Eheschließung statt. Da die Bourbonin eine entschiedene Katholikin war, kam es bald zu einer heftigen Konfrontation zwischen dem Fürstenhaus und der orthodoxen bulgarischen Geistlichkeit. Es ging um die Taufe des im Januar 1894 geborenen Thronfolgers Boris. Die Religion des Säuglings war von Anfang an eine politische Frage. Marie-Louise setzte durch, dass er katholisch getauft wurde. Ferdinand hatte aber wohl bereits andere Pläne. Der Nachfolger Alexanders III., der junge Zar Nikolaus II., schien einer Annäherung an Bulgarien nicht abgeneigt. Als Hauptproblem erwies sich immer mehr das katholische Bekenntnis des Fürstenhauses, das im orthodoxen Russland auf entschiedenste Ablehnung stieß. So musste Ferdinand zuletzt ein Opfer bringen, indem er im Februar 1896 seinen Sohn Boris in die Orthodoxie aufnehmen ließ. Als Pate fungierte dabei der Zar von Russland. Damit war der über Sankt-Petersburg verlaufende Weg zur internationalen Anerkennung des um Ost-Rumelien vergrößerten Fürstentums und seines Fürsten eingeschlagen. Allerdings musste der Coburger erleben, dass sich seine Frau zeitweilig von ihm abwandte und ihn selbst die Exkommunikation des Papstes Leo XIII. traf. Dies war ein nicht unwichtiger Einschnitt in seiner Regierungszeit. Ferdinand kommentierte ihn mit dem für ihn eigentümlichen Pathos bei einer Rede vor dem Parlament im Februar 1896: „Der Okzident hat sein Anathem über mich gesprochen, die Morgenröte des Orients umstrahlt meine Dynastie und leuchtet über unserer Zukunft!" Er wollte damit wohl sagen, dass er nach den Jahren des Übergangs auf dem Balkan angekommen war. Er war „orientalischer" Fürst geworden, jedenfalls kein Wiener Salonmensch mehr. Wie bei allen seinen Reden fällt die starke Ichbezogenheit auf. Es ging immer um seine eigene Person, über sein Volk wusste er wenig zu sagen. Die unbestreitbaren Erfolge der kommenden Jahre konnten allerdings diese tiefe Fremdheit zwischen Regent und Land vergessen machen.

Nach seiner Anerkennung geriet Ferdinand immer mehr unter den Druck des bulgarischen Nationalismus. Für die meisten Bulgaren war die nationale Frage noch offen, der Traum von San Stefano beschäftigte sie weiterhin. Staatsrechtlich bestand die formelle Oberhoheit des Sultans in Konstantinopel auch nach 1896 fort, Makedonien mit seinem starken bulgarischen Bevölkerungsanteil blieb unter osmanischer Herrschaft. In diesem Gebiet mit seiner ethnischen Gemengelage überschnitten sich die Irredentismen dreier benachbarter Nationen, der Griechen, Serben und Bulgaren. Die Bevölkerung Makedoniens befand sich daher im Kreuzfeuer gegensätzlicher Ansprüche. 1903 mündete eine Reihe antitürkischer Aufstände in einen mehrjährigen Bürgerkrieg nationalistischer Aktivisten. Unter den Augen der osmanischen Obrigkeit bekämpften sich besonders bulgarische und griechische Freischärler bis aufs Messer. Beide Gruppen wollten möglichst große Gebietsteile für ihre jeweiligen Völker erobern. Sie operierten auch bereits mit dem Mittel der Vertreibung, um „ethnisch reine" Siedlungsräume zu schaffen. Diese für die Zukunft so bedrohlichen Zerfallserscheinungen des Osmanischen Reiches versetzten Europa in Unruhe. Die Diplomatie setzte sich in Bewegung. Während die makedonischen Wirren noch andauerten, im Juli 1908, kam es ausgehend von einer Revolte junger Offiziere der türkischen Armee, zur „jungtürkischen Revolution", die auch die Machtzentrale Konstantinopel unter ihre Kontrolle brachte und mit dem Versprechen antrat, die Nationalitätenfrage zu lösen und das morsche Reich der Sultane zu erneuern. Zunächst setzten aber Bulgarien und Österreich-Ungarn in einer abgestimmten

Aktion die Ansprüche durch, die sie seit langem gegenüber der Türkei zu haben glaubten. Am 5. Oktober 1908 annektierte Österreich die einst türkische Provinz Bosnien(-Herzegowina), über die es seit 1878 ein Besatzungsrecht ausübte. Osmanische Rechte wurden mit einer Geldentschädigung abgefunden. Mit der Annexion des teils serbisch besiedelten Bosnien verschärfte die Wiener Regierung den Konflikt mit Serbien, der 1914 zum Ausbruch des seit langem befürchteten Großen Krieges führen sollte. Ebenfalls am 5. Oktober 1908 proklamierte Ferdinand in der historischen Kapitale Tirnovo einseitig die Unabhängigkeit Bulgariens, mit der alle staatsrechtlichen Bindungen an die Hohe Pforte erloschen. Sich selbst rief der Coburger zum Zaren aus. So lautete seit dem 10. Jahrhundert der Herrschertitel der alten Fürsten Bulgariens, lange vor der türkischen Eroberung. Anders als die russischen Autokraten, die sich diesen Titel erst später zulegten, ließ Ferdinand ihn nicht mit dem Äquivalent „Kaiser", sondern als „König" übersetzen. In deutscher Sprache war er also der König von Bulgarien. Darin lag kluge Bescheidenheit, durfte man die empfindliche slawische Vormacht doch nicht über Gebühr reizen. Jedenfalls hatte der Coburger einen Höhepunkt in seiner Laufbahn erreicht. Schmerzlich war für ihn, dass seine 1907 im hohen Alter verstorbene Mutter diesen Augenblick nicht mehr erleben konnte.

Der neue Zar genoss in West- und Mitteleuropa wegen seines mit Klugheit und Ausdauer bewerkstelligten Aufstieges viel Bewunderung. Bei den Nachbarn auf dem Balkan überwog der Neid, der für Bulgarien noch sehr gefährlich werden sollte. Im Lande selbst stellten nur noch wenige die Autorität Ferdinands in Frage. Er wusste die gut ausgerüstete und von einer Riege ehrgeiziger Generäle und Offiziere geführte Armee hinter sich, deren Loyalität er mit Ordensverleihungen, Beförderungen und farbenprächtigen Spektakeln an sich zu binden verstand. Auch in den Ministerien und Verwaltungen saßen an den wichtigsten Stellen treue Gefolgsleute des Zaren. In den Jahren, die auf Stambulovs Sturz und Ermordung folgten, hatte sich der Fürst nach und nach ein „persönliches Regime" *(ližen režim)* aufgebaut, unter dem den wechselnden Regierungschefs nur wenig Spielraum blieb. Allenfalls in der Innenpolitik konnten die Kabinette Akzente setzen, während der Fürst/König die Führung der außenpolitischen Geschäfte ganz für sich allein beanspruchte. Auf dieser Domäne trieb er manchmal gewagte Geheimdiplomatie. Ab 1911 entzog er sich

dabei jeder parlamentarischen Aufsicht. Nach einer Verfassungs-
änderung besaß er das Recht, Abkommen mit auswärtigen Regierungen, auch Offensivbündnisse, ohne Konsultation der Abgeordneten zu schließen. In der Kombination mit dem Oberbefehl
über die Armee war das eine gewaltige Machtfülle. Von Ferdinand
war nicht zu erwarten, dass er diese Möglichkeiten ungenutzt
lassen würde. Seine Ambitionen waren nach dem Erreichen der
Unabhängigkeit und der königlichen Würde im Jahre 1908 noch
gewachsen. Das Ausland traute dem Zaren und seinen Bulgaren
viel zu. Sie galten als die „Preußen des Balkans", militärisch stark
und mit Organisationstalent begabt. In ausländischen Zeitungen
wurde lobend über Bulgariens effiziente Verwaltung berichtet,
über seine erfolgreichen Unternehmer und die pünktlich verkeh-
renden Züge. Diese Eindrücke widersprachen allzu deutlich den
Klischees vom Balkan. Besonders verblüfft waren Reisende über
die Sauberkeit der Straßen in Sofia. Dies war freilich auch ein
besonderes Anliegen des Ästheten an der Spitze des Staates, für den
Reinlichkeit über alles ging.

Mit dem militärischen und ökonomischen Aufstieg stiegen auch
die Chancen auf eine Vollendung des Nationalstaates in den Grenzen von San Stefano. Alle Bulgaren in ein Königreich! Zar Ferdinand konnte sich der Dynamik der Nationalbewegung nicht einfach in den Weg stellen. Da er mittlerweile zum Realisten
geworden war, wusste er gut, dass man ihn 1887 als Mandatar
des nationalen Programms nach Sofia geholt hatte. Diese Aufgabe
konnte er nicht ausschlagen, weil sie mit seiner Krone unlösbar
verbunden blieb. Mit dem auch unter jungtürkischem Regiment
ungebrochenen Verfall des Osmanischen Reiches öffneten sich für
Bulgarien günstige Aussichten. Die Schwäche der türkischen Armee wurde 1911 deutlich, als sie eine schwere Niederlage gegen
Italien hinnehmen musste. Damit schien auch die Zeit gekommen,
den Restbesitz des Sultans auf europäischem Boden unter die
Balkanstaaten zu verteilen. Unter russischer Vermittlung schlossen
sich Bulgarien, Serbien, Griechenland und Montenegro zu einem
Angriffsbündnis zusammen. Ihr Ziel war die Verdrängung der
Türken aus Europa. Im Oktober 1912 schlugen die Bundesgenossen los. So begann der bis dahin gewaltigste Krieg in Europa, bei
dem sich innerhalb weniger Tage auf beiden Seiten 1,2 Millionen
Soldaten gegenüberstanden. Da sich in ihm Nationen bekämpften,
wurde er erbittert geführt. Die industrielle Maschinerie des Tö-
tens, die bald darauf auch in der Mitte Europas ihre Arbeit auf-

nahm, kam zu voller Entfaltung. Unter der Wucht des Angriffs brach das europäische Kartenhaus des Sultans in wenigen Tagen zusammen. Für die kommenden Monate war es aber kein gutes Vorzeichen, wenn die Verbündeten getrennt operierten, statt ihr Vorgehen zu koordinieren. Jeder wollte sich so viel Türkenbeute wie möglich sichern. Das vom Umsturz desorganisierte türkische Heer war ein schwacher Gegner. Die bulgarischen Truppen, denen die Hauptlast des Kampfes aufgebürdet wurde, bewährten sich im ersten Blitzkrieg der Militärgeschichte. Sie stürmten scheinbar unaufhaltsam auf Konstantinopel zu. Erst an der Çatalça-Linie, der letzten türkischen Verteidigungslinie, 40 Kilometer vor der Metropole, kamen sie zum Stehen. In dieser befestigten Stellung zwischen Schwarzem Meer und Marmarameer erwarteten die türkischen Soldaten, ihre Hauptstadt im Rücken, im November 1912 den entscheidenden Angriff der Bulgaren. Europa wartete gespannt ab. Würde Zar Ferdinand bald als Sieger in Konstantinopel einziehen, um sich dort womöglich zum Kaiser von Byzanz zu krönen? Wie würde Russland in diesem Fall reagieren? Nichts schien ausgeschlossen in diesen Tagen, in denen sich die Geschichte rasch bewegte. Der Coburger hatte seit Jahren mit seinen romantischen Visionen vom Diadem der byzantinischen Imperatoren kokettiert. Gerne erzählte er seinen Besuchern die Geschichte von seinem Staatsbesuch in Konstantinopel, in dessen Verlauf er die einstige Kathedrale der Hagia Sophia aufgesucht und dort auf dem Boden die Marmorplatte gefunden habe, auf der im Mittelalter während der Messe die Kaiser zu stehen pflegten. Es war gut diese Stelle zu kennen. Die Geschichte war nicht ganz vorüber, in Bulgarien lebten wie in den anderen Balkanländern die Traditionen Ostroms weiter. Andererseits war Ferdinand seit einem Vierteljahrhundert in den Härten balkanischer Politik zum Realisten geworden, der Vision und Wirklichkeit genau zu unterscheiden vermochte. Der auch für ihn unerwartet schnelle Siegeslauf seiner Truppen bis unter die Mauern Konstantinopels riss aber auch ihn mit und ließ die alten Kaiserambitionen wieder wach werden. Wenn er als Sieger in die Hagia Sophia einzöge, wäre das aber für Russland eine kaum erträgliche Provokation. In Sankt-Petersburg hatte man seit zwei Jahrhunderten daran gedacht, das Erbe von Byzanz an den Meerengen anzutreten. In der Moskauer Herrschaftsidee spielte die Nachfolge der Byzantiner eine wichtige Rolle. Der romantische Streit um den Schatz der Imperatoren Ostroms musste dann aber doch nicht ausgetragen werden.

Das von Versorgungsproblemen und Krankheiten geschwächte bulgarische Heer konnte die gut befestigte Çatalça-Linie der Türken nicht überwinden. Sachsen-Coburg kam nicht zum Bosporus. Im Dezember 1912 schlossen die erschöpften Kontrahenten einen Waffenstillstand. Indessen musste der siegreiche Zar feststellen, wie rasch der Lorbeer welk wurde. Während er seine Soldaten nach Konstantinopel dirigiert hatte, um einem Traum nachzujagen, haben Serben und Griechen in Makedonien Tatsachen geschaffen und das Gebiet faktisch unter sich aufgeteilt. Die Heimholung der makedonischen Landsleute lag aber im Interesse Bulgariens, anders als die Erneuerung des Reiches von Byzanz. Die Notwendigkeiten hätten es erfordert, dem Kriegsschauplatz im Westen größere Auferksamkeit zuzuwenden. Immerhin ging es hier um das nationale Ziel schlechthin, um die Restauration von San-Stefano-Bulgarien. Zar Ferdinand war seinem ungeschriebenen Kontrakt mit der Nation untreu geworden. Er gefährdete seinen Thron, wenn am Ende des viele Opfer fordernden Krieges nicht die Vereinigung aller Bulgaren in einem Staat stand. Ein Konflikt unter den Verbündeten des Ersten Balkankrieges zeichnete sich ab. Nach einer Wiederaufnahme der Kampfhandlungen im Frühjahr hatte die Türkei am 30. Mai 1913 in London einen Friedensvertrag unterzeichnen müssen, in dem sie auf nahezu alle Positionen auf dem Boden Europas verzichtete. Lediglich ein schmaler Landstreifen im Westen der Hauptstadt blieb dem Sultan. Außerdem konnte er vorläufig eine allerdings fragwürdige Oberhoheit über Albanien behaupten. Der Frieden hielt aber nur wenige Tage. Unter den siegreichen Balkanstaaten bahnte sich ein neuer Waffengang an, ein Zweiter Balkankrieg, in dem über die endgültige Verteilung der Beute entschieden werden musste. Für den Ausbruch des Krieges trug der Zar von Bulgarien die ungeteilte Verantwortung. Auf seinen Befehl hin griffen in der Nacht vom 29. auf den 30. Juni 1913 bulgarische Einheiten die Stellungen der griechischen und serbischen Soldaten in Makedonien an. Zar Ferdinand hatte es auf einen neuen Blitzkrieg abgesehen, der aber für sein Land in einem Debakel endete. Nationalistische Gier und machiavellistische Winkelzüge strebten in der balkanischen Politik einem weiteren Höhepunkt zu. Rumäniens Politiker, deren Land sich am Krieg nicht beteiligt hatte und das daher bei der Beuteverteilung nicht zum Zug gekommen war, sahen in den Kämpfen um Makedonien die Gelegenheit, alte Ansprüche auf die zu Bulgarien gehörende Süd-Dobrudscha durchzusetzen. Der nördliche Nachbar fiel dem Zaren Ferdinand und seinem Land in den Rücken. Der Einmarsch der rumänischen Truppen traf Politik und Militär Bulgariens völlig unvorbereitet und führte zum Zusammenbruch der Fronten im Süden im Verlauf einer griechisch-serbischen Gegenoffensive. Außerdem nahmen nun auch die Türken die Kampfhandlungen wieder auf. Das Fiasko war vollkommen. Das auf höchst unedle Weise von einer Übermacht besiegte Bulgarien hatte keine andere Wahl, als allen Forderungen der Gegner nachzugeben. Es musste am 10. August 1913 den Frieden von Bukarest annehmen, mit dem Makedonien an Serbien und Griechenland gelangte, während Rumänien die Süd-Dobrudscha erhielt und selbst die Türken verlorenes Terrain wieder gutmachen konnten. Einziger Gewinn für die Bulgaren nach den schweren Kämpfen war ein kleiner Hafen an der Ägäis (Dedeagač/Alexandrupolis). Unter diesem als unendlich bitter empfundenen Ausgang der Kriege litt das Volk schwer. Der „Verrat" der Nachbarn im Jahre 1913 wurde mit der „Opferung" der nationalen Hoffnungen durch die Großmächte auf dem Berliner Kongress 1878 verglichen. Der verbreitete Unmut richtete sich nur deshalb nicht gegen den Zaren und die Dynastie, weil Ferdinand glaubhaft machen konnte, dass er für das Ziel einer Revanche einstand. Der Revision des Vertrages von Bukarest galten alle Bemühungen seiner Außenpolitik. Er hat damit eine für Europa insgesamt unselige Rolle gespielt. Ferdinand tat alles, um die Gegensätze zwischen Österreich-Ungarn und Serbien zu schüren, da er sich von einem weiteren großen Balkankonflikt eine Wende in der Makedonien-Frage erhoffen konnte. Nach dem Mord von Sarajewo im Juni 1914 und dem Ausbruch des Großen Krieges wartete Bulgarien zunächst ab. Im September 1915 trat es dem Bündnis der Mittelmächte (Deutsches Reich, Österreich-Ungarn, Osmanisches Reich) bei. Gemeinsam mit deutschen und österreichisch-ungarischen Truppen besiegten die Bulgaren den alten Rivalen Serbien. Nun konnte Zar Ferdinand das Makedonien-Problem in seinem Sinne lösen. Nach dem Kriegseintritt Rumäniens auf der Seite der Entente (England, Frankreich, Russland, Italien) im August 1916 zogen die Bulgaren auch gegen den Erzfeind von 1913 ins Feld. Nach erfolgreichem Abschluss dieser unter deutschem Oberbefehl geführten Operationen gelangte auch die Süd-Dobrudscha wieder an Bulgarien zurück. Damit hatte das Königreich zum Jahresende 1916 seine Kriegsziele erreicht. San Stefano war kein Traum mehr, sondern Wirklichkeit. Ferdinand war der Vollender des Nationalstaates.

Wie 1878 oder 1912 sollte aber auch diesmal dem Erfolg keine lange Dauer beschieden sein. Eine Behauptung der Eroberungen von 1915/16 setzte den Sieg der Mittelmächte im Weltkrieg voraus. Danach sah es aber immer weniger aus. Ferdinand hatte auf das falsche Pferd gesetzt. Er selbst war zu intelligent, um es zu verkennen. Ein Ausstieg aus dem verhängnisvollen Bündnis mit Deutschland und Österreich-Ungarn, den der Coburger zaghaft versuchte, gelang nicht mehr. Die Allianz wurde zur Zwangsjacke. Unterdessen wurden die bulgarischen Soldaten immer unzufriedener, weil der Krieg einfach kein Ende nehmen wollte. Sie hatten die Hauptlast der Kämpfe an der Salonikifront zu tragen. Eine starke Entente-Streitmacht versucht dort immer wieder, von der Ägäis her zum Balkan vorzustoßen, um die Position der Mittelmächte von Süden her zu erschüttern. Vom deutschen Verbündeten kaum unterstützt, fragten sich die Bulgaren, welchen Sinn die Opfer des Krieges für sie noch hatten. Bei den Soldaten kursierte das Gerücht, ihr Zar habe sie an den deutschen Kaiser „verpachtet" und lasse sie für fremde Interessen bluten. 1918 wurde zudem die Versorgungskrise zu einer Katastrophe, sodass sich auch Arbeiter und Bauern als Leidtragende des Krieges empfinden mussten. Da brach im September 1918 eine in ihrem Ausmaß völlig unerwartete Großoffensive der Entente über eine in Auflösung begriffene Front herein. Erstmals spielte auch die Luftwaffe der Briten und Franzosen bei der Attacke eine eigenständige operative Rolle. Sogar aus der Luft brach das Verhängnis über die bulgarischen Truppen herein. Die Verteidigung der Mittelmächte in Südosteuropa kam zum Einsturz. Nun endlich mussten sich auch die deutschen Militärs die eigene Niederlage eingestehen. Bulgarien war gezwungen, Ende September um einen Waffenstillstand nachzusuchen. Die Sieger ließen durchblicken, dass sie lieber mit dem Kronprinzen Boris (III.) als mit dem aus ihrer Sicht durch das Bündnis mit Deutschland diskreditierten Zaren Ferdinand abschließen wollten. Dies war für Ferdinand der letzte Anstoß, um am 3. Oktober 1918 zugunsten seines 24 Jahre alten Sohnes abzudanken. Er verließ Bulgarien, um nie mehr zurückzukehren. Da auch in Österreich und Ungarn die Revolution ausbrach, zog sich der Ex-Zar nach Coburg zurück, das von den Umwälzungen der Nachkriegszeit kaum berührt wurde. Am Ende der europäischen Geschichte des Hauses Sachsen-Coburg kehrte ein gewesener König an den Ausgangspunkt der Dynastie zurück.

Bis zu seinem Tod im Jahre 1948 lebte Ferdinand in Coburg. Hier widmete er sich wieder seinen künstlerischen und naturwissenschaftlichen Neigungen. Daneben verstand er es auch, seinen Lebensabend finanziell abzusichern. Vor Gericht erfolgreich, zwang er die englische und die neue tschechoslowakische Regierung, seinen als „Feindvermögen" beschlagnahmten Besitz herauszugeben. Dies galt für die nun auf dem Staatsgebiet der ČSR befindlichen Schlösser und Ländereien der Sachsen-Coburg-Koháry ebenso wie für das beträchtliche Geldvermögen, das bereits seine Mutter Clémentine bei Londoner Bankhäusern deponiert hatte. Auch das republikanische Deutsche Reich sah sich am Ende eines von der Presse heftig kommentierten Prozesses gezwungen, die finanziellen Zusagen an Ferdinand zu erfüllen, die ihm einst die kaiserliche deutsche Regierung gemacht hatte. Die Mutation vom Zaren zum Privatmann bewältigte der Coburger sehr gut. Von allen 1918 gestürzten Monarchen war er der reichste.

Und Bulgarien? Das Land, das er nicht mehr wiedersah, hatte schwer unter den Folgen seiner Politik zu leiden. Der Friedensvertrag von Neuilly 1919 erlegte ihm umfängliche Reparationsverpflichtungen und territoriale Einbußen auf. Entgegen den Versprechungen des US-Präsidenten Wilson vom Selbstbestimmungsrecht der Völker musste nun wieder ein reichliches Drittel der Bulgaren jenseits der Staatsgrenzen leben. Der Nationalstaat blieb Torso. Dem Zaren Boris gelang es immerhin, die Monarchie durch das politische und wirtschaftliche Chaos des Nachkriegs zu steuern. Er behauptete sich trotz einer Reihe von Staatsstreichen und Attentatsversuchen. Im Herbst 1930 heiratete er, in Anwesenheit seines Vaters, im italienischen Assisi Giovanna von Savoyen, eine Tochter des Königs von Italien. Dies war ein Symbol für den bescheidenen Wiederaufstieg des Landes. Der Verlierer des Weltkrieges hatte sich dynastisch mit einer einstigen Siegermacht verbunden. Die Monarchie der Sachsen-Coburger auf dem Balkan konnte sich nochmals stabilisieren. 1937, im Jahr der Geburt seines Sohnes und Thronfolgers Simeon, erreichte die Popularität des Zaren Boris ihren Höhepunkt. Trotz aller Vorsicht des Herrschers und seiner Regierung hat Bulgarien dann aber im Zweiten Weltkrieg doch wieder auf das falsche Pferd gesetzt, indem es sich mit dem nationalsozialistischen Deutschland verbündete, um wiederum seine alten nationalen Ambitionen zu erfüllen. Es ging wieder nicht gut, der Erfolg war nur von kurzer Dauer. Als sich Zar Boris im Sommer 1943 von seinem unseligen Verbündeten distanzieren wollte, wurde er wohl auf Geheiß Hitlers ermordet. Wenig später folgte der Sturz der bulgarischen Monarchie nach dem Einmarsch der sowjetischen Truppen. Anders als dem Zaren Alexander III. von Russland ein gutes halbes Jahrhundert zuvor, gelang dem Diktator Stalin die Unterwerfung Bulgariens unter seinen Willen.

5 Das monarchische Coburg – mitten im Reich oder mitten in Europa?

Im August 1806 war das lange erwartete Ende des Heiligen Römischen Reiches deutscher Nation gekommen, als der siegreiche Napoleon den Habsburger Franz II. zwang, die bisher von ihm innegehabte römisch-deutsche Kaiserwürde niederzulegen. Die mit Frankreich verbündeten Fürsten im Süden und in der Mitte Deutschlands hatten ihren Austritt aus dem Reichsverband erklärt und sich unter der Ägide Napoleons im Rheinbund zusammengeschlossen. Unter der Direktion des neuen Imperators in Paris kam es in denjenigen deutschen Gebieten, die keiner der drei Großmächte Frankreich, Österreich oder Preußen unterstanden, zu einer Abfolge territorialer Umwälzungen. Napoleon begünstigte seine Klientel mittlerer deutscher Fürsten gegen die Großstaaten und gegen die kleinen Territorien, von denen in diesen ersten Jahren des 19. Jahrhunderts viele der Mediatisierung verfielen. Sie verschmolzen mit größeren Einheiten. So wurde die politische Landkarte Mitteleuropas zwar übersichtlicher, doch verlor sie ihre eigentümliche charakteristische Buntheit nicht. Die französische Politik konnte nicht daran interessiert sein, jenseits des Rheines neue Machtkonzentrate entstehen zu lassen. Der mit Frankreich verbündete, leistungsfähige aber ungefährliche Mittelstaat war die Zielkategorie napoleonischer Flurbereinigung.

Thüringen geriet erst mit der Niederlage Preußens 1806 in die Reichweite des scheinbar unaufhaltsamen Aufsteigers aus Korsika. Nach dem Friedensschluss von Tilsit 1807, der den unterlegenen preußischen Staat auf die Verhältnisse einer Mittelmacht reduzierte, förderte Napoleon seinen neuen Verbündeten, das albertinische Sachsen, das er Ende 1806 zum Königreich erhob und als Bollwerk gegen eine denkbare Revanche Preußens benötigte. Eingeklemmt in dieser Machtkonstellation fanden sich die kleinen ernestinischen Fürstenhäuser Thüringens wieder, die allen Grund hatten, um ihre Existenz zu fürchten. Ein Herrschaftsgebilde wie Sachsen-Coburg-Saalfeld hatte nur unter den Bedingungen, wie sie im Heiligen Römischen Reich herrschten, gedeihen können. Was ihm an Mitteln zur Selbstbehauptung fehlte, kompensierte es über den Rückhalt an den Institutionen der Reichsverfassung, an

Kaisertum und Reichsgerichten, zu deren Aufgaben es gehörte, die Schwachen vor den Starken zu beschützen. Damit war es 1806 endgültig vorbei. Die machtpolitische Konkurrenz kannte keine Schranken mehr. Lediglich die russische Heirat Julianens im Jahre 1796 sicherte die bescheidene politische Existenz des Fürstentums in der Mitte Deutschlands ab. Die Besitzungen des herzoglichen Hauses waren zwar nicht sonderlich begehrenswert, konnten aber jederzeit von einer der Mediatisierungswellen überspült werden. Davor schützte allenfalls noch die Zugehörigkeit zum Gesamthaus Sachsen, auf das Napoleon insofern Rücksicht nahm, als er Verbündete zur Kontrolle Preußens brauchte.

Nachdem sich der Imperator 1807 über das unterworfene Preußen hinweg mit Zar Alexander I. von Russland verständigt hatte, musste er auf die familiären Bindungen des neuen Partners in Sankt Petersburg eine gewisse Rücksicht nehmen. Der französisch-russische Friedensvertrag von Tilsit (Juli 1807) sah ausdrücklich die Wiedereinsetzung des Herzogs von Sachsen-Coburg-Saalfeld in seine Lande vor. Das kleine Fürstentum war dank dynastischer Bande zum Gegenstand europäischer Diplomatie geworden. Damit hing seine Fortexistenz aber auch am seidenen Faden des Einverständnisses zwischen Paris und Sankt Petersburg. Wenn Napoleon die Freundschaft mit Alexander für kostbar hielt, so mochte dabei auch für die Coburger ein Gewinn abfallen. Andererseits konnte Coburg auch zum ersten Opfer werden, wenn die beiden Kaiser des Ostens und des Westens einen neuen Waffengang wagten. An Reibungspunkten zwischen den beiden Flügelmächten des Kontinents fehlte es jedenfalls nicht.

Unterdessen ließ Napoleon deutlich erkennen, dass er Thüringen für die Mitte Deutschlands hielt, und dieses Herz wollte er selbst kontrollieren. Erfurt, die alte Metropole Thüringens, wenn auch niemals seine „Hauptstadt", wurde 1806 als *domaine réservé à l'Empereur* der unmittelbaren persönlichen Herrschaft des Siegers unterstellt. Seine Soldaten befanden sich auf der Festung oberhalb der Stadt in Garnison. Von hier aus konnte der Kaiser der Franzosen die ernestinischen Fürsten überwachen und sie am Gängelband halten. In Paris konnte jederzeit eine Entscheidung über das Ende ihrer Eigenständigkeit fallen. Gemäß den Praktiken napoleonischer Politik diente Thüringen als Köder, um die Folgsamkeit eines Verbündeten wie des Königs von Sachsen zu sichern und gegebenenfalls zu belohnen. Somit war die Mediatisierung der Ernestiner 1806/07 nur gestundet. Sie konnte jederzeit nach-

geholt werden. Daher einte Thüringens Fürsten in der Napoleon-
zeit, bei allem kleinlichen und opportunistischen Streben nach
Gebietsgewinn und Rangerhöhung, vor allem der verständliche
Wunsch nach einer stabilen Ordnung der Dinge, unter der ihnen
die ständige Gefahr des Unterganges erspart bliebe.

Sie wussten sich darin sogar mit ihren Untertanen einig, die der
materiellen, physischen und psychologischen Bürden der Besat-
zung leid waren. Die der Bevölkerung aufgezwungenen Kosten
für Durchzüge und Einquartierungen der Truppen überstiegen das
Leistungsvermögen bei weitem. Auch der Blutzoll war hoch. Als
Mitglied des Rheinbundes musste auch der Herzog von Sachsen-
Coburg-Saalfeld Soldaten für die Kriege Napoleons bereitstellen,
von denen nur wenige von den Schlachtfeldern Spaniens, Tirols
oder Russlands zurückkehrten. Der Zusammenbruch der napoleonischen Machtstellung in Deutschland als Ergebnis der Leipziger Völkerschlacht im Oktober 1813 warf für die thüringische
Mitte von neuem das Problem der territorialen Neuordnung auf.
Da die alliierten Sieger jedoch für das Prinzip legitimer Herrschaft
gegen die Willkür des Despoten Napoleon zu Felde gezogen
waren, mussten sie sich davor hüten, die überlieferten Rechte
deutscher Fürsten anzutasten, wenn diese nicht wie der König
von Sachsen durch starrsinniges Festhalten am Bündnis mit Frankreich eine gleichsam exemplarische Bestrafung herausgefordert
hatten.

Die buntscheckigen territorialen Verhältnisse, die einst ein
Charakteristikum des Reiches gewesen waren, bestanden in Thüringen daher auch im 19. Jahrhundert fort. Hier fehlte jene Hinterlassenschaft Napoleons, der funktionstüchtige Mittelstaat vom
Format Bayerns, Badens oder Württembergs, der die gesellschaftliche, technische, ökonomische und auch politische Modernisierung erleichterte. Der 1815 im Zeichen von Restauration und
monarchischer Legitimität gegründete Deutsche Bund bot seinen
Mitgliedern, den Fürsten und freien Städten, eine explizite Besitz-
standsgarantie. Bundeszweck war die Erhaltung des Bestehenden.
Eine stille Rückkehr zum Ancien Régime erwies sich jedoch als
unmöglich. Es konnte sie auch in den ernestinischen Fürstenstaaten auf Dauer nicht mehr geben. Zu vieles war in Bewegung
geraten. Das gewandte und tüchtige Haus Sachsen-Coburg zeigte,
dass es in Europa von der beständigen politischen Bewegung zu
profitieren wusste. Galt dies nur für Europa oder auch für
Deutschland? Für einen Romantiker unter den Coburger Her-

zögen des 19. Jahrhunderts, den ab 1844 regierenden Ernst II., musste Coburg, das mitten in Europa lag, auch mitten im neuen Reich der Deutschen zu liegen kommen.

5.1 Herzog Ernst I. (1806–1844) und sein Staat

Im Krieg zwischen Preußen und dem napoleonischen Frankreich lagen Coburg und Saalfeld mitten in der Aufmarschzone der feindlichen Heere. Der früh gealterte, bereits schwer kranke Herzog Franz Friedrich Anton, der den Kriegslärm von seinem Schloss in Saalfeld aus anhören musste, war der großen Aufregung nicht mehr gewachsen. Er verstarb am 9. Dezember 1806. Die Lage des herzoglichen Staatswesens war nun sehr prekär. Der dreiundzwanzigjährige Thronerbe Ernst (I.) musste mit dem Hauptquartier der geschlagenen Preußen nach Osten ausweichen und lag nun handlungsunfähig, weil an Typhus lebensgefährlich erkrankt, im ostpreußischen Königsberg. Sein Bruder Ferdinand hielt sich als österreichischer Offizier in Böhmen auf. Der jüngste der Söhne, Leopold, zählte gerade erst 16 Jahre. Er war kaum geeignet für die schwierige Aufgabe, das Fürstentum zu retten. Nachdem das Verhandlungsgeschick der einst auch als Heiratspolitikerin erfolgreichen Herzoginwitwe Auguste die herzogliche Herrschaft in Coburg und Saalfeld stabilisiert hatte, konnte nach dem Tilsiter Frieden im Juli 1807 der mittlerweile genesene Herzogs Ernst I. in seine Lande zurückkehren. Die französische Besatzungsmacht zog ab.

Der junge Herzog wähnte sich nun, reichlich übertrieben, in einer Schlüsselposition auf halbem Wege zwischen Paris und Sankt Petersburg. Er wollte für sich Gebietsgewinne im Süden (Bayreuth, Bamberg) und eine Rangerhöhung zum Großherzog herausschlagen. Mit solchen Wünschen im Gepäck reiste er gemeinsam mit seinem Bruder Leopold zu Napoleon an die Seine. Diese Coburger Großspurigkeit, eine Mischung aus individueller Prätention und politischem Opportunismus, trug keine Früchte. 1811 musste Coburg in einem von Prinz Leopold ausgehandelten Grenzvertrag mit Bayern auf die weit reichenden Vergrößerungspläne im Süden verzichten. Auch Ernsts hochgespannte Hoffnungen auf die Heirat mit einer russischen Großfürstin zerschlugen sich. Die Konjunkturen, unter denen nur die reale Macht zählte,

waren seinen Erwartungen nicht günstig. Nach Napoleons Niederlage bei Leipzig 1813 stießen die drei Coburger Prinzen zu den
alliierten Heeren. Ferdinand kämpfte wieder mit den Österreichern, Leopold kommandierte bei den russischen Gardekürassie-
ren, Ernst übernahm das Kommando über ein rasch aufgestelltes
Armeekorps aus verschiedenen thüringischen Kontingenten, mit
dem er an der Winteroffensive 1813/14 gegen Frankreich teilnahm. Als zweitem Coburger Herzog nach Albrecht im Jahre 1688
gelang ihm die Rückeroberung der von den französischen Soldaten nur noch schwach verteidigten Stadt Mainz.

Auf dem Wiener Kongress brachte Ernst 1815 dieselben Wün-
sche vor, die er zuvor auch schon Napoleon vorgetragen hatte.
Anders als der Weimarer Linie der Ernestiner wurde ihm der
Großherzogtitel aber nicht zuteil. Doch ließ sich zumindest ein
Gebietsgewinn erzielen.

Es zahlte sich doch aus, dass der Herzog selbst nach Wien
gereist war, um hier ein gutes Verhältnis zu mächtigen Männern
wie dem österreichischen Außenminister Fürst Metternich herzu-
stellen. Der territoriale Zuwachs für Sachsen-Coburg stand in
Proportion zur Größe des Herzogtums und fiel daher bescheiden
aus. Es handelte sich um einen entlegenen Landstrich im Hunsrück, der bis dahin für fast zwei Jahrzehnte zum französischen
Saardepartement gehört hatte, nämlich die drei Kantone (Verwal-
tungsbezirke) Baumholder, Sankt Wendel und Grumbach. Dieses
Territorium mit etwa 25 000 Einwohnern meist katholischer
Konfession, später hochtrabend als „Fürstentum Lichtenberg" bezeichnet, bildete einen wenig geliebten Außenposten des Herzogtums, der bei sich bietender Gelegenheit wieder abgestoßen
werden sollte. Das Anhängsel links des Rheines betrachtete Ernst
als seinen Privatbesitz, mit dem Staat und seinen Institutionen
nicht verbunden. Da ihm eine Arrondierung in Thüringen oder
Franken lieber gewesen wäre, begann der Landesherr unermüdlich
über eine Vertauschung „Lichtenbergs" zu verhandeln. Der als
Tauschpartner in Aussicht genommene König von Preußen wei-
gerte sich aber starrsinnig, für den Landstrich im Hunsrück eigene
Gebietsteile um Suhl oder Erfurt abzutreten. Vollends nach dem
Revolutionsjahr 1830 verlor Herzog Ernst jedes Interesse an seinen Lichtenbergern. Diese hatten sich von dem westlich des
Rheines grassierenden Freiheitsgeist infizieren lassen, der dem in
den Denkkategorien des Ancien Régime verharrenden Coburger
zutiefst zuwider war. Im Hauptort Sankt Wendel wurde 1832

sogar ein Freiheitsbaum aufgerichtet, eine Hommage an die Französische Revolution und ein Zeichen liberaler Zukunftshoffnungen. Ernst trat nunmehr die Verwaltung des Gebietes gegen eine Jahresrente an Preußen ab, sein Nachfolger verzichtete gegen eine Abfindung von 2,1 Millionen Talern aus der preußischen Staatskasse auf alle Ansprüche. Das lästige Land war damit verkauft. Für den Erlös erwarb das herzogliche Haus Güter in Thüringen, in Österreich und in der Provinz Posen, die als „Lichtenberger Fideikommiss" ein wichtiger Bestandteil seines Vermögens bleiben sollten.

Fürstenstolz und patriarchalisches Gebaren kennzeichneten auch sonst das Handeln Herzog Ernsts I. in der Coburg-Saalfelder Innenpolitik. Ihm galt es als selbstverständlich, dass das Recht zur Herrschaft allein in der hohen Geburt und im Gottesgnadentum verankert war. Der Monarch musste dieser Auffassung zufolge der einzige Inhaber der Staatsgewalt sein und bleiben. So war er in seinen Jugendjahren im engen Gehäuse eines deutschen Kleinfürstentums erzogen worden. Nichts lag ihm ferner als das später in der Welt so gerühmte „Coburger Modell" einer liberalen Regierungsweise im Rahmen der Verfassung, bei der sich die Träger der Krone auf die zurückhaltende Moderation des politischen Geschäftes beschränkten. Dennoch hat sich Ernst I., ganz gegen seine Neigungen, dazu bereit gefunden, dem Herzogtum Sachsen-Coburg-Saalfeld eine Verfassung zu geben. Damit vollzog er nach, was die Nachbarstaaten klein und groß bereits geleistet hatten: Sachsen-Weimar-Eisenach bekam 1816, Sachsen-Hildburghausen und Bayern erhielten 1818 eine Verfassung. Coburg folgte 1821, gemäß den Vorgaben des von Metternich dirigierten Deutschen Bundes, dessen Gründungsakte vorschrieb, dass „in allen Bundesstaaten (...) eine landständische Verfassung stattfinden" solle. Dies entsprach der überkommenen Ordnung im Herzogtum, in dem die Landstände niemals formell aufgehoben worden waren, auch wenn unter Kretschmann der Ministerabsolutismus einen hohen Grad erreicht hatte. Zwar war der letzte ordentliche Landtag unter Herzog Albrecht im Jahre 1695 abgehalten worden, lag somit schon lange zurück. Die in der Form eines Ausschusses beibehaltene ständische Organisation erwies sich aber schon wegen der politischen Schwäche der von Finanznöten geplagten Herzöge als durchaus lebenskräftig. Der Standschaft teilhaftig und zur politischen Mitsprache berechtigt waren die adligen Rittergutsbesitzer und eine schmale bürgerliche Verwaltungs- und Besitzelite aus den Städten. Im Herzogtum konnte somit von zwei Ständen gesprochen werden, dem Adel und dem Bürgertum. Diesen Tatsachen trug auch der im August 1821 vom Herzog aus herrscherlicher Souveränität in Kraft gesetzte Verfassungsentwurf Rechnung. Dieser sah die Errichtung gemeinsamer Landstände für die beiden Gebietsteile Coburg und Saalfeld vor, die somit zu einem konsolidierten Einheitsstaat verschmolzen wurden. In der Ständeversammlung sollten die Besitzer der Rittergüter, Vertreter der Stadtverwaltungen Coburgs und Saalfelds sowie gewählte Abgeordnete der Bürgerschaft aus Städten und Amtsbezirken sitzen. Mit diesen zu wählenden Repräsentanten aus Stadt und Land kam dann freilich ein vom Verfassungsgeber sicherlich nicht intendiertes demokratisches Element in die traditionelle Ständeversammlung, sodass fortan ein liberales Politikverständnis und die absolutistischen Neigungen der Regierung im Kampf lagen. Dieser Dualismus sollte die Innenpolitik bis zum Tod Ernsts I. 1844 bestimmen.

Mochte ein Teil der Ständevertreter seine Legitimation aus dem Wahlakt schöpfen, so machte der Verfassungstext doch klar, bei wem einzig und allein die Souveränität lag: „Der Herzog (...) ist das Oberhaupt des Staates, vereinigt in sich alle Rechte der Staatsgewalt und übt sie in den von ihm gegebenen (...) Bestimmungen aus. Die Person des Landesherrn ist heilig und unverletzlich." Dennoch erhielten auch die Stände einige wichtige Befugnisse: sie entschieden über Steuerbewilligungen; sie hatten ein Mitspracherecht bei der Verwendung der Staatsausgaben; sie kontrollierten das Finanzgebaren des Staates und konnten das Regierungshandeln zumindest beeinflussen. Darüber hinaus enthielt die Konstitution eine Reihe zeitgemäßer Bestimmungen wie die Gleichheit aller Landeseinwohner vor dem Gesetz und bei der Erlangung der Staatsämter. Warum aber hat sich ein Herzensabsolutist wie Herzog Ernst I. überhaupt auf so weitgehende Beschränkungen seiner fürstlichen Macht eingelassen?

Seine persönlichen Eigenschaften muss der Historiker in ähnlicher Weise charakterisieren wie es des Herzogs guter Bekannter Metternich in einem Schreiben an Kaiser Franz I. von Österreich tat: „Beweglichkeit und Habsucht." Auf Sachsen-Coburg lasteten als Hinterlassenschaft der napoleonischen Kriegszeit weiterhin schwere Schulden, die bis zur Verfassung von 1821 Schulden des Fürsten waren, die mit ihrem Inkrafttreten aber auf den Staat übergingen. Die Entpersonalisierung von Herrschaft kann so auch als Entschuldungsaktion verstanden werden: „Die Gemeinschaft der Staatsbürger übernahm mit der Verfassung die bisher auf dem Landesherrn persönlich lastenden Schulden" (Detlef Sandern). Politische Zugewinne verblieben, wie im Falle Lichtenbergs, dem fürstlichen Hause, die Lasten der Staatsführung und der Verwaltung hingegen hingen nicht mehr am Hals des Fürsten, sondern sie fielen dem nun abstrakt aufgefassten Gemeinwesen zu. Staat und Herzog, einst in den patriarchalischen deutschen Verhältnissen als Einheit verstanden, lösten sich voneinander ab und traten sich als zwei verschiedene Größen gegenüber. Dabei schien es Ernst I., vorsichtig ausgedrückt, vor allem darauf anzukommen, bei dieser Emanzipation des Landes vom Monarchen nicht als finanzieller Verlierer dazustehen.

Außerdem schien er entschlossen, sich nicht immer an die von ihm selbst aufgestellten politischen Spielregeln halten zu wollen. Die von der Verfassung vorgesehene Zusammenarbeit von herzoglicher Regierung und gewählter Ständeversammlung, für die sich die Bezeichnung Landtag einbürgerte, gestaltete sich keineswegs reibungslos. Den Partizipationsansprüchen der gewählten Abgeordneten stand der Herzog weithin verständnislos gegenüber. Es war sein eindeutiger Wunsch, mit einer gefügigen Versammlung zu regieren. Daher missbrauchte er das in Verfassung und Wahlgesetz vorgesehene gouvernementale Recht der *Rekusation* (Ablehnung), demzufolge die Regierung den gewählten Abgeordneten bei bestimmten Legitimationsmängeln die Zulassung ins Parlament verweigern konnte. In Coburg wurde diese Rekusation extensiv als Mittel angewandt, um unliebsame Kandidaten von den Bänken des Landtages fernzuhalten. Gegen diese dem Geist der Verfassung widersprechenden Übergriffe empörte sich der Coburger Anwalt Moriz Briegleb (1809–1872), der aufgrund freimütiger Äußerungen *rekusiert* worden war. Dieser mutige Mann, der später auch als liberaler Abgeordneter in der Frankfurter Nationalversammlung und im Deutschen Reichstag bekannt wurde, ließ sich den Mund nicht verbieten. Er wich auf das Feld der Publizistik aus und setzte der Regierung mit einer Veröffentlichung über die politischen Verhältnisse im Herzogtum zu. Die deutsche Öffentlichkeit reagierte freilich zurückhaltend, war sie doch aus anderen deutschen Staaten noch ärgere Enthüllungen und Missbräuche gewöhnt. Coburg war eben gerade kein deutscher Sonderfall. Die Demokratisierung und das Mündigwerden

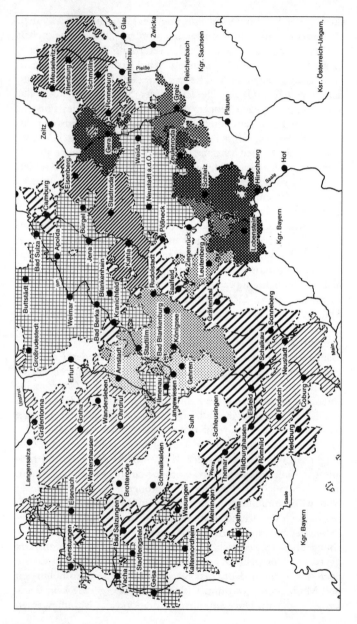

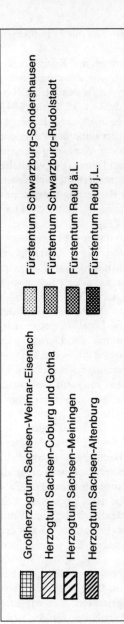

Karte 4: Thüringen im 19. Jahrhundert (nach 1826)
(Aus: Geschichte Thüringens. Hrsg. von Hans Patze und Walter Schlesinger. 5. Band: Politische Geschichte in der Neuzeit. 2. Teil. Faltkarte. Böhlau Verlag Köln, Graz 1978)

153

des Bürgers vollzogen sich hier wie anderwärts mit Fortschritten und Rückschritten.

In Coburg selbst verdarben die Praktiken des Kabinetts das innenpolitische Klima. An eine vertrauensvolle Zusammenarbeit von Regierung und Ständeversammlung war in den letzten Regierungsjahren Ernsts I. kaum noch zu denken. 1839 und 1843 verfügte der Herzog jeweils die vorzeitige Auflösung des ungefügigen Landtages. Er schien am Ende ganz ohne das Parlament weiterregieren und einen offenen Bruch der Verfassung in Kauf nehmen zu wollen. Sein plötzlicher Tod im Januar 1844 vereitelte die Ausführung derartiger Pläne. Angesichts des rücksichtslosen Raubbaus an der Verfassung, die ein der Regierung unliebsames Eigenleben entwickelte, war es für die innere Stabilität des Herzogtums immerhin ein Glück, wenn die Zügel der Regierung in routinierten, festen Händen lagen. Es waren dies die Hände eines fähigen Verwaltungsmannes, der wie Ernst I. alle demokratischen Tendenzen hasste. Christoph Anton Ferdinand von Carlowitz (1785–1840), wie viele seiner Vorfahren im sächsischen Justizdienst tätig, wechselte 1824 aus Dresden nach Coburg und sollte hier als *Kammerpräsident* und erster Mann des Ministeriums die Geschäfte des kleinen Staates leiten. Seine Loyalität speiste sich, ganz traditionell, aus der Verbundenheit mit der Dynastie. Er verstand sich als Diener des Hauses Wettin und sah in den Coburgern den vitalsten Zweig dieses seiner Meinung nach im Niedergang befindlichen Hauses. So stellte er 1831 in einem Gutachten die Frage: „Und wo und in welchem Hause der sächsischen Linien findet sich noch moralische und physische Kraft gepaart?" Er beantwortete sie für sich so: „Nur noch in den Gliedern des Hauses Sachsen Coburg (...) findet man diese Eigenschaften vereinigt und nur unter diesen Gaben des Himmels ist es möglich, dass eine der sächsischen Linien mit erneuter Kraft dem mehr als wahrscheinlichen Untergange (...) sich entgegenstellt." Für Carlowitz galt es als ausgemacht, dass Preußen danach trachtete, sich nach und nach den ganzen wettinischen Besitz anzueignen. Wenn die Coburger Machtpositionen in Europa erwarben, so sah der Minister darin eine Rückversicherung gegen die unterstellten preußischen Annexionsgelüste.

Wie Carlowitz dynastische Politik verstand, zeigte sich auch bei der letzten ernestinischen Landesteilung im Jahre 1826, die Thüringens politische Landkarte völlig umgestaltete. Der Minister fungierte dabei als der eigentliche Geburtshelfer für das neue

Herzogtum *Sachsen-Coburg und Gotha*. Dessen Entstehung war ganz wesentlich sein Werk. Das Karussell der Teilungspläne war wieder in Bewegung geraten, weil im Februar 1825 mit dem Tod des kinderlosen Herzogs von Sachsen-Gotha und Altenburg die älteste der Linien aus der Nachkommenschaft Ernsts des Frommen erloschen war. Der Hof in Gotha galt bis ins späte 18. Jahrhundert als der glänzendste in ganz Thüringen. Erst mit der Ankunft Goethes und anderer eminenter Köpfe in Weimar stieg die Residenz an der Ilm empor. Das von Gotha aus regierte Fürstentum war wohlhabend und für thüringische Verhältnisse sogar recht umfänglich. Auf dem von Ernst dem Frommen errichteten Schloss Friedenstein in Gotha gab es beachtliche Kunstschätze und wissenschaftliche Sammlungen. Auf dieses stattliche Erbe erhob zuerst die nächstverwandte Linie Sachsen-Meiningen einen Alleinanspruch. Aber auch Hildburghausen und Coburg-Saalfeld meldeten sich. Nach der „Gradualerbfolge" war nur Meiningen berechtigt, nach der „Linearerbfolge" alle männlichen Nachkommen Ernsts des Frommen. Es konnte somit ausgiebig gestritten werden.

Ernst von Coburg befand sich in einer günstigen Position, da er zudem 1817 Dorothea Louise, die Nichte des letzten Gothaer Herzogs, geheiratet hatte, sodass er mit guten Argumenten im Gepäck die Arena des losbrechenden Erbstreites betrat. In den langwierigen Verhandlungen, die auf Coburger Seite Carlowitz zu führen hatte, musste Meiningen Schritt für Schritt zurückweichen. Am Ende stand eine komplizierte Lösung, die den Fürsten gefiel und auf die Wünsche der Bevölkerungen in keiner Weise acht gab. Der Coburger konnte sich als der Gewinner fühlen. Die vorherigen Herzöge von Sachsen-Hildburghausen zogen vollständig in das freigewordene Altenburg um, das als Sachsen-Altenburg bis 1918 bestand. Meiningen konnte sich dafür um Hildburghausen vergrößern. Zudem erhielt es auch das bisher mit Coburg verbundene Saalfeld. Ernst I. opferte also einen Teil seines angestammten Herrschaftsgebietes. Der mit der Verfassung von 1821 konsolidierte Gesamtstaat wurde um dynastischer Interessen willen wieder preisgegeben. Dafür wurde Coburg mit Gotha vereinigt, sodass die Zahl der Untertanen Ernsts trotz des Verlusts von Saalfeld von 57 000 auf 120 000 anwuchs (ohne Lichtenberg). Die Gesamteinkünfte stiegen von knapp 400 000 auf fast 1 Million Gulden. Die letzte Landesteilung von 1826 war ein großer Gewinn für die jüngste ernestinische Linie. Aber alles hat seinen

Preis. Das Staatsgebiet bestand nun aus zwei unverbundenen Teilen, zwischen denen der noch sehr unwegsame Thüringer Wald lag. Eine wirkliche staatsrechtliche Verschmelzung der beiden Hälften des Herzogtums sollte bis zum Ende der Monarchie nicht mehr erfolgen. Im offiziellen Staatsnamen prangte daher zwischen den beiden Residenzstädten niemals ein Bindestrich, auch wenn er fälschlicherweise immer wieder begegnet. Das Land hieß aber und musste auch so heißen: Sachsen-Coburg *und* Gotha. Es beruhte auf einer Personalunion, zur Realunion kam es nicht. Was das Spiel dynastischer Zufälle 1826 zusammengebracht hatte, sollte daher auch die Wucht der revolutionären Ereignisse 1918 wieder auseinander bringen.

Zwar wurde gleich noch 1826 eine oberste Landesbehörde, das (Staats-) Ministerium mit Carlowitz an der Spitze gegründet, eine tatsächliche Vereinheitlichung ließ sich aber nicht erreichen, sodass die Verwaltungen in Gotha und Coburg weiterhin getrennt arbeiteten. Herzog Ernst machte auch keine Anstalten, die 1821 in Coburg eingeführte Verfassung auf Gotha auszudehnen, das selbst noch keine geschriebene Konstitution hatte. Nach ersten Erfahrungen mit dem Landtag im Coburgischen war der Fürst weiteren konstitutionellen Versuchen ohnedies abgeneigt. Die Landstände waren bei der Ländertauschaktion sowieso nicht gefragt worden, geschweige denn die betroffenen Untertanen. Im Deutschen Bund und in Thüringen zumal gestalteten immer noch die Fürsten mit ihren Beamten allein die Politik, wobei sie eben den feststehenden Linien dynastischer Interessen folgten. In der Stadt Coburg existierten ausgeprägte Vorbehalte gegen eine Verbindung mit Gotha, die sich aber nicht politisch artikulieren konnten. Man fürchtete die Anziehungskraft des größeren, reicheren und glänzenderen Gotha, das anders als das 1826 aufgegebene Saalfeld eine gefährliche Rivalin für Coburg darstellte. Die Pläne der Regierung, den Gothaer Landesteil als „Provinz" zu behandeln, waren kaum realisierbar. Im Gegenteil, bereits 1827 machte Ernst I. den Friedenstein in Gotha zu seiner Residenz, der Hof wechselte fortan regelmäßig zwischen den beiden Hauptstädten hin und her. Dabei kam es zu einer Bevorzugung Gothas, die man in Coburg schmerzlich vermerkte, sich jedoch wohl selbst zuzuschreiben hatte. Die Bevölkerung hatte sich nämlich 1824 mit einer Art von Aufruhr in die wirren Familienverhältnisse ihres Souveräns eingemischt und sich damit dessen Widerwillen zugezogen.

Ernst I. war, wie erwähnt, seit 1817 mit der um beinahe sechzehn Jahre jüngeren Gothaer Prinzessin Dorothea Louise (Luise) verheiratet. Diese gebar ihm zwei Söhne, 1818 den Thronfolger Ernst (II.), 1819 den Prinzen Albert. Damit hatte die Ehe ihren dynastischen Zweck erfüllt. Das persönliche Verhältnis der beiden Ehepartner gestaltete sich jedoch immer unglücklicher. Eine ältere Affäre Ernsts kam wieder ans Tageslicht und erregte große Aufmerksamkeit. Er hatte 1807 in Paris eine Tänzerin griechischer Abstammung (*La Belle Grècque*) kennen gelernt. Aus dieser Verbindung ging ein Sohn hervor. Von immer neuen Geldforderungen der Mutter alarmiert, bemühte sich Ernst, das Sorgerecht über den Jungen zu erlangen und seine Erziehung zu regeln, andernfalls „aus dem jungen Menschen sonst nur ein für unser herzogliches Haus höchst gefährlicher und lästiger Aventurier [Abenteurer] heranwachsen muß". Im Verlauf der Auseinandersetzungen unternahm die einstige Geliebte 1823 den für Ernst unangenehmen Schritt an die Öffentlichkeit. Von einem anonymen, in der Wahl der Stilmittel wenig wählerischen Autor hatte sie ihre Lebensgeschichte, dem Zeitgeschmack angepasst, zu Papier bringen lassen. Das Buch erschien eben 1823, weil sich ein Verleger davon großen Gewinn versprach und weil die französische Verfassung die Pressefreiheit garantierte: *Mémoires d'une jeune Grècque*. Im Untertitel war der Fürst selbst angesprochen: *contre son Altesse Sérénissime le Prince-Régnant de Saxe-Cobourg*. Ernst wird in grellen Farben als widerliches Scheusal dargestellt, das sich seines leiblichen Sohnes nur bemächtigen wolle, um ihn ermorden zu lassen, die Coburger Verwandten erscheinen als verlogene und verbrecherische Gesellschaft. Es spricht für das Lesepublikum von Paris, wenn es das Machwerk für einen fantastischen Roman mit den in dieser Zeit so beliebten Schauermotiven hielt. Anders in Deutschland. Die Gegner Ernsts, besonders der Hof von Weimar, ließen sich den willkommenen Stein des Anstoßes nicht entgehen. Der weimarische Minister Goethe rezensierte die Neuerscheinung im *Mode- und Literaturjournal*, ihr damit große Publizität verschaffend. Der Weimarer Großherzog Karl August urteilte streng über den anderen Ernestiner: „Einen Privatmann, mit einer solchen Geschichte befleckt, litte man doch an keiner Wirtstafel." Der Großherzog vermengte Bürger- und Fürstenehre. Coburgs beginnender Aufstieg weckte Neidreflexe, bei der Hocharistokratie war das Haus unbeliebt wie kein anderes. Ernsts Fehler war es möglicherweise, auf den Skandal nicht juristisch zu reagieren, sondern politisch. In Briefen an seinen Bekannten Metternich stilisierte er den Vorgang zum Angriff des radikalen Liberalismus auf das monarchische Prinzip. Vom französischen König Ludwig XVIII. forderte er sogar unter Verweis auf die geschuldete Solidarität unter den Herrschern ein Einschreiten gegen das Buch und gegen die Dame. Vor der europäischen Öffentlichkeit bloßgestellt, reagierte der Coburger Hof unsicher. Doch ging diese Affäre wie alle späteren auch rasch vorüber.

Die Folgen für Ernst blieben dennoch nicht aus. Es kam zum endgültigen Bruch mit der Herzogin. Da die junge Luise in Coburg sehr beliebt war, reagierte die Bevölkerung aufgebracht auf die Gerüchte über eine bevorstehende Trennung des Paares. Ende August 1824 kam es deswegen sogar zu Tumulten in der sonst ruhigen Residenzstadt mit ihren 8500 Einwohnern. Im Schlosshof liefen erregte Untertanen zusammen, Fensterscheiben gingen zu Bruch. Sicherlich entlud sich bei dieser Gelegenheit auch der Unmut über die hohe Steuerlast im Lande. Der Herzog trug den Coburgern diesen noch maßvollen Ausbruch ihres Zornes nach. Mit ihrem Auflauf zerstörten sie die Illusion patriarchalischer Harmonie in dem trotz der Konstitution spätabsolutistisch regierten Fürstenstaat. Die Aufregung konnte nur mit einer vorgetäuschten Versöhnung des Ehepaares beruhigt werden. Es kam dann jedoch zur Scheidung, am 31. März 1826. Luise wurde sogar nach St. Wendel in „Lichtenberg" verbannt. Sie starb schon im Sommer 1831 in Paris, ohne dass sie ihre Söhne Ernst (II.) und Albert noch einmal gesehen hätte. Weniger für Ernst, einen Libertin vom Schlag des Vaters, als für den jüngeren Albert war die Trennung von der Mutter ein einschneidendes Erlebnis, das ihn fürs ganze Leben prägen sollte.

Der Herzog war sicherlich kein guter Familienvater, doch verstand er sich seiner Herrschaftsauffassung gemäß als guter Landesvater. Seiner Vorstellung nach mussten die Untertanen die Fügsamkeit und die Ehrerbietung aufbringen, die man damals von Kindern erwartete. Angesichts der revolutionären Wallungen von 1830/31, die seinen Bruder Leopold auf den Thron in Brüssel brachten, haben sich der Herzog und seine Beamten veranlasst gesehen, die Fassade der Verbundenheit zwischen Fürst und Volk zu restaurieren. Wie sich Ernst I. das Verhältnis von Herrscher und Beherrschten denken mochte, illustriert das von seiner Beamtenschaft inszenierte *Kirmsefest* in der Rosenau im Oktober 1833. Einige Monate zuvor hatte sich Ernst mit seiner Nichte Maria von

Württemberg neu verheiratet. Zur Nachfeier ihres Geburtstages wurde 1833 das besagte Volksfest bei Schloss Rosenau vor den Toren Coburgs abgehalten. Das Ziel war dabei, die Einheit des kleinen Landes unter seiner Dynastie zu stärken.

Zu diesem Zweck rekrutierten Beamte in den beiden Landesteilen junge Männer und Frauen als Tanzpaare, die dann unter Aufsicht der Schultheißen ihrer Heimatdörfer auf Staatskosten nach Coburg transportiert wurden. Bei der Rosenau bewirtete man sie im Freien an einem Tisch für 150 Personen. Als Herzog und Herzogin zur Tafel traten, bekamen sie von den regieführenden Schultheißen und den Paaren Geschenke, Kränze und Gedichte überreicht: *„Unser Band soll immer neu,/ Fest, wie heut' zu Tage, bleiben./ Liebend oben, unten treu,/ Lasst uns in die Herzen schreiben.*" Der Souverän zeigte sich mit Gegengeschenken erkenntlich. Auch am Tanz der Landleute auf der offenen Wiese nahm das Herzogspaar teil. Den Abschluss der Festlichkeit bildete ein großes Feuerwerk. Alle Beteiligten nahmen ihren Part in dem Spiel wahr. Die Rollenverteilung zwischen Fürstenhaus und Untertanen war von neuem eingeübt. Dabei erscheint das Spektakel von 1833 nicht unehrlicher als alle späteren Inszenierungen einer Eintracht zwischen Herrschenden und Regierten.

Zum Aufstieg des Hauses Sachsen-Coburg und Gotha, ablesbar am beträchtlich erweiterten Aktionsradius der Coburger Familienpolitik, hat Ernst I. so gut wie nichts beigetragen. Aus der Ferne beobachtete er die Karriere seiner Bruders Leopold, der seit 1831 als König über Belgien herrschte. Er ließ es geschehen, dass der Bruder und dessen Faktotum Stockmar in Brüssel seinen Sohn Albert für eine scheinbar glänzende Zukunft in England vorbereiteten. Ein lebendiger Mittelpunkt der machtvoll aufstrebenden Familie ist der Senior des coburgischen Hauses aber niemals gewesen. Die Aufgabe, die verstreute Herde zu sammeln und zu großen Unternehmungen zu ermuntern, hat bis zu ihrem Tod 1831 die Herzoginwitwe Auguste erfüllt. In gewisser Weise nahm ihr jüngster Sohn Leopold bei dieser Aufgabe ihre Rolle ein. Aus Brüssel kamen die fruchtbaren Impulse der Familienpolitik, nicht aus Coburg oder Gotha.

So verwundert es nicht, wenn die in Europa so erfolgreiche Dynastie innerhalb des Deutschen Bundes völlig ins Hintertreffen geriet. Wegen der Eskapaden Ernsts I. und wegen seines herrischen Wesens, das zu seinen tatsächlichen Möglichkeiten im Widerspruch stand, waren die Coburger bei den anderen Fürstenhäusern nicht gut angeschrieben. In den Jahren vor 1848 kam Sachsen-Coburg zudem von zwei Seiten her unter Druck. In der Bevölkerung wurde immer vernehmlicher der Ruf nach Selbstbestimmung in der Gesellschaft und nach Mitbestimmung im Staat erhoben, der sich schlecht mit der absolutistischen Eigenart des Regierens in Gotha und Coburg vertrug. Andererseits lief die Entstehung größerer Wirtschaftsräume und weiterer Räume des Denkens in der ersten Hälfte des 19. Jahrhunderts darauf hinaus, die kleinen Fürstenstaaten in Deutschland oder auch in Italien vollends obsolet erscheinen zu lassen. Die neuen Verkehrs- und Kommunikationsmittel Eisenbahn und Telegraph brachen die kleinen überschaubaren Biedermeierwelten auf, aus denen Deutschland zumeist noch bestand. Auch die bislang immer so träge Mitte Europas schien in Bewegung zu geraten. Der Umbruch musste früher oder später auch die Politik erfassen. Der Aufstand der Wallonen und Flamen in den Niederlanden 1830/31 und der starke ausländische Einfluss im zerrütteten Portugal hatten jeweils dazu beigetragen, dass zwei Coburger Köpfe Königskronen trugen. Leopold in Brüssel und Ferdinand in Lissabon prangten im Glanz königlicher Würden, während das formelle Oberhaupt der Familie sich mit dem Rang eines Herzogs im Deutschen Bund begnügen musste. Zu dieser Genügsamkeit aber war der junge Mann, der im Januar 1844 nach dem plötzlichen Tod seines Vaters an die Spitze des kleinen Herzogtums mitten in Deutschland trat, immer weniger bereit.

5.2 Ernst II. (1844–1893) – „ein deutscher Herzog"

Der im Jahr des Regierungsantritts gerade fünfundzwanzigjährige Thronfolger Ernst II. war von ganz anderem Naturell als sein skrupulöser, zum Perfektionismus neigender Bruder Albert. Ernst blieb zeitlebens bei allem, was er begann, ein Dilettant, sei es in der Politik, in den Künsten oder beim Umgang mit Menschen. Zeitgenossen schilderten sein leicht kindliches Wesen, dem es nicht an Leidenschaft, aber an Ausdauer fehlte. Er brachte es folglich trotz vieler Anläufe niemals zu wirklichen Erfolgen. Mit seiner Umtriebigkeit ragte er aber doch weit aus dem Mittelmaß der Fürsten seiner Zeit heraus, sodass er von sehr vielen Zeitgenossen wahrgenommen wurde. Die Geschichte, die sich weniger täuschen lässt, misst ihm dagegen keinen großen Rang zu. Immerhin war er für einige Jahre der populärste deutsche Landesherr, nicht einmal so sehr im eigenen Land, sondern jenseits der engen Grenzen seines Herzogtums. Bei der Masse protestantischer Kleinbürger in den nord- und mitteldeutschen Ländern fand er begeisterte Anhänger. Es hieß, dass ihn gerade die Damen aus unterschiedlichen Ständen wegen seiner stattlichen Erscheinung vergöttert hätten. Diese Popularität bei den unteren Klassen der immer noch ständisch geschichteten Gesellschaft ging freilich auf Kosten seines Ansehens bei den anderen Souveränen des Deutschen Bundes. Der Name Sachsen-Coburg wurde an vielen deutschen Höfen zu einem Reizwort.

Ernst hatte Statur und Bedenkenlosigkeit eines Volkstribunen. Er konnte große Versammlungen beeindrucken und in seinen Bann ziehen. Der Wiener, dann Jenenser Historiker Ottokar Lorenz, den Ernst zu seinem persönlichen Historiographen bestellte, schrieb denn auch in einem Nachruf: „Zu den bedeutenden Eigenschaften des Herzogs Ernst gehörte seine Entschlossenheit und Leichtigkeit mit dem Publikum, mit der großen Masse des Volkes zu verkehren; er besaß einen großen Grad von dem, was man den Mut der Öffentlichkeit zu nennen pflegt." Auch, so ließe sich ergänzen, einen Drang, sich öffentlich zur Geltung zu bringen. Von seiner Eitelkeit sprachen nicht nur Gegner, sondern auch seine Parteigänger. Nicht selten wurde Ernst mit einem Schauspieler verglichen, der sich auf zu vielen Bühnen produzieren wollte. Coburg und Gotha boten ihm nicht genügend Raum zur Entfaltung seiner Persönlichkeit. Er wandte sich an ein gesamtdeutsches Publikum, das er gezielt mit Gesten umwarb. Bei der Wahl seiner rhetorischen Mittel kannte er keine Bedenken. Der Hocharistokratie galt er daher zeitweilig als ein jakobinischer Verschwörer, dem man nicht über den Weg traute. Er sammelte auf seinem Lebensweg viele Feindschaften, die sich in Verdammungsurteilen äußerten. Gerade im Alter, nach dem Scheitern seiner großen Pläne, verstand er es, sich unbeliebt zu machen. Der spätere preußische Feldmarschall Alfred von Waldersee (1832–1904) meinte, es gebe „kaum jemand, der einem Throne so wenig Ehre macht als dieser Coburger." Seine Nichte Viktoria (1840–1901), die *Kaiserin Friedrich*, mit der er sich überwarf, nannte ihn „völlig karakterlos, falsch, verlogen, renommistisch und intrigant." Den Verurteilungen lassen sich freilich auch enthusiastische

Lobeshymnen seiner Parteigänger gegenüberstellen, die ihn als den „Vorkämpfer deutscher Größe" und als den „wahrhaft Freigesinnten" priesen.

5.2.1 Ein liberaler Herzog

Anders als sein Bruder Albert, der an der Seite der Königin von England eine Aufgabe fand, für die er sich verzehrte, war Ernst ein Leben lang auf der Suche nach einer ihm passenden Rolle. Ihre ersten Lebensjahrzehnte hatten die Brüder Seite an Seite verbracht. Gemeinsam waren sie durch die harte Schule des Magisters Florschütz gegangen, hatten die Bonner Universität besucht und die politischen Lektionen ihres Onkels Leopold in Brüssel in sich aufgenommen. Später trennten sich die Wege, weil Ernst anders als Albert eine militärische Ausbildung zum Kavallerieoffizier in der königlich-sächsischen Armee absolvierte, um anschließend Verwaltungserfahrungen in Coburg und Gotha zu sammeln. Zur Zeit seines Regierungsantrittes 1844 wollte der fünfundzwanzigjährige Ernst vor allem „deutsche Politik" betreiben. Der Thüringer Zweig der europäischen Dynastie sollte aus dem Schatten der ausländischen Kronen heraustreten und seinen angemessenen Platz im Deutschen Bund finden. Dem Bruder Albert, neben Onkel Leopold sein wichtigster Ratgeber, schrieb Ernst im Jahre 1844: „Wir haben es selbst dahin gebracht, dass wir uns nie mehr als deutsche Bundesfürsten aus einem der ältesten Häuser, sondern meist nur als Anverwandte der hohen westlichen Monarchien gerirten, dass Koburg als der Sitz aller undeutschen dem Bunde entgegen wirkenden Intriguen, als der Sitz des im Westen verbreiteten Altliberalismus angesehen und als ein verrufener Ort verschrieen wird." Ernst hatte den Vorsatz, Sachsen-Coburg wieder in das dynastische Deutschland zu integrieren, aus dem es durch seinen europäischen Aufstieg herausgewachsen war: „Nach Außen muss nun alles anders werden, wir müssen wieder ehrlich werden. Alle Streitfragen, Aergernisse und unangenehmen Erinnerungen müssen mit dem armen seeligen Herrn [Ernst I.] zu Grabe getragen seyn; als junger deutscher Bundesfürst muss ich frei und mit gutem Gewissen mich der Nachsicht meiner 31 Genossen [der regierenden Fürsten] empfehlen können, bin ich doch der Sprößling eines der ältesten und angesehensten Fürstenhäuser und der Herr eines der schönsten und glücklichsten Länder."

Wahrscheinlich wäre es ohne die Erfahrung der Revolution von 1848 auch bei diesem Vorsatz geblieben. Die Anfänge von Ernsts Regierung verliefen durchaus harmonisch. Er beendete in Coburg die unerbittliche Konfrontation zwischen Regierung und Landtag, von der die letzten Jahre der Regierung seines Vaters geprägt gewesen waren. Die Parlamentarisierung des politischen Systems machte nun Fortschritte. Die Landtagssitzungen, die bis dahin in einer Aura tiefster Geheimhaltung stattfanden, waren seit 1845 öffentlich. Auch in der Zeitung durfte darüber berichtet werden: ein wesentliches Zugeständnis an die Mündigkeit der Coburger Bevölkerung. In der größten Streitfrage zwischen herzoglicher Regierung und Abgeordneten, der Verteilung der finanziellen Lasten, kam es zu einer pragmatischen Regelung. Dabei spielte das Domänenproblem eine wichtige Rolle, das bis 1918 ein Dauerthema kleinstaatlicher Politik in Thüringen bleiben sollte. Im Laufe der Geschichte war den Fürsten ein umfängliches Kammer- oder Domänenvermögen zugefallen, das meistens aus ausgedehnten Waldungen bestand und das zum Beispiel im Herzogtum Gotha einen erheblichen Teil des Staatsgebietes ausmachte. Beim Übergang zum konstitutionellen System mit der Ablösung des Herrschers vom Staat stellte sich erstmals auch die Eigentumsfrage für die Domänen. Da es dem Fürsten in seiner Eigenschaft als Oberhaupt und Verkörperung des Staates zugekommen war, konnte es nicht einfach unter den gewandelten Verhältnissen als Privateigentum des herzoglichen Hauses vereinnahmt werden. Ernst I. hatte aber mit Nachdruck diese Forderung aufgestellt. Deshalb war es zum andauernden Streit mit den Abgeordneten gekommen. Der Landtag hielt dagegen, dass die Domänen zum Staatsvermögen zu zählen seien und den Aufwändungen für die Allgemeinheit zu dienen hätten. Dafür sollte der Fürst, gleichsam als oberster Staatsbeamter, einen festen Betrag aus dem Staatshaushalt für die Kosten der Hofhaltung und der persönlichen Lebensführung erhalten. Zu dieser sauberen Lösung kam es aber nie, solange die Monarchie bestand. Immerhin fand sich Ernst II. 1846 bereit, zumindest die Hälfte des Domänenertrages zu Gunsten der staatlichen Schuldentilgung abzuzweigen. Die andere Hälfte behielt er sich weiterhin selbst vor. Eine noch großzügigere Lösung, zu der Ernst in den Revolutionsjahren 1848/49 bereit war, sollte nicht zuletzt am Einspruch seiner Verwandten in Brüssel, London und Wien scheitern. 1846 war das Nachgeben Ernsts aber doch ein gutes Zeichen für einen Kurswechsel. Dafür stand auch die

Ernennung eines als liberal geltenden Beamten, Dietrichs von Stein, zum Leiter des coburg-gothaischen Staatsministeriums im selben Jahr.

Mit seinen viel versprechenden Anfängen schuf Ernst Vertrauen. Ihm war schon früh, vor allem dank seiner Brüsseler Lektionen, klar geworden, dass die Monarchen Europas „mit dem Geiste der Zeit zu gehen" hätten, wenn sie nicht untergehen wollten. Er war bereit, diesem Zeitgeist Konzessionen zu machen und sich von ihm, so weit wie möglich, nach oben tragen zu lassen. Diesen Geist sah er auch in der Revolution von 1848 am Werk, die wegen der Kompromissbereitschaft Ernsts in Coburg und Gotha unter recht gemütlichen Umständen und fast gewaltfrei vonstatten ging. Wie gut sich Ernst mit dem zur Mündigkeit aufgebrochenen Bürgertum verstand, zeigte schon die Tatsache, dass das kleine Häuflein Coburger Demokraten, von der 48er Revolution keck gemacht, zwar eine Republik Thüringen forderte, für diese Republik aber keinen anderen als den Herzog Ernst zum Präsidenten nominierte! Aus Coburger und Gothaer Sicht lief die Revolution auf drei Ebenen ab: Auf der ersten lag der kleine Fürstenstaat, den viele für geschichtlich überholt hielten; auf der zweiten Ebene spielten die Versuche zur Bildung eines thüringischen Einheitsstaates im Deutschen Reich, sei es durch Zusammenschluss oder durch Anschluss an die größeren Nachbarstaaten Preußen oder Sachsen; auf der höchsten Ebene ging es um das erträumte, letztlich unerreichbare Reich als konstitutionell-liberales oder sogar republikanisches Vaterland für alle Deutschen.

Auf allen drei Ebenen revolutionärer Bewegung konnte Ernst Erfolge für sich erringen. In seinem Land glättete er die Wogen politischer Unruhe, die sich von den Revolutionszentren Wien und Berlin her verbreiteten. Es genügten Umbesetzungen einiger zum Teil sehr verhasster Beamter sowie hochtönende Versprechungen, die Ernst nie schwer fielen. Auf teils tumultuarisch verlaufenden Bürgerversammlungen in Gotha ergriff der Herzog selbst das Wort und konnte damit erstmals seine rhetorische Wirkung auf erregte Volksmassen erproben. Die Erfahrung muss ihn befriedigt haben. Anders als die Coburger besaßen die Gothaer noch immer keine Konstitution, da altständische Beharrungskraft und die schwebende Domänenfrage dieser Neuerung bisher im Weg standen. Ernst versprach eine Verfassung und hielt sich auch daran. Für die im Verlauf des unruhigen Jahres 1848 in unterschiedlichen Varianten ausgeprägten Pläne für eine Einigung Thüringens als künftigem Kern eines einigen Deutschland hat sich der Coburger nicht wirklich engagiert. Er war schließlich ganz zufrieden, als aus der Konzentration des politisch zersplitterten Gebietes nichts wurde. Zwar hatte er schon als Knabe davon geträumt, dereinst *König von Thüringen* zu werden, doch hätten in einer monarchischen Union der Kleinstaaten auch die Ansprüche der anderen ernestinischen Fürsten und vielleicht auch die der Herrscherhäuser Reuß und Schwarzburg berücksichtigt werden müssen. Von den zähen Verhandlungen zwischen Weimar, Coburg/Gotha, Meiningen und Altenburg war daher für den ehrgeizigen Ernst wenig zu erwarten. Mit seinem sprunghaften Temperament begann er, sich von der Gunst des Volkes mehr zu erhoffen als vom Feilschen der Beamten an den Konferenztischen. In der öffentlichen Arena wirkte die Magie des Namens Coburg auch viel eher als in den fürstlichen Kabinetten.

Das Volk! Es hatte im März 1848 die deutschen Dinge in Bewegung gebracht. Gerade auch den Thüringern waren die Forderungen nach nationaler Einheit und politischer Freiheit sehr teuer gewesen. Hier ließen sich Kleinstaaterei und Fürstenherrschaft mit ihren Schattenseiten aus der Nähe erfahren. Als die Nationalversammlung in der Frankfurter Paulskirche im März 1849 die Verfassung für die Deutschen verabschiedete, gab es in Thüringens Städten Kundgebungen und Feste. Umso größer fiel dann die Enttäuschung aus, als König Friedrich Wilhelm IV. von Preußen die Würde eines *Kaisers der Deutschen*, die ihm die Versammlung anbot, nicht anzunehmen geruhte. Er wollte nicht Kaiser von revolutionären Gnaden sein. Die Großstaaten Österreich und Preußen und die Regierungen der deutschen Mittelstaaten wünschten die Einheit zu den in Frankfurt festgesetzten Bedingungen nicht. Unterdessen war Ernst II. aufgebrochen, um sich von der bereits abebbenden Welle der Revolution empor tragen zu lassen. Er hatte die provisorische Reichsgewalt um ein militärisches Kommando ersucht und dieses erhalten. Die deutsche Nationalbewegung führte seit 1848 Krieg im Norden. Sie beschritt entschlossen den Weg der Gewalt, um ihre Ziele zu erreichen. Zum Krieg waren auch die dänischen Nationalisten bereit, die 1848 die Regierung in Kopenhagen stellten. Dänemark wünschte die Abtrennung Schleswigs von Holstein, um ersteres einem einheitlichen dänischen Nationalstaat einverleiben zu können. So wären die komplizierten, aus der Geschichte ererbten Herrschaftsverhältnisse bereinigt worden, zugleich mussten sich aber auch die nördlich der Elbe seit längerem angehäuften ethnischen Spannungen entladen. Mit der Revolution begann auch der deutsch-dänische Krieg um Schleswig-Holstein.

Dieser flammte nach einem mehrmonatigen Waffenstillstand im Frühjahr 1849 wieder auf. Nun war auch Herzog Ernst als von der Frankfurter Zentralgewalt entsandter Kommandeur einer 4000 Mann starken Infanteriebrigade aus einzelstaatlichen Kontingenten zur Stelle. Er besaß aber keine Befehlsgewalt über die schleswig-holsteinischen Aufständischen und die preußischen Truppen, die jeweils eigenständig operierten. Bei solchen verwirrenden Kommandostrukturen ließen sich kaum kriegerische Lorbeeren ernten. Dennoch fiel dem Herzog ein Sieg in den Schoß. Kurz nach Wiederaufnahme der Kampfhandlungen versuchte am 5. April 1849 ein dänisches Flottengeschwader, aus der Kieler Bucht kommend, bei Eckernförde zu landen. Zum Unglück der Dänen waren hier starke preußische Artilleriebatterien stationiert, deren Feuer den Landungsversuch vereitelte. Vielmehr konnten zwei der dänischen Schiffe nicht mehr aus der Bucht entkommen und mussten sich dem Feind ergeben. Die Rolle Herzog Ernsts, der schließlich auch an den Ort des Geschehens geeilt war, beschränkte sich darauf, als ranghöchster anwesender Kommandant die Kapitulation der Dänen entgegenzunehmen. Somit war der Coburger „Sieger von Eckernförde", ein Epitheton, auf das er stolz war, das ihm später aber auch noch manchen Spott eintragen sollte.

Der „Sieg" kam jedenfalls zu einem psychologisch wichtigen Zeitpunkt. Am selben Tag, dem 5. April 1849, lehnte Friedrich Wilhelm IV. von Preußen die ihm angebotene Kaiserwürde ab. Zwei Nachrichten, eine niederdrückende aus Berlin und eine aufmunternde aus Schleswig-Holstein, erreichten die erregten Deutschen zur gleichen Zeit. Nimmt es daher wunder, wenn Herzog Ernst von einer Volksmenge in den Straßen Hamburgs spontan zum Deutschen Kaiser ausgerufen wurde? Er war ein Hoffnungsträger in hoffnungsloser Zeit. Ernst hörte den „Ruf aus der Tiefe und Masse des Volkes", wie er es später ausdrückte. Dieser schien auch ihn selbst zu großen Erwartungen zu berechtigen. Glaubte er wirklich daran, zum politischen Messias der Deutschen berufen zu sein? Die Vernunft musste angesichts der komplizierten Machtverhältnisse in der Mitte Europas zur Vorsicht mahnen. Die Erfolge der Coburger in Brüssel, London und Lissabon waren unter ganz anderen Voraussetzungen errungen.

Ernst hielt es aber erklärtermaßen lieber mit dem Gefühl als mit dem Verstand. Er charakterisierte sich selbst: „Ich bin von Natur ein ernster Mensch, mit Kraft und Entschlossenheit ausgerüstet; die Seite des Gemüts überwiegt aber die des Verstandes." So begann, von Illusionen getrieben, das waghalsige Spiel eines deutschen Herzogs. Der Historiker und Publizist Theodor von Bernhardi (1802–1887) beobachtete es genau und urteilte darüber: „In dem allen liegt ein Haschen nach glänzenden Theatercoups, wie es in die ernste Wirklichkeit gar nicht gehört; ein wunderliches Behagen an dem Abenteuerlichen und eine Überschätzung seiner selbst."

An der Eingangspforte zum 19. Jahrhundert stand gleichsam als monumentaler Torwächter die Gestalt Napoleons. Der Junge aus Korsika hatte seine Laufbahn als Militärschüler in Frankreich begonnen, war zum Imperator und zum Machthaber über Europa aufgestiegen, um sein Leben als Gefangener auf einer Insel im Südatlantik zu beenden. Die Europäer standen noch lange im Bann dieser Existenz. Im napoleonischen Mythos lag politische Sprengkraft. Das Epos sollte sich wiederholen. Im Dezember 1848 wurde Louis-Napoléon, der Neffe des einstigen Kaisers, zum Präsidenten der Französischen Republik gewählt. Ende 1851 beseitigte er die Verfassung der Republik in einem brutalen Staatsstreich, um sich ein Jahr später seinerseits als Napoleon III. zum Kaiser der Franzosen zu proklamieren. Die Magie des Namens Bonaparte hatte gewirkt. Sie hatte einen Mann an die Spitze Frankreichs gebracht, der sich selbst als Sozialisten bezeichnete und der außer dem Mythos des Onkels und einigen liberalen Ideen aus dem englischen Exil nicht viel anbieten konnte. „Napoleon der Kleine", wie ihn der Dichter Victor Hugo verhöhnte, zeigte mit seinem zunächst erfolgreichen Abenteuer, dass in einer Zeit raschen Wandels und tiefer Verunsicherung auch kühne Träume Wirklichkeit werden konnten.

Auch in der Coburger Luft lag ein leichter Hauch von Bonapartismus. Die Zeit war voller Möglichkeiten. Nach dem Auslaufen der revolutionären Welle von 1848/49 ging Ernst II. entschlossen daran, sein kleines Herzogtum zum Exerzierfeld des deutschen Liberalismus zu machen. In Gotha hatte er am 26. März 1849 eine demokratische Konstitution erlassen, die der belgischen von 1831 in nichts nachstand. Am 15./17. Juni 1852 trat ein neues Staatsgrundgesetz für Coburg und Gotha in Kraft, das die jeweiligen Einzelverfassungen aufhob. Gemeinsam waren

beiden Teilen fortan neben der Außenpolitik und den Militär-
sachen auch Justiz, Post und Zoll. Zu einer Verschmelzung beider
Landesteile kam es aber auch nach 1852 nicht. Für den Herzog war
es wichtig, welche Botschaft von dem Grundgesetz auf die besiegten Liberalen in Deutschland ausging. Während andernorts die
Reaktion triumphierte und sogar neoabsolutistische Experimente
stattfanden, garantierte Ernst den Bewohnern seines Landes die
bürgerlichen Grundfreiheiten. Diese waren 1848 in Frankfurt als
„Grundrechte des deutschen Volkes" verabschiedet, aber im
Deutschen Bund 1851 förmlich außer Kraft gesetzt worden. Die
Regierung in Coburg-Gotha war auf die Mitwirkung des Landtages angewiesen. An den Wahlen durften alle männlichen Staatsbürger über 25 Jahren teilnehmen. Es galt allgemeines und glei-
ches, jedoch indirektes Wahlrecht. Eine liberale Kernforderung
erfüllend, entzog Ernst II. in seinem Land der Kirche die Schul-
aufsicht, um das gesamte Erziehungswesen der Kontrolle des
Staates zu unterstellen.

So schlug in einem Teil Thüringens nach 1849 das liberale Herz
Deutschlands weiter. Gotha wurde auch zum Zufluchtsort für
gescheiterte Revolutionäre. Es kamen Aktivisten der Nationalbewegung aus Schleswig-Holstein, wo 1850 Dänemark gesiegt hatte.
Es kamen rationalistische Theologen aus Preußen, die sich wegen
des gegenaufklärerischen Umschwunges in den preußischen Kirchen nicht mehr auf den Kanzeln halten konnten. Es kamen
Journalisten und mancherlei Abenteurer, die in Ernst II. den
kommenden Mann sahen und die von seinem Aufstieg profitieren
wollten. Der bekannteste Ankömmling war der Publizist und
Romanautor Gustav Freytag (1816–1895), der in Leipzig die
vom Bürgertum viel gelesene Wochenschrift *Die Grenzboten* herausgab. Freytag besaß seit 1851 ein Landhaus bei Gotha, wo er die
Sommer verbrachte, das ihm aber auch als politisches Refugium
diente. 1854 in Preußen von Strafverfolgung bedroht, erhielt
Freytag die gothaische Staatsangehörigkeit und ein Hofamt bei
Ernst II., der ihn so vor der Verhaftung schützte. Den Autor und
den Fürsten verband eine politische Aktionsgemeinschaft. Freytags
1855 vollendeter Roman *Soll und Haben* war dem Herzog von
Sachsen-Coburg und Gotha gewidmet. Dieses Buch hielt sich
dann jahrzehntelang in den Bücherschränken fast aller deutschen
Bürgerhäuser, deren Weltbild es wiedergab, geht es darin doch
anhand einprägsamer Beispiele um den Niedergang des unbeson-
nen wirtschaftenden Adels und den Aufstieg der tätigen Bour-

geoisie. Das deutsche Bürgertum, das Coburg so wie in Belgien, England oder Portugal zu seiner Klientel machen wollte, konnte sich in dem Werk wieder erkennen.

Allerdings war es für einen scharfen Analytiker wie Gustav Freytag klar, dass die ersehnte deutsche Einheit nur vom Machtzentrum Preußens ausgehen konnte und Österreich als den traditionellen Gegenspieler preußischer Machtansprüche ausschließen musste. Für Herzog Ernst, den politischen Gefühlsmenschen, war dies noch lange nicht so klar. Die Divergenzen zwischen den beiden lassen sich in ihrem freundschaftlichen, aber doch spannungsgeladenen Briefwechsel verfolgen. Der Schriftsteller ließ es nicht an Versuchen fehlen, die große Energie des Herzogs auf ein unpolitisches Feld zu lenken (Juni 1856): „Euer Hoheit können auf eine systematische Beteiligung an der großen europäischen Politik verzichten, und sich damit bescheiden, als großer Herr ein Protektor deutscher Kunst und Wissenschaft in großartigem Maßstabe zu werden." Eine eigenständige Rolle Ernsts konnte sich Freytag nicht vorstellen, er mochte ihn als Mitarbeiter bei den preußischen Einigungsbemühungen sehen: „Oder Ihr Ehrgeiz kann sehr hoch gehen," setzte er seine Ratschläge fort, „(...) der Feldherr des protestantischen Deutschlands, das heißt, Preußens zu werden, der vertraute und intime Helfer der künftigen Monarchen von Preußen (...): Deutschland ein Bundesstaat, Preußen sein Führer: (Coburg) Rathgeber und General der guten preußischen Sache." Was die ihm nahegelegte „gute preußische Sache" betraf, so war Ernst skeptisch. Weder kam für ihn alles Gute aus Berlin, noch wollte er auf seine eigenen Führungsansprüche ohne weiteres zugunsten der Hohenzollern verzichten. So lange wie sich die beiden konkurrierenden Großmächte Österreich und Preußen die Waage hielten, so lange durfte sich Ernst als Kaiseranwärter aus dem Dritten Deutschland noch seine Hoffnungen machen und den luftigen bonapartistischen Kaisertraum weiterspinnen. Die holzschnittartige Preußenverherrlichung des Literaten Freytag übernahm Ernst nicht. Freytag (Januar 1860): „In der Politik sind in Deutschland nur zwei Parteien, Protestanten und Altgläubige, Preußen und Österreicher, hie ficht, wie Luther sagt, Gott und der Teufel. Ein drittes giebts nicht." Ernst: „ Ich wünschte, Ihr Vergleich wäre richtig; leider ist er es nicht. Die protestantische Sache war eine heilige; die preußische ist es bis jetzt noch nicht (...). Man möchte wohl Deutschland preußisch, aber nicht Preußen deutsch machen."

Dichter und Fürst glaubten, den jeweils anderen vor den eigenen Karren spannen zu können. Dieses Spiel der Illusionen auf beiden Seiten gilt ganz allgemein für das Verhältnis zwischen Ernst und den Männern der deutschen Nationalbewegung. Es war eine Zusammenarbeit mit unvereinbaren Hintergedanken bei den Beteiligten. Die erste Frucht aus diesem Zweckbündnis war der im Mai 1853 gegründete „Literarisch-Politische Verein". Vorausgegangen war seiner Gründung eine ausführliche Denkschrift des Herzogs, in der er von der Notwendigkeit sprach, eine „enggeschlossene große Partei" zu bilden, von der die Interessen der Nation aktiv wahrgenommen werden sollten. Der Verein sollte sich zu dieser Partei entwickeln und im Laufe der Zeit zur national-liberalen Massenbewegung werden. Über dieser Basis im Volk sollte sich eine nach Art von Geheimbünden organisierte Vereinsspitze um die Person des Coburgers scharen. Dieser wollte selbst die Integrationsfigur für den verschworenen Führungszirkel abgeben, um den sich dann wiederum die Partei sammeln sollte. Das Vorhaben war kühn und gerade deshalb nach dem Geschmack des abenteuerlustigen Fürsten. Angesichts des reaktionären Kurses der meisten deutschen Regierungen und wegen der Wachsamkeit der Polizeibehörden war bei dem Vorgehen des 1853 in Gotha gegründeten Vereins größte Vorsicht geboten. In der angespannten Lage dieser nachrevolutionären Jahre konnte das Unternehmen leicht als Bildung einer umstürzlerischen Partei in Verruf geraten. Daher blieb es beim Kern des Literarisch-Politischen Vereins, die gesamtdeutsche liberale Partei mit Ernst II. als Anführer blieb in Ansätzen stecken. So kam es auch nicht zu der mit der Vereinsgründung bezweckten Querverbindung zwischen den oppositionellen Abgeordneten der deutschen Parlamente, den akademischen Eliten, den journalistischen Meinungsführern und der Masse des nach 1848/49 ungebrochenen, zu neuen Zielen aufbrechenden Bürgertums.

Dieser Plan zu einer umfassenden Mobilisierung der liberalen deutschen Öffentlichkeit war für seine Zeit zu kühn. Er musste scheitern. Zum einen war der Herzog selbst zu ungeduldig und zu sprunghaft, um zäh an der Entwicklung seines Projekts zu arbeiten. Zum anderen gab es unter den von Gotha aus in den Verein kooptierten Mitgliedern, zu denen vor allem hohe Staatsbeamte, Professoren, Offiziere und Unternehmer gehörten, durchaus divergente Ansichten über die wünschenswerten Ziele dieses Vereins. So kann das schönste Netzwerk nicht funktionieren, wenn über die Grundsätze keine Einigkeit besteht. Auch die beiden Initiatoren, Freytag und Herzog Ernst, verfolgten letzten Endes unterschiedliche Ziele. Am Ende genügte der Druck misstrauischer Obrigkeiten, um dem Keim des Literarisch-Politischen Vereins das Wachstum zu versagen. Viele der zum Beitritt aufgeforderten Honoratioren schreckten aus Furcht vor Repressalien, manche auch aus Karriererücksichten vor dem Anschluss an den Verein zurück. So verfiel das Unternehmen nach kurzer rascher Aufwärtsentwicklung in den Jahren 1853/54 in Stagnation. Offiziell aufgelöst wurde der Verein zwar erst 1861, als die Nationalbewegung sich unter einem anderen Dach sammeln konnte, wesentliche Impulse gingen von ihm aber nicht aus. Ganz ohne Spuren ist dieser erste Versuch einer liberalen Parteigründung in Deutschland aber auch nicht vorbeigegangen. Um die Mittelpunkte Coburg bzw. Gotha bildeten sich Beziehungsgeflechte und Strukturen, die bei günstiger Gelegenheit zur Grundlage neuer Organisationsformen werden konnten. Zum anderen gewöhnten sich viele Zeitgenossen daran, den Herzog von Sachsen-Coburg und Gotha als Führungsfigur des deutschen Liberalismus zu akzeptieren. Sein Prestige nahm zu, auch außerhalb des Deutschen Bundes. 1854 empfing ihn Napoleon III. in Paris. Nicht zu unterschätzen waren auch die Experimente des Literarisch-Politischen Vereins auf dem Feld der Öffentlichkeitsarbeit, die in die Zukunft wiesen. Neben Gustav Freytag tat sich dabei besonders der Hallenser Historiker Max Duncker (1811–1886) hervor. Viel deutlicher als der von Geheimbündelei und Verschwörungsromantik faszinierte Herzog wussten Freytag und Duncker um die Notwendigkeit, zur Erreichung politischer Ziele die Meinungen zu prägen und Deutungsmacht in der öffentlichen Arena zu erlangen. Diesem Zweck diente eine Reihe von Broschüren, die der Verein in seiner von eifriger Aktivität gekennzeichneten Frühphase 1854/55 zu unterschiedlichen Themen der Politik herausgab. Freytag dachte auch über eine neue Strategie zur Pressebeeinflussung nach. In Leipzig begann er damit, eine eigene Nachrichtenagentur des Vereins aufzubauen, die deutsche Zeitungen mit bestimmten Informationen beliefern sollte. Unter dem Namen „Autografierte Correspondenz" ging den Zeitungsredaktionen regelmäßig ein Nachrichtenblatt aus Leipzig zu, das dezent für die Interessen des Vereins warb. Freytag überschritt die Grenzen, die seiner journalistischen Tätigkeit gezogen waren, indem er einen geheimen Aufmarschplan der preußischen Armee

publizierte. Daraufhin in verschiedenen deutschen Staaten steckbrieflich gesucht, musste er seine Zuflucht in Gotha nehmen. Den
verheißungsvollen Anfängen des Vereins fehlte daher die Fortsetzung.

5.2.2 Um die deutsche Einheit

Auch zu der Zeit, als der 1853 gegründete viel versprechende
Verein bereits wieder in tiefem Schlummer versunken war, bemühte sich Ernst von Sachsen-Coburg darum, in jeder Weise den
Kontakt zu den Führungskräften des Liberalismus beizubehalten.
Es galt, einen geeigneten Zeitpunkt für neue politische Aktionen
abzuwarten. Das Ziel stand dem Herzog dabei immer vor Augen –
und es war wahrlich groß. In einem Brief aus dem Jahre 1855
bezeichnete er sich selbst als den traurigen Steuermann einer
kleinen Barke, der als Kapitän „zu gern ein großes, wichtiges
Schiff durch die Stürme des Weltmeeres leiten möchte." Dieses
Schiff mit dem stolzen Namen Deutschland musste noch gebaut
werden. Die Chancen dafür schienen sich mit dem Jahre 1859
wieder zu bessern. Die lahmende deutsche Nationalbewegung
erhielt neuen Schwung. Nach einer bleiernen Zeit, die viele in
tiefe Resignation stürzte, gab es für die nationalen Hoffnungen
wieder mehr Raum. In Preußen begann die *Neue Ära* im Zeichen
des Liberalismus. Um die Jahreswende 1858/59 übernahm der
spätere König Wilhelm I. (1797–1888) in Berlin die Regentschaft
für seinen erkrankten Bruder. Er schien einen politischen System-
wechsel einleiten zu wollen, von dem sich die Liberalen ein
energischeres Zusteuern auf die deutsche Einheit erwarten konnten. Die Feiern zum 100. Geburtstag Friedrich Schillers, die in
vielen deutschen Orten abgehalten wurden, bildeten 1859 einen
Kristallisationspunkt für nationale Sehnsüchte und für Manifes-
tationen der kulturellen Einheit. Schließlich schürten blutige
Schlachten in Oberitalien die Emotionen der Deutschen kräftig
an. Napoleon III., auf den Spuren seines Onkels einhergehend,
brach einen Krieg um die Vorherrschaft in Norditalien mit Österreich vom Zaun, den er gemeinsam mit dem Königreich Sardi-
nien-Piemont als Verbündetem führte. Die Regierung in Turin
wollte die österreichische Dominanz in Oberitalien durch eine
eigene Hegemonie ersetzen. Gemeinsam schlugen Franzosen und
Piemontesen die Österreicher in grausamen Schlachten, die den
Zeitgenossen einen bitteren Vorgeschmack kommender National-

kriege gaben. Angesichts der österreichischen Niederlagen gerieten Teile der deutschen Presse und der Öffentlichkeit in Wallung. Die Vorgänge in Italien verstärkten die vom westlichen Nachbarn hervorgerufenen Bedrohungsängste. Nicht zuletzt viele Liberale forderten ein solidarisches Eingreifen zugunsten des bedrängten Habsburgerreiches. Die Neutralität der deutschen Staaten erschien je länger je mehr wie ein furchtsames Zurückweichen vor dem Machtwillen des Kaisers der Franzosen.

Schlug nun die Stunde für Coburg auch in Mitteleuropa? Im Berlin der Neuen Ära verfügte coburgische Hausmachtpolitik über beträchtliche Einwirkungsmöglichkeiten. Am 25. Januar 1858 hatte dort die älteste Tochter des englischen Königspaares den Thronanwärter, den Hohenzollernprinzen Friedrich Wilhelm (1831–1888), geheiratet. Viktoria (1840–1901), die noch sehr junge Lieblingstochter des Prinzen Albert, wollte das Ihrige dazu beitragen, Preußen liberaler zu machen. Englischer Einfluss konnte Preußens Entwicklung zu einer parlamentarischen Monarchie mit bürgerlich-liberaler Gesellschaftsordnung vorantreiben. Viktoria hätte wohl bald preußische Königin werden können, wenn ihr Mann anstelle des bereits betagten Wilhelm I. auf den Thron gelangt wäre. So sollte es aber nicht kommen. 1859 schien jedenfalls die entscheidende Bewährung des coburgischen Netzwerkes an den Höfen und in den Kreisen des bürgerlichen Liberalismus bevorzustehen. Bereits ein Jahrzehnt zuvor hatte Baron Stockmar in einem Brief an Prinz Albert über die deutschen Zustände prophezeit: „Unsere inneren Verhältnisse können nie auf dem Wege vernünftiger Verhandlungen und Transaktionen geordnet werden. Gewalt wird am Ende den Knoten zerhauen (...). Dann kann es kommen, wie es schon so oft kam: die Not erzeugt den Mann und die Tat." 1859 hielten bereits viele den Coburger Herzog für den Mann, der den Knoten der deutschen Geschichte mit einem kühnen Hieb zertrennen würde. Vom Onkel Leopold in Brüssel und vom Bruder Albert in London unterstützt, warb er in Berlin für ein militärisches Losschlagen gegen Frankreich zur Unterstützung der bedrängten Österreicher. Für sich selbst erbat er dabei nicht weniger als das Kommando über eine preußische Armee, schon weil er selbst kaum über Streitkräfte in nennenswertem Ausmaß verfügte. Seine liberalen Anhänger wollten ihn auch als den „Connetable für Preußen" sehen, so die Worte des Historikers Johann Gustav Droysen (1808–1884). Dem Sieger, der triumphierend von einem Feldzug nach Frankreich zurückkäme, läge Deutschland zu Füßen. Er wäre dann, so das Kalkül in Coburg, mehr als ein Feldherr der preußischen Krone. Ernst lag der „Sieg" von Eckernförde im Sinn. Aus dem Feld wollte er als der von Heer und Volk auf den Schild gehobene Deutsche Kaiser zurückkehren. Ein ihm später untreu gewordener Mitarbeiter verriet seine gewagte Intention, „als preußischer General die Franzosen zu schlagen und dann an der Spitze der siegreichen preußischen Armee die deutsche Sache, d.h. sich selbst zu proklamiren." Napoleon III. kam Ernst jedoch zuvor. Über die Mobilmachung des preußischen Heeres erschrocken und unter dem Eindruck des Grauens auf dem Schlachtfeld von Solferino, das ihn zutiefst erschüttert hatte, ließ sich der französische Kaiser zu einem eilig abgeschlossenen Waffenstillstand mit Österreich herbei (Juli 1859).

Die militärische Lösung der deutschen Frage, für die in Coburg schon eine Art von Drehbuch erstellt worden war, wurde vertagt. Der Herzog wollte das Eisen aber schmieden, solange es noch glühte. Er kam wieder auf seinen Plan einer national-liberalen Parteigründung zurück, der im Literarisch-Politischen Verein von 1853 seine erste, aber nur wenig erfolgreiche Ausprägung erfahren hatte. Kurz nach dem für ihn misslichen französisch-österreichischen Waffenstillstand von Villafranca legte er Gleichgesinnten in einer vom August 1859 datierten Denkschrift von neuem seine Ansichten dar. Demnach erstrebte Sachsen-Coburg die geistige Einigung Deutschlands als Vorstufe der politischen. Der Druck von unten auf die Regierungen sollte so wirksam organisiert werden, dass die Herrschenden sich ihm nicht mehr entziehen könnten: „Die Fürsten werden mit dem Volke gehen müssen." Ernst glaubte für seine Pläne nützliche Gehilfen in dem rührigen Genossenschafter Hermann Schulze-Delitzsch (1808–1883) und in dem hannoveranischen Politiker Rudolf von Bennigsen (1824–1902) gefunden zu haben. Diese hoben im September 1859 in Frankfurt am Main den Deutschen Nationalverein aus der Taufe, der seinen Sitz in Coburg nahm, um von hier aus in Politik und Gesellschaft für einen preußisch geführten deutschen Bundesstaat mit liberaler Färbung zu kämpfen. In den protestantischen Gebieten Nord- und Mitteldeutschlands erfreute sich der Verein regen Zulaufs, sodass seine Mitgliederzahl in den ersten Jahren (bis 1863) auf über 25 000 anstieg. Als Protektor des in Coburg beheimateten Vereins wirkte Ernst II. Die biederen bürgerlichen Honoratioren hatten aber bald ihre liebe Not mit ihm und seiner politischen Sprunghaftigkeit. Seine Vorhaben verstiegen sich, angetrieben von unerfülltem Ehrgeiz, immer mehr ins Abenteuerliche. Er schien zeitweilig jedes vernünftige Maß aus den Augen zu verlieren und wurde um 1860 zu einer „katilinarischen Existenz gefährlichster Art", wie ihn sein böser Gegenspieler Bismarck, alte Sünden aufrechnend, später bezeichnen sollte. Verschwörer gingen am Coburger Hof ein und aus, Unruhestifter aller Art fanden im Gothaer Land wie einst zu Ritter Grumbachs Zeiten ein Refugium. Zur großen Tat, von der zuvor Stockmar gesprochen hatte, konnte sich Ernst aber auch wieder nicht entschließen. So bewies er, dass er doch nicht der „große Mann" war, den Stockmar prophezeit hatte. Sein haltloses Schwanken in dieser Zeit rührt daher, dass er mit seinen politischen Sehnsüchten allein stand. Er wollte anderes als der von ihm protegierte Nationalverein, dessen Führungspersonal ein sanftes Hinübergleiten in ein preußisch geführtes und liberal regiertes Reich wünschte. Von einem plebiszitären Volkskaisertum im bonapartistischen Stil träumend, liebäugelte Ernst immer mehr mit dem „Vierten Stand" der Kleinbürger und der unterbürgerlichen Schichten.

So begann sein gefährlichstes Spiel. Auf einer Ausschusstagung des Nationalvereins im Dezember 1859 forderte der Herzog dazu auf, jede Fixierung auf Preußen zu beenden und den Blick verstärkt auf das Vereinswesen der Sänger, Turner und Schützen zu richten, das sich nach 1848 erneut kräftig entwickelt hatte und dessen Dynamik aus der „Tiefe und Masse des Volkes" einer revolutionären Aktion zugute kommen konnte. In Coburg war man auf der Suche nach einer Massenbasis für den „Mann und die Tat". Diese konnte nur in einer großen Allianz der in Vereinen organisierten Öffentlichkeit zu finden sein. Mit den Vereinen gegen die Regierungen!

„Sänger, Turner, Schützen/ sind des Reiches Stützen", hieß es ironisch und mehrdeutig in einem Gedicht des Münchner Künstlers und Höflings Franz Graf Pocci (1807–1876). Und wirklich lebte der nationale Einheitsgedanke nach der gescheiterten Revolution für die breiten Volksschichten vor allem im bürgerlich-kleinbürgerlichen Vereinswesen weiter. In den Gesangsvereinen, der Domäne mehr oder weniger stimmgewaltiger Männer, fand die Hoffnung auf das gemeinsame Reich auch nach 1848/49 eine Heimstatt. Man traf sich auf Sängertagen zum Singen und zum Feiern und konstituierte damit zugleich eine Grenzen überschreitende Form von Öffentlichkeit. Ernst II., selbst gern komponierend, lud den *Thüringer Sängerbund* zu großen Zusammenkünften in Coburg ein. So wurde aus der Stadt ein Mittelpunkt für die Pflege nationalen Liedgutes, in dem unverhältnismäßig oft von des Reiches versunkener und bald neu erstehender Herrlichkeit gesungen wurde. Die Begeisterung für Musik schlug immer wieder in vaterländischen Enthusiasmus um, der sich auch an der Person des großzügigen Förderers Herzog Ernst entzündete. Nachdem die Stadt Coburg endlich 1858 an das Eisenbahnnetz angeschlossen worden war, entwickelten sich die Sängertreffen zu Massenveranstaltungen von bis dahin kaum gekannten Ausmaßen. Zum *Dritten Coburger Sängertag* vom 21. bis 28. Juli 1860 trafen einige tausend Teilnehmer und Gäste aus dem ganzen deutschen Sprachgebiet in der kleinen Stadt unter der Veste ein, die damit an die Grenzen ihrer Aufnahmefähigkeit stieß. An der Festhalle, in der die Gesangsdarbietungen stattfanden, begrüßte sie die übergroße Inschrifttafel: „Der deutsche Sang/ Vereint durch Wort und That/ Giebt Eintracht uns/ Bringt Deutschland goldne Saat!" Festumzüge und Feiern dienten der Zerstreuung, aber auch dem Gemeinschaftserlebnis. Als Höhepunkt der Veranstaltung erschien den zahlreichen Teilnehmern die Uraufführung der von Ernst II. komponierten Hymne „An die Deutsche Trikolore" für Männerchor mit Begleitung von Blechinstrumenten auf einen Text des coburg-gothaischen Kabinettsrates Gustav von Meyern-Hohenberg: „Altes Banner deutscher Grösse,/ fühlst du deines Ruhmes Blösse?" Neben dem in Coburg allenthalben gehissten schwarz-rot-goldenen Banner, dem Emblem der Revolution von 1848/49, wurde in dem Lied auch das andere Nationalsymbol, der Adler, beschworen: „Breitet nicht der Aar/ über unsre Schaar/ neu verjüngt schon sein Gefieder?/ Lebe, fliege, kämpfe wieder, / und nach langem Traum der Macht grüsst dich/ neue Herrscherpracht." Die Ergriffenheit der Zuhörer und ihr patriotischer Jubel kannten keine Grenzen mehr, wie mehrdeutig ein Zeitungsbericht meldete.

1862 wurde in Coburg, der Stadt des Nationalvereins, auch der *Deutsche Sängerbund* gegründet. An dem Festakt nahmen 5 000 Menschen teil. Noch vor dem Entstehen des Nationalstaates sammelte sich die Nation im Verein. Daran hatten auch die Turner ihren Anteil. Anders als die emotional zwar erregten, aber politisch harmlosen Sänger riefen die Turner mit ihren teils paramilitärischen Aktivitäten das Misstrauen der deutschen Regierungen wach. Den Behörden war nicht recht verständlich, wofür sich die Vereinsmitglieder körperlich ertüchtigten. Etwa für kommende Barrikadenkämpfe? Wegen solcher Befürchtungen war die Gründung eines Turnvereins zu dieser Zeit mit großen Hemmnissen verbunden. Ernst II. von Sachsen-Coburg und Gotha war dagegen schon frühzeitig als Förderer der Turnerei hervorgetreten und hatte im Revolutionsjahr 1848 einen entsprechenden Verein in der Stadt Coburg genehmigen lassen. Dieser steckte sich ein weit reichendes Ziel, nämlich „die Heranbildung nationaler, geistig und leiblich rühriger Männer, die tüchtig (...), wahrhaft und wehrhaft sein sollen." Der Coburger Turnverein begann 1860, eine wichtige gesamtdeutsche Rolle zu spielen. In diesem Jahr richtete er das *Erste allgemeine deutsche Turnfest* aus. Im Juni 1860, einen Monat vor dem Sängertag, trafen sich daher bereits patriotisch bewegte Massen in Coburg. Die kleine Stadt lebte einen Sommer lang im nationalen Ausnahmezustand. Immerhin 1 200 Turner aus fast allen deutschen Ländern strömten zusammen, um ein Spektakel für noch viel mehr Zuschauer zu bieten. Es folgten aufeinander Wettspiele, Festumzüge und Festlichkeiten mit Musik. Der feierliche Einzug einer Abordnung von Turnern aus Schleswig-Holstein, das nach wie vor von Dänemark beherrscht wurde, trieb die nationale Begeisterung auf einen Höhepunkt. Der Coburger Nationalismus hatte ausgeprägten Festcharakter, – nicht zuletzt der Freude des Herzogs an Pomp und Feierlichkeit wegen. Angesichts der Multiplikatorenfunktion der vielen angereisten Teilnehmer ist es nicht übertrieben, für die Jahre 1860/61 von Coburg als dem Zentrum der in Vereinen versammelten deutschen Nationalbewegung zu sprechen. Der Elan der Wettkämpfe, Umzüge und Jubelfeiern schloss eine Politisierung nicht aus. Im Gegenteil. Das galt zumal für denjenigen Zweig vom ausladenden Baum deutscher Vereinsbildung, der den für öffentliche Sicherheit und Wahrung des Landfriedens zuständigen Behörden die größten Sorgen bereitete, für die Schützen.

Bei ihnen handelte es sich nun einmal um waffentragende Männer, die auch mehr oder minder gut mit dem Gewehr umzugehen verstanden. Obwohl sich gerade in Preußen bei den Obrigkeiten Widerstand regte, gelang es Ernst II. doch mit großer Kraftanstrengung, in Gotha ein *Deutsches Schützenfest* zu veranstalten, das unter seiner Schirmherrschaft vom 8. bis 11. Juli 1861, zeitgleich mit dem Thüringer Turnfest, stattfand. Die begeisterten Zuschauer bekamen eine Feier Uniformierter zu sehen, da sowohl die Schützen als auch die Turner in einheitlicher, teils verwegener Kostümierung durch die Stadt marschierten. Beim Festkorso paradierten mehr als tausend Menschen in geschlossenen Formationen durch Gotha, über deren Köpfen neunzig sehr unterschiedliche Vereinsfahnen aus verschiedenen deutschen Gegenden flatterten. Ein Sinnbild nationaler Einheit, wie Herzog Ernst es liebte. In seiner Eröffnungsrede hatte er die Fahnen eigens angesprochen: „Das edle deutsche Volk fühlt sich in seiner Kraft. Nach Einigung drängen sich die Massen und so schaarten sich auf den ersten Ruf die deutschen Schützen aus allen Gauen um ihre Fahnen, und jubelnd begrüßen wir hier vor uns all' die Fähnlein, die von fern gekommen." Ein Höhepunkt zielbewusster Demagogie war die mit patriotischen Formeln angefüllte Abschlussrede des Herzogs, mit der es ihm gelang, die in politischen Fragen keineswegs konformen Schützen zum Zusammenschluss im *Allgemeinen Deutschen Schützenbund* zu bewegen. Viele Anwesende wollten davon eigentlich nichts wissen, da es ihnen nur um apolitische Geselligkeit und um fröhliches Schießen zu tun war. Ernst hatte aber mit den Schützen noch viel vor. Das Vereinswesen musste zentralisiert werden, damit der Coburger es in die Hand nehmen konnte.

Den durch ihre Spione gut informierten Regierungen musste es so erscheinen, als ob sich Herzog Ernst, der in Gotha feurige Reden vor den Massen hielt, an die Spitze einer revolutionären Bewegung stellen wollte. Ein Höhepunkt der Gothaer Tage war schließlich der umjubelte Einmarsch von 28 *Turnerschützen* aus Coburg, die ein wenig hochtrabend als „erste Kompanie deutscher Volkswehr" bezeichnet wurden. Sie trugen rote Hemden nach dem Vorbild der Freischaren Garibaldis, der *Garibaldini*, die ein Jahr zuvor im „Zug der Tausend" nach Sizilien der Einigung Italiens mit revolutionärer Gewalt zum Durchbruch verholfen hatten. Mit der Eroberung Neapels im Verein mit piemontesischen Soldaten hatten die Rothemden die Herrschaft der Bourbonendynastie beendet. Bot dieser Gewaltakt in Süditalien das Vorbild für die Schaffung des deutschen Nationalstaates? So etwa sah jedenfalls das Coburger Rezept aus. Die Kabinette waren alarmiert, seit der in Coburg ansässige Nationalverein auf seiner Generalversammlung in Heidelberg im August 1860 beschlossen hatte: „Der deutsche Nationalverein wird in jeder ihm möglichen und gesetzlich zulässigen Weise die Bildung von Wehrvereinen fördern." Diese Wehrvereine mit ihren im Waffenhandwerk geschulten Mitgliedern sollten die Wehrkraft Deutschlands gegen einen potenziellen auswärtigen Feind wie das Frankreich Napoleons III. stärken. Sie konnten in letzter Konsequenz aber auch eine Bürgerkriegsarmee für den Kampf gegen die Heere der Fürsten bilden. Aus dieser Ambivalenz erklärte sich die Besorgnis in Regierungskreisen, denen es nur wenig Beruhigung bot, wenn der Nationalverein erklärte, die Schaffung der Wehrorganisation nur gesetzlich vorantreiben zu wollen. Ernst II. wollte solche Rücksichten ohnedies nicht nehmen. Er steigerte sich immer mehr in seinen revolutionären Wunschtraum hinein, dass ein Volk in Waffen ihn als Imperator auf den Schild heben würde. Bereits im Oktober 1859 hatte er in einem Memorandum an den Vorstand des Nationalvereins mit erstaunlicher Offenheit seine Absichten preisgegeben. Darin redete er der gewaltsamen Aktion das Wort, wenn weitere Denkschriften und Deklamationen für die nationale Sache ergebnislos blieben. Dann müsse sich eben „die Schar der Patrioten als dichtgeschlossene Phalanx auf den Kampfplatz begeben und die Fürsten und Gouvernements entweder durch Druck gewaltsam zur Selbstaufgabe zwingen oder total vernichten." Eine zweifellos kühne Sprache, die aber auf eine entscheidende Tatsache verwies: auch in Deutschland lag die Macht am Ende bei jenen, hinter denen die meisten Männer mit geladenen Gewehren standen.

Als Leiter für den Aufbau der Wehrorganisation war ein Mann vorgesehen, der fortan bei Hof in Coburg ein- und ausging, der aber gleichzeitig in Preußen als Deserteur steckbrieflich gesucht wurde, nämlich der vormalige preußische Ingenieuroffizier Friedrich Wilhelm Rüstow (1821–1878). Er hatte im Jahre 1848 so heftige Kritik an den militärischen Zuständen in seinem Heimatland geübt, dass er zu mehrjähriger Festungshaft verurteilt wurde, der er sich jedoch durch die Flucht in die Schweiz, damals ein wahrhaft revolutionäres Staatswesen, entzog. Er arbeitete als Sachverständiger für den eidgenössischen Generalstab und wirkte zeitweilig als Dozent für Kriegswissenschaft an der Universität Zürich. 1860 nahm Rüstow als Oberst und Generalstabschef Garibaldis am Freischarenzug nach Sizilien teil und wirkte persönlich bei der Einnahme Neapels mit. Der abtrünnige Preuße verkörperte somit den Typus des revolutionären Kriegsmannes im Europa des 19. Jahrhunderts. Von Coburg aus sollte er aus den vorhandenen Schützenbünden eine deutsche Milizarmee schaffen, der in den Konzeptionen oder vielmehr in den Visionen

Ernsts II. eine entscheidende Rolle zukam. Hier ist auch noch ein anderer Mann zu erwähnen, den der Herzog in diesen kritischen Jahren 1860/61 in seinen Dienst nahm und dem er blind vertraute, der sich dann aber zu seinem „Bösen Geist" (Hans-Thorald Michaelis) entwickelte. Auf den preußischen Staatsangehörigen Karl Friedrich Bollmann (1830–1863) trifft in besonderem Maße das Verdikt eines Honoratioren aus dem Nationalverein zu, Ernst umgebe sich mit „Gesindel und verkrachten Literaten". Außer hochfliegenden Umsturzplänen und einer kleinen Schrift mit dem dreisten Titel „Verteidigung des Machiavellismus" hatte der junge Bollmann in der Tat nichts zu bieten, als er 1859 erstmals mit dem Herzog in Verbindung trat. Selbst machiavellistischen Gedanken zuneigend, fand der Fürst bei einer persönlichen Unterredung im Januar 1859 großes Gefallen an dem von sich sehr überzeugten Schriftsteller aus der preußischen Provinz. Bollmann erhielt die Stelle eines coburg-gothaischen Kabinettsrates und gehörte somit fortan zu den engsten Mitarbeitern Ernsts. Er sollte Verbindung zu den Schützen, den Turnern und den noch zu bildenden Wehrvereinen halten. Anstelle des wegen vielerlei Beschäftigungen stets abgelenkten Herzogs trieb Bollmann den Aufbau der deutschen Volksarmee und das Coburger Revolutionsprojekt voran. Die Anstellung Bollmanns sollte sich freilich als peinlicher Missgriff erweisen, da dieser das in ihn gesetzte Vertrauen in keiner Weise rechtfertigte. Ganz unverständlich war diese falsche Personalentscheidung des Dienstherrn indessen nicht, sie entbehrt nicht einer gewissen Logik. Der literarisch interessierte Herzog umgab sich gern mit Schriftstellern und Poeten, die er zu Kabinettsräten und zu Vertrauten machte, seien es Gustav von Meyern-Hohenberg (1820–1878) oder Eduard von Tempeltey (1832–1919). Abenteurer vom Schlage Bollmanns wurden da gebraucht, „wo seine von ehrlichen Gesinnungen erfüllten Diener und Beamten seinen fantastischen Plänen nicht mehr folgen wollten" (Kurt Dorien).

Hätte Ernst nur mehr Menschenkenntnis besessen, so wäre Bollmann von ihm wohl bald als die paranoide Persönlichkeit durchschaut worden, die er zu Coburgs Unglück war. Der irrsinnige Preuße wollte Revolution auf eigene Rechnung machen. In seinen wahnhaften Vorstellungen sah er sich selbst als den deutschen Napoleon. Aufgrund der grotesken Selbstüberschätzung Bollmanns war der Bruch mit dem Herzog zuletzt unvermeidlich. Ernst sah sich angesichts von Erpressungsversuchen seines Intimus im August 1861 doch zu dessen Entlassung gezwungen. Warum hatte er damit so lange gezögert? Gab es eine homosexuelle Komponente in der Beziehung zwischen den beiden Verschwörern aus dem Fürstenstand und aus der Gosse? Auf den Bruch folgte die Katastrophe für das Ansehen Ernsts beim Bürgertum. Mit einer unheimlichen Lust am eigenen Untergang ließ der einstige Vertraute nichts unversucht, um den Herzog bloßzustellen und mit allen Mitteln zu schädigen. Nach Hamburg und später nach Dänemark entwichen, setzte Bollmann eine Reihe von Pamphleten in Umlauf, mit denen er den Coburger vor dem deutschen Volk anklagen wollte. Auch wenn niemand den eigenartigen Machwerken des Desperados große Bedeutung zumessen konnte, so unternahmen doch nicht einmal Ernsts treueste Anhänger den Versuch, die Enthüllungen über abenteuerliche Umsturzpläne für pure Fiktionen zu erklären. Bollmann war zwar wahnsinnig, aber er log nicht. Während von Bollmanns Werkstatt in Kopenhagen aus immer neue peinliche Offenbarungen in die Welt gesetzt wurden, geriet Sachsen-Coburg Ende 1861 in eine Krise, die zeigte, dass der Zenit der europäischen Bedeutung des Hauses überschritten war.

Den nervlich ohnedies angegriffenen Herzog erreichte im Dezember 1861 die Nachricht vom Tod des Bruders Albert. In England erlebte er, nach eigenem Bekunden, „die traurigste Weihnachtszeit (...), deren ich mich zu erinnern weiß. Am zweiten Festtage kam dann auch mein Oheim aus Brüssel herüber, welcher in dem Schicksalsschlage eine Art von Auseinanderfall der verschiedenen Häuser von Coburg erblicken und prophezeien zu sollen meinte." Onkel Leopold, der Architekt coburgischen Aufstieges, war in seinem Alter ein großer Pessimist geworden. Er orakelte nun wiederholt vom Niedergang seiner Familie, der sich nach Alberts Tod beschleunigen müsse. In Deutschland jedenfalls war viel an Kredit verspielt worden, zumal bei Ehrenmännern aus dem Großbürgertum, die mit einer Mischung aus Verwunderung und Verachtung auf die jakobinischen Auswüchse in Coburg und Gotha blickten. Zwar versuchte die liberale Presse, der Bollmann-Affäre so wenig Beachtung wie möglich zu schenken. Dennoch waren Schwung und Selbstvertrauen aus der um Coburg konzentrierten Massenbewegung geschwunden. Insbesondere Ernsts eigene Selbstsicherheit hatte sehr gelitten. Manches Fragwürdige an seinem bisherigen Vorgehen wird ihm nun wohl selbst klar geworden sein.

Es ist charakteristisch für den Herzog, wenn er sich den Selbst-zweifeln und der Kritik durch die Flucht nach Afrika entzog. Der Übergang von den politischen zu touristischen Abenteuern voll-zog sich bei ihm rasch und ohne Bruch. Von einem Vortrag des Geographen August Petermann (1822–1878), der beim Verlag Perthes in Gotha arbeitete, zu einer Reise nach Abessinien (Äthio-pien) angeregt, erteilte Ernst dem ebenfalls mit dem Hause Perthes verbunden Zoologen Alfred Brehm (1829–1884) am 1. Februar 1862 den Auftrag, eine Jagd- und Forschungsexpedition in das Landesinnere Ostafrikas vorzubereiten, an der Seine Hoheit mit Frau selbst teilnehmen wollten. Alles musste rasch gehen. Bereits am 25. Februar stach die Reisegesellschaft von Triest aus in Richtung Alexandria in See. Neben dem Herzogspaar und den Eheleuten Brehm nahmen auch zwei Prinzen aus den verwandten Häusern Leiningen und Hohenlohe sowie der Reiseschriftsteller Friedrich Gerstäcker (1816–1872) an der Expedition teil. Aus Gerstäckers Feder stammen farbige Berichte über den für damalige Verhältnisse überaus ungewöhnlichen Ausflug nach Afrika, die von vielen deutschen Blättern abgedruckt wurden. Die bunten Berichte aus dem fremden Kontinent, die besonders von herzog-lichen Jagderlebnissen handelten, trugen dazu bei, die deutsche Öffentlichkeit von der düsteren Bollmann-Affäre abzulenken, die indes weiter schwelte, da der hasserfüllte Desperado weiterhin Streitschriften gegen den Herzog in die Welt schleuderte. Ein Jahr später sollte Bollmann jedoch seiner sinistren Existenz selbst ein Ende bereiten und in Kopenhagen durch Selbstmord aus dem Leben scheiden. In dieser schwierigen Zeit erwies sich Gustav Freytag als vertrauenswürdiger Freund für das Haus Coburg. Er sorgte für eine wirkungsvolle literarische Darstellung von Ernsts Afrikareise und stieg wieder zum einflussreichsten Berater des schwer gedemütigten Herzogs auf, dem er bescheidenes Auftreten in allen deutschlandpolitischen Fragen nahe legte. Freytags Gebot politischer Abstinenz wurde jedoch nicht durchgängig befolgt. So konnte sich Ernst nicht enthalten, nach seiner Rückkunft aus Afrika am Deutschen Schützenfest teilzunehmen, das im Juli 1862 in Frankfurt am Main stattfand. Bei seinem Fernbleiben wäre es wohl zum Bruch mit der volkstümlichen Nationalbewe-gung gekommen, war der Fürst doch immerhin Gründer und Ehrenpräsident des im Vorjahr in Gotha ins Leben gerufenen Deutschen Schützenbundes. In Frankfurt hielt sich der Coburger aber zurück, als es galt, Reden vor versammeltem Volk zu halten.

Die wenigen Worte, die er bei der Übergabe des Bundesbanners der Schützen sprach, fielen vergleichsweise gemäßigt aus: „Und so mag es wehen, dies herrliche Banner! Von Frauenhand gewoben, sei's Eurer Ehre angetraut, ein deutsches Banner, das deutsche Männer vereinigt."

Vereinigt zu welchem Zweck? Darüber herrschte nun Unklarheit bei den Schützen selbst und bei ihrem Ehrenpräsidenten. Und dies gerade zu einer Zeit, da die meisten Zeitgenossen davon überzeugt waren, dass die deutschen Dinge unwiderruflich auf eine Entscheidung zuliefen. Im Zentrum der Entscheidungen stand Preußen. Hier hatte sich der Elan der Neuen Ära erschöpft. Wilhelm I., der 1848 als „Kartätschen-Prinz" zur brutalen Niederschlagung des revolutionären Volkes von Berlin geraten hatte, trug nun die Königskrone, die er sich in einer aufwändigen Zeremonie in Königsberg selbst aufs Haupt gesetzt hatte. Trotz aller monarchischen Selbstgewissheit dieser Inszenierung war das Königtum in Preußen doch weniger gefestigt denn je. In Berlin wurde die Machtfrage gestellt, weil der von den Liberalen dominierte Landtag selbst die Kontrolle über die Gewehrläufe anstrebte. Die Alternative in der innenpolitischen Auseinandersetzung lautete einfach: Parlamentsheer oder Königsheer? Die Krone schien im Wettkampf um die bewaffnete Macht zu unterliegen. In diesem Zusammenhang war es nicht unwichtig, dass Ernst II. von Sachsen-Coburg und Gotha wie andere Monarchen auch ein nominelles militärisches Kommando in Preußen führte. Ihm, dem schneidigen Reitersmann, unterstanden die Kavalleristen vom 7. Kürassierregiment, das in der Provinz Sachsen (Halberstadt) stationiert war. Unmittelbar nach dem Frankfurter Schützenfest besuchte der Herzog „seine" Soldaten, wobei ihm die preußischen Untertanen am Halberstädter Bahnhof frenetische Ovationen darbrachten. Dies klang den Berliner Höflingen bedrohlich im Ohr. Seit langem fürchtete die alte adlige Elite Preußens um ihre Privilegien, sie sah allenthalben demokratische Intrigen der Coburger Clique am Werk, zu der eben auch die preußische Kronprinzessin Viktoria gehörte. Die preußische Armee, deren Führungsränge bisher eine Domäne der Aristokratie waren, sollte nach der Forderung der liberalen Abgeordneten in ein Volksheer mit bürgerlichen Offizieren umgewandelt werden. Wo bliebe dann der Adel? Heftig mit den Abgeordneten um den künftigen Status der Streitkräfte kämpfend, hatte König Wilhelm Alpträume, in denen er vor dem Berliner Schloss bereits die Guillotine emporwachsen sah. Am 9. Oktober 1862 berief er den altmärkisch-pommerschen Junker Otto von Bismarck (1815–1898) zum Ministerpräsidenten, der in der Tat das letzte Aufgebot der konservativen Altpreußen verkörperte. Hinter Bismarck stand Albrecht von Roon (1803–1879), der preußische Kriegsminister, ein scharfer Gegner aller liberalen Milizpläne, der strikt für die Beibehaltung der herkömmlichen Heeresverfassung eintrat. Roon hasste den Coburger als Parteiführer der Gegenseite, der offensichtlich eigene Interessen in den Vordergrund stellte und vor bedenklichen Intrigen nicht zurückscheute.

Das alte Preußen, in die Ecke getrieben, bewies einmal mehr seine Hartnäckigkeit. Bismarck trat an, entschlossen, den Kampf mit den Abgeordneten bis zum Ende auszufechten, wobei er sogar den offenen Bruch der Verfassung achselzuckend in Kauf nahm. Dafür war er bereit, den ohnedies unaufhaltsamen nationalen Bestrebungen entgegenzukommen. Das Feld der deutschen Einheit war bisher von Coburg aus eifrig bestellt worden, sodass ein Zusammenstoß der bei der Wahl ihrer Mittel bedenkenlosen Rivalen Bismarck und Ernst II. nicht ausbleiben konnte. Dabei befand sich Bismarck zunächst in der schwächeren Position. Im Konflikt mit dem Abgeordnetenhaus stehend und in der Öffentlichkeit zunächst denkbar unbeliebt, hing sein politisches Dasein nur von der Gunst König Wilhelms I. ab. Daher fürchtete der Ministerpräsident den coburgischen Einfluss so sehr, der bekanntlich diskret an den Höfen wirkte und für den in Berlin das preußische Kronprinzenpaar stand. *Vicky*, einst die Lieblingstochter des Prinzen Albert, wurde zur prominentesten Feindin Bismarcks, gegen dessen übermächtigen Einfluss auf den alternden König sie aber nichts ausrichten konnte. Immerhin sahen die alten preußischen Eliten in dem Ministerpräsidenten ihre letzte Hoffnung, ihnen gehörte das Ohr des Monarchen viel eher als der liberalen Schwiegertochter aus England. So blieb der verhasste Mann vorerst im Amt. Sachsen-Coburg kam in Berlin nicht an sein Ziel.

Blieb noch Wien. Angesichts der Politik Bismarcks, den Ernst verächtlich aber nicht unzutreffend als Exponenten einer Partei von „Junkern, Reactionärs und Führern der alten Camarilla" einstufte, schien für den Coburg-Gothaer Liberalismus eine Hinwendung zur anderen deutschen Großmacht im Süden nahe zu liegen. Nun hatte es aber Österreich nie verstanden, den Liberalen im Deutschen Bund irgendwelche Zuversicht einzuflößen, doch war abzuwarten, ob die Wiener Regierung ihre Chance nutzen würde, aus dem politischen Wirrwarr in Berlin Profit zu ziehen und Sympathien bei der deutschen Nationalbewegung zu ernten. *Bundesreform* lautete das neue Zauberwort, mit dem auch der Coburger wegen des reaktionären Bismarckschen Kurses nun umging. Dabei galt es über den eigenen Schatten zu springen, immerhin war die Bundesorganisation selbst für die Liberalen der Inbegriff politischer Reaktion und nationaler Stagnation. Als alle Deutschen überwölbendes Dach konnte sie aber den Ansatzpunkt für Modernisierungen bieten, die selbst nationalstaatliche Konturen nicht ausschlossen. Im Juni 1863 reiste Herzog Ernst daher nach Wien. In Gesprächen mit Kaiser Franz Josef schärften sich die Umrisse einer von Österreich als der Präsidialmacht des Bundes zu initiierenden Reform. Tatsächlich entschloss sich die sonst so zögerliche Wiener Politik zu resoluten Schritten in die von Ernst gewünschte Richtung. Um auf höchster Ebene über eine Umgestaltung der deutschen Verfassungsverhältnisse zu beraten, lud der Kaiser von Österreich für den 15. August 1863 die deutschen Bundesfürsten und die Vertreter der Freien Städte nach Frankfurt am Main, an den Sitz des Bundes, ein. Zur Debatte stand die Einrichtung eines zu wählenden Bundesparlamentes, eines obersten Gerichtshofes und einer Bundesexekutive. So hätte man zumindest die dringlichsten Forderungen der deutschen Nationalbewegung auffangen können. Allerdings ließ die österreichische Regierung von Anfang an keinen Zweifel daran aufkommen, dass sie die Führung in einem solcherart modernisierten Bund für Habsburg beanspruchte. Deshalb war es für Bismarck nicht schwer, seinen König vom Besuch des Frankfurter Fürstentages abzuhalten, um auf diese Weise das Wiener Vorhaben zu sabotieren.

Ohne preußische Beteiligung war der Frankfurter Fürstentag im August 1863 ein politisch fragwürdiges, aber zumindest in gesellschaftlicher Hinsicht glanzvolles Ereignis. Für die liberale Nationalbewegung kam nichts heraus. Das Ergebnis für Ernst II. persönlich fiel zumindest zwiespältig aus. Auch ihm war die Unmöglichkeit bewusst, die nationalstaatliche Entwicklung gegen Preußen voranzubringen. Als Sinnenmensch genoss er jedoch die Ovationen der Frankfurter Bevölkerung, die ihn vom Schützenfest im Vorjahr her noch gut kannte. Umso schlechter war der Herzog freilich bei seinen eigenen Standesgenossen angeschrieben. Zu einer Galaaufführung zu Ehren des österreichischen

Kaisers in der großherzoglichen Oper Darmstadt wurde er mit Bedacht nicht eingeladen. Ein gezielter Affront. Noch bezeichnender für seinen üblen Ruf in höfischen Kreisen ist eine Anekdote, die der hessische Minister Carl Friedrich Reinhard von Dalwigk (1802–1880) überlieferte: Ernst wurde bei einem Bankett während des Fürstentages von der boshaften Festregie neben dem blinden Großherzog Friedrich Wilhelm von Mecklenburg-Strelitz (1819–1904) platziert, der die liberale Nationalbewegung mit ganzer Seele hasste. Dieser fragte nun, wer neben ihm sitze. Als er die Antwort erhielt, rief der Großherzog vernehmlich aus: „Da bin ich ja in ganz schlechte Gesellschaft geraten!" Von den eigenen fürstlichen Kollegen solcherart teils offen angefeindet, musste Ernst es ertragen, wenn Österreich ihn nur als untergeordneten Bündnispartner nutzen wollte, damit er die deutschen Liberalen in das Lager Habsburgs führe. Über allen in Frankfurt versammelten Fürsten, ob sie sich nun mochten oder nicht, schwebte drohend die noch unbeantwortete Frage nach der Vormacht über Deutschland, sei es Preußen oder Österreich. Bismarck schickte sich an, die Entscheidung dieser Frage zu forcieren.

5.2.3 Im preußischen Reich

Im Jahre 1863 verschärfte sich wiederum der Konflikt um Schleswig-Holstein, der zur Nagelprobe für die deutsche Nationalbewegung werden sollte. Es war nicht zuletzt eine Frage dynastischer Erbfolge, die den alten Streit wieder aufrührte. Im November 1863 erlosch mit dem Tod König Friedrichs VII. von Dänemark die alte königliche Linie des Hauses Oldenburg. Unter der Garantie der Großmächte erbte Christian IX. aus der Glücksburger Linie die Krone des dänischen Reiches. Ein Verwandter aus der Linie Sonderburg-Augustenburg, Friedrich VIII. (1829–1880), der 1848/50 auf deutscher Seite gegen Dänemark gekämpft hatte, erhob einen konkurrierenden Erbanspruch auf Schleswig-Holstein. Wegen des Streits mit höchst komplexem dynastischem Hintergrund flammten die nationalen Leidenschaften im Norden mit aller Kraft wieder auf. Damit belebte sich auch der Mythos von Eckernförde wieder, der in der Krise neuen Wind in Sachsen-Coburgs Segel blasen konnte. Immerhin residierte Friedrich VIII., der „Augustenburger", seit seiner Vertreibung durch die Dänen im Exil in Gotha. Sein Freund Ernst II. zögerte denn auch nicht, ihn als regierenden Herzog von Schleswig-Holstein anzuerkennen. Der Kampf für die „gerechte Sache" des Herzogs ohne Land sowie für die Befreiung der deutschsprachigen Nordelbier vom dänischen Joch würde der lahmenden deutschen Nationalbewegung frisches Leben einhauchen und das Patt zwischen Konservativen und Liberalen aufbrechen, das seit Bismarcks Amtsantritt in Berlin jeden Fortschritt in den wichtigsten politischen Fragen zu hemmen schien. So schöpfte der Herzog von Sachsen-Coburg neue Hoffnung. Gotha wurde zum Zentrum einer publizistischen Kampagne zugunsten des Augustenburgers, die Freytag und Tempeltey organisierten. Ernst sprach persönlich bei Napoleon III. vor, um Frankreich für die Augustenburger Ansprüche einzunehmen.

Im weiteren Verlauf der Schleswig-Holstein-Krise ließ sich aber nicht mehr verkennen, dass der Takt der Musik immer weniger in Coburg oder Gotha, sondern fast ausschließlich in Berlin geschlagen wurde. Hier lenkte nun ein Politiker, der sich immer mehr als großer Staatsmann erwies, das preußische Staatsschiff auf epochale Entscheidungen zu. Bismarck stimmte im Hinblick auf Schleswig-Holstein mit der liberalen Nationalbewegung nur in einem Punkt überein. Auch er wünschte ein Ende der dänischen Beherrschung dieses Landes. Dieses Ziel erreichten preußische und österreichische Truppen, die in einem Blitzfeldzug im Frühjahr 1864 Schleswig und Holstein im Namen des Deutschen Bundes eroberten. Nun betrieb Bismarck aber nördlich der Elbe entschlossen preußische Annexionspolitik. Um den Augustenburger, den er nicht als regierenden Fürsten in Kiel sehen wollte, bekümmerte er sich in keiner Weise. Das Berliner Lösungsmodell der Schleswig-Holstein-Frage durch Anschluss an Preußen lag mit dem Gothaer Modell eines eigenständigen Bundesfürstentums im Widerstreit. Macht ging vor Erbrecht des Augustenburgers. Im Verlauf des Jahres 1865 trat Bismarck unverhohlen für die Annexion der Elbherzogtümer ein, die allerdings einen Casus Belli mit Österreich schaffen musste, das immer noch eigene Truppen dort stationiert hatte. Die energische, wenig rücksichtsvolle Politik des Mannes in Berlin machte nun aber den Deutschen Eindruck, die wegen des Scheiterns ihrer nationalen Ambitionen in Apathie gefallen waren. So trieb Bismarck geschickt einen Keil in das Lager des Liberalismus. Hellsichtig schrieb Gustav Freytag zu Neujahr 1865 an Ernst II.: „Es ist immerhin merkwürdig, wie zahlreich die Menschen sind, welche der Ohnmacht der Mittelstaaten überdrüssig und imponirt durch die militärischen Ereignisse des letzten

Jahres [1864], bereit sind, leitende Grundsätze des Liberalismus zu opfern, um mit Bismarck wenigstens in der Stille zufrieden zu sein, wenn er nur eine Kraft zeigt." Die leise Zustimmung zum Kraftmenschen Bismarck konnte sich in lauten Jubel verwandeln, sobald einmal die deutsche Kernfrage nach der künftigen Führungsmacht entschieden sein würde.

Der immer mehr erstarkende Mann an der Spitze Preußens entwickelte sich zum Hoffnungsträger der deutschen Nationalbewegung. Um Ernst II. wurde es entsprechend einsamer. Er sah sich sogar genötigt, auf den in preußischer Richtung abfahrenden Zug zur deutschen Einheit aufzuspringen. Im Herbst 1865 nahm er an den Heeresmanövern in Preußen teil und leistete bei dieser Gelegenheit Abbitte für sein früheres Kokettieren mit den unruhigen Volksmassen. Der Berliner Hof nahm ihn wieder in Gnaden an. Vergessen waren vorerst die einstigen verschworenen Vereinsaktivitäten, vergessen war aber auch der Augustenburger, der immer noch auf seine Einsetzung auf den Herzogsthron in Kiel wartete. Bereits 1861 hatte das Herzogtum Sachsen-Coburg und Gotha eine Militärkonvention mit dem Königreich Preußen abgeschlossen, mit der die Truppen des Kleinstaates dem preußischen Kommando unterstellt wurden. Das war zu jener Zeit gewesen, als die Liberalen noch hoffen durften, eines Tages die Volksarmee zu erreichen, sodass dann die Waffen nicht mehr dem König, sondern den Bürgern zu Gebote stünden. Dieses Abkommen gewann nun eine ganz andere Bedeutung, nachdem sich die politischen Gewichte verschoben hatten. Es band das kleine thüringische Fürstentum bei der kommenden Entscheidung über die Vorherrschaft in Deutschland auf Gedeih und Verderb an die preußische Militärmacht. Als sich der Krieg im Frühjahr 1866 immer deutlicher abzeichnete, stieg die Aufregung in der Umgebung Ernsts II. Er war weit davon entfernt, sich mit der von der Konvention nahegelegten Rolle eines königlichen Vasallen einfach abfinden zu wollen. Coburg suchte zum letzten Mal die Chance zu eigenständiger Politik, die nur in jenem Abgrund liegen konnte, der sich nun zwischen den Gegnern Österreich und Preußen auftat. Dabei hatte Ernst durchaus den klaren Menschenverstand auf seiner Seite, der dazu riet, alles zu tun, um den Wahnsinn eines Krieges unter Deutschen mitten in Deutschland um jeden Preis zu vermeiden. Das Bedürfnis nach einer Alternative, einer Coburger Alternative, war vorhanden. Worin konnte diese Alternative bestehen? Ernst wusste es selbst nicht recht, doch hoffte er immer noch darauf, dass ihm das Schicksal oder zumindest die politischen Konjunkturen einmal günstig sein würden. Er suchte einen eigenen Weg zwischen Wien und Berlin, wobei er engen Kontakt mit seinem Vetter, dem österreichischen Außenminister Graf Mensdorff-Pouilly hielt. Zugleich nutzte er aber auch seine Beziehungen zum preußischen Kronprinzenpaar. Wenn man den Frieden wollte, so musste man den Kriegstreiber Bismarck stürzen. Das konnte nur auf dem Weg über den Berliner Hof geschehen. Der stets wohlinformierte Bismarck wusste bald über die „Coburger Machenschaften" Bescheid, die ihm in den spannungsreichen Wochen vor Beginn des Deutschen Krieges 1866 denkbar ungelegen kamen. Daher entschloss sich der Ministerpräsident zum Gegenschlag. Er entfesselte eine Pressekampagne, um dem Coburger seine Grenzen aufzuzeigen. Es ist dabei erstaunlich, mit welcher Heftigkeit die von Bismarck dirigierten Berliner Blätter auf den Herzog einschlugen. Er wurde in gehässigen Zeitungsartikeln bloßgestellt. Darin war die Rede vom albernen „Schützenkönig" und vom spießbürgerlichen „Nationalvereinsherzog" in Filzpantoffeln, der in maßloser Selbstüberschätzung schon einmal „Deutsche Kaiser-Generalprobe abgehalten" habe. Ernst, der besser als andere wusste, dass die Vorwürfe nicht ganz unberechtigt waren, musste seine familiären Verbindungen einsetzen, um weitere Attacken auf seine Ehre zu unterbinden.

Bismarck hatte die Schwächen Ernsts erkannt. Er wusste, dass der Herzog kein starker Gegner war, man ihm folglich mit einer Machtdemonstration leicht beikommen konnte. Tatsächlich sprang Ernst nun Hals über Kopf mit einer für ihn bezeichnenden Volte in das preußische Lager. Für diesen Sprung dürften wieder eher persönliche Ambitionen ausschlaggebend gewesen sein als die Rücksichtnahme auf die gefährdete Lage des eigenen Herzogtums, das bei einem innerdeutschen Waffengang zwischen den Fronten zu liegen kommen musste. Die Stadt Gotha befand sich beinahe unter den Kanonen der preußischen Festung Erfurt, während Coburg von den mit Österreich verbündeten Bayern bedroht wurde. Als der Krieg dann tatsächlich ausbrach, zog Ernst ohne vorherige Konsultation der Volksvertreter mit seinem kleinen Kontingent zu den Preußen. Ende Juni 1866 halfen die coburg-gothaischen Soldaten, den Durchbruchsversuch der hannoveranischen Armee zu den verbündeten Sachsen, Österreichern und Bayern bei Langensalza in Nordthüringen zu vereiteln. Während Coburg, wo sich noch die Herzogin aufhielt, von den sehr maßvoll auftretenden Bayern besetzt wurde, schloss sich Ernst dem Stab der preußischen Armee bei Königgrätz an. Dort fand dann am 3. Juli 1866 die entscheidende Schlacht statt, die dem Bruderkrieg ein baldiges Ende bereitete.

Am 26. Juli kam zwischen Preußen und Österreich im südmährischen Nikolsburg ein Vorfrieden zustande, diesem folgten dann Abkommen zwischen den Siegern und den österreichischen Verbündeten unter den deutschen Staaten. Während diese Unterhandlungen im Gang waren, trafen die Rivalen Herzog Ernst und Graf Bismarck aufeinander. Der preußische Ministerpräsident gab sich dabei ganz als der versöhnlich gestimmte Sieger. Er bot an, das Herzogtum Sachsen-Coburg und Gotha zur Belohnung für den rechtzeitigen Kurswechsel um Sachsen-Meiningen zu vergrößern, dessen Herzog Bernhard II. in Berlin als fanatischer Preußenhasser bekannt geworden war. Aus dynastischen Rücksichten verzichtete der Coburger jedoch. Keineswegs lehnte er aber ab, als ihm Bismarck die bislang kurhessische Herrschaft Schmalkalden anbot, die als willkommene Abrundung des Gothaer Territoriums erschien. Am Ende hat dann aber der preußische Staat das Schmalkaldener Land wie das gesamte Kurfürstentum Hessen selbst annektiert, doch wurde dem Herzog der vormals kurfürstliche Staatsforst um Schmalkalden mit einer Ausdehnung von immerhin 8800 Hektar als Privateigentum überlassen. Auf diese Art in die Beuteverteilung einbezogen, hat sich Ernst II. selbst jeder politischen Bewegungsfreiheit beraubt. Er wurde endgültig zum Vasallen Berlins und beteiligte sich am Marsch in das preußische Reich.

Bismarck arbeitete nun an der Gründung des Norddeutschen Bundes, der die ganze durch ausgiebige preußische Annexionen bereinigte deutsche Staatenwelt nördlich des Mains umfassen sollte. Auch den thüringischen Fürstentümern stand der Eintritt in den Bund bevor, der nichts anderes als ein Groß-Preußen zu werden versprach. Alle Faktoren politischer, militärischer und wirtschaftlicher Macht sollten auf den von Bismarck als Bundeskanzler zu führenden Bund übergehen. Ehe die Bundesverfassung am 1. Juli 1867 in Kraft treten konnte, hatten die kleinstaatlichen Regierungen noch einen zähen Kampf um ihre Rechte ausgefochten, der Bismarck bisweilen zu Ausfällen reizte. So äußerte er zum coburg-gothaischen Staatsminister Camillo von Seebach (1808–1894), der ein Maximum an kleinstaatlicher Souveränität retten wollte: „Mit zwei Landräten will ich Ihrem Herzog sein

Ländchen regieren!" Die thüringischen Fürstenstaaten erschienen immer mehr als ein Anachronismus, der einen nicht mehr zu rechtfertigenden administrativen Mehraufwand nötig machte. Auch Ernst II. hielt, anders als sein von der Existenzberechtigung des Kleinstaates überzeugter Minister von Seebach, sein Land für eine nicht mehr ganz zeitgemäße Erscheinung auf der Landkarte. In einer Reihe von Denkschriften setzte er sich mit der Notwendigkeit einer möglichst weitgehenden Mediatisierung der deutschen Territorien auseinander. Für ihren Souveränitätsverzicht sollten die vormals herrschenden Fürsten aber Mitspracherechte bei der Regierung von Bund oder Reich erhalten. Ernst sprach sich für die Schaffung eines deutschen Oberhauses nach englischem Vorbild aus, „welches aus den regierenden Fürsten und den Häuptern der früher regierenden Häuser bestehen würde." Er mochte daran denken, Bismarck künftig als liberaler Oppositionsführer auf Reichsebene gegenüberzutreten. An einem solchen Widerlager für seine Politik hatte der Reichsgründer aber verständlicherweise kein Interesse. Er verankerte statt dessen in der norddeutschen Bundesverfassung von 1867, die 1871 in ihrem Wirkungsbereich zur deutschen Reichsverfassung erweitert werden sollte, die Institution des Bundesrates als des obersten Regierungsorgans, der eine Vertretung der an Bund und Reich beteiligten Regierungen sein sollte. Mit den Beamten aus den Landeshauptstädten wollte Bismarck zusammenarbeiten, nicht mit den Fürsten selbst, als deren Sprecher sich ein Ernst von Sachsen-Coburg 1867 zu profilieren wünschte.

Der Norddeutsche Bund bot dem Herzog nicht die Bühne für große Auftritte. Dafür blieb Sachsen-Coburg und Gotha in seiner überkommenen Form als Herzogtum erhalten, das im Rahmen der Bundesverfassung eine Reihe sekundärer Befugnisse in den Bereichen Verwaltung, Finanzwesen, Verkehr, Schule, Kirche, Wissenschaft und Kunst behielt. So war es gerechtfertigt, wenn die Dynasten weiter ihrer Ämter walteten. Kulturpolitik und Kunstpflege wurde zu ihrer eigentlichen Domäne. Dies entsprach der Tradition thüringischer Fürsten aus der ernestinischen Linie, genügte einem Mann wie Ernst II. aber nicht. Zwar betätigte er sich ab und an als großzügiger Mäzen, so bei der Errichtung des neuen Gothaer Museumsgebäudes 1879, wirklich am Herzen lag ihm aber nur sein Hoftheater, das jeweils etwa für ein halbes Jahr in den Residenzstädten Gotha und Coburg spielte, wobei es ordentliche Leistungen erbrachte. Ernst war manchmal selbst als Schauspieler aufgetreten, doch störte die Zuschauer seine thüringische Sprachfärbung. In die Verwaltung seiner beiden Länder hat er sich kaum eingemischt. Dies war auch nicht erforderlich, da ein Spitzenbeamter mit überlegener Sachkenntnis alle Fäden gut in der Hand hielt. Camillo von Seebach, ein Patriarch der Akten und Kanzleien, amtierte beinahe vierzig Jahre hindurch als Vorstand des coburg-gothaischen Staatsministeriums. Erst 1888 wurde er als beinahe Achtzigjähriger in den Ruhestand verabschiedet. Seebach hatte sich den Ruf eines überzeugten Liberalen erworben, weil er fortschrittliche Akzente setzte, wenn es die eng gezogenen Möglichkeiten im Kleinstaat zuließen. Die Schulgesetzgebung des Herzogtums aus den Jahren 1863/72 galt als vorbildlich und fand Nachahmung in anderen thüringischen Staaten.

In den Gang der Verwaltung brauchte Ernst II. somit kaum einzugreifen. Wenn er sich in die Innenpolitik einbringen wollte, so musste er deutlich die Grenzen seiner Macht als konstitutioneller Monarch erkennen. Dies galt besonders für die so lange Zeit anhängige Frage der völligen Verschmelzung der beiden Landesteile. Diese empfahl sich immer dringlicher, weil der hohe Aufwand für die beiden Verwaltungen in Coburg und Gotha nach 1867 kaum noch finanzierbar war. Insbesondere Coburg litt unter seiner hohen Verschuldung und konnte die drückenden Militärlasten, die unter dem neuen preußischen Regiment anfielen, kaum aufbringen. Die wohlhabenderen Gothaer wollten für das arme Stammland ihres Herrscherhauses nicht in die Bresche springen. Die gothaischen Abgeordneten stellten sich taub, als Herzog Ernst in seiner Thronrede vor dem Landtag anlässlich seines 25-jährigen Thronjubiläums 1869 nochmals seinen „Herzenswunsch" nach der Vereinigung betonte. Der von Minister Seebach heftig beklagte „spießbürgerliche Kirchturms-Eigensinn der Volksvertreter" stemmte sich hartnäckig gegen den Zusammenschluss. Damit verleidete er Ernst die kleinstaatliche Politik, wenn es dessen überhaupt noch bedurft hätte. Auch seine Ehe mit der badischen Prinzessin Alexandrine (1820–1904), die er 1842 geheiratet hatte, war nicht der ruhende Pol, die sie hätte sein sollen. Das Paar hatte keine Kinder. Dafür waren Ernsts zahlreiche Affären, nicht zuletzt mit Schauspielerinnen seines Hoftheaters, Gesprächsstoff in den beiden Residenzstädten. Ein Ausgleich für die zahlreichen politischen und menschlichen Enttäuschungen mag die Jagd gewesen sein, der er mit einem gewissen Fanatismus in seinen thüringischen und österreichischen Revieren nachging. Bei der Bevölkerung des Thüringer Waldes galt er als „Hasen-Ernst", weil er seine exklusiven Jagdrechte nach Herrenart unerbittlich zur Geltung brachte. Andererseits konnte er sich in der Gesellschaft seiner Jagdkumpane auch sehr jovial geben und erwarb sich so den volkstümlichen Beinamen „Joppen-Ernst".

Seit dem Tod des belgischen Königs Leopold I. 1865 war Herzog Ernst Senior und Oberhaupt des Hauses Sachsen-Coburg und Gotha, doch hat er selbst keine dynastische Politik mehr betrieben. Die einzelnen Zweige der Familie gingen getrennte Wege und entwickelten sich unterschiedlich. Als zeitweiliger Held der deutschen Nationalbewegung war Ernst auch weit davon entfernt, eine europäische Alternative zum aufblühenden Nationalismus seiner Zeit anbieten zu wollen. Coburgische Hauspolitik war nicht seine Sache, eher ging es ihm um persönliche Ambitionen. Als sein Neffe Ferdinand 1887 den gefährlichen Posten eines Fürsten von Bulgarien antrat und Hilfe beim Senior des Hauses suchte, hat Ernst nicht viel für ihn getan. Dabei spielte natürlich auch Resignation wegen seiner eigenen Erlebnisse von Machtlosigkeit eine Rolle. In der Zeit, als sich die politischen Spielregeln des entstehenden Bismarck-Reiches ausbildeten, zwischen 1867 und 1871, versuchte Ernst immer wieder, sich in das Geschehen der deutschen Politik einzubringen. Er zählte dabei besonders auf seine verwandtschaftlichen und freundschaftlichen Beziehungen zum Kronprinzen und zur Kronprinzessin von Preußen. Allerdings musste er bald feststellen, dass seine Ratschläge in Berlin nicht gehört wurden. Nicht minder erfolglos verliefen seine Versuche, beim Feldzug gegen Frankreich 1870 ein militärisches Kommando im preußischen Heer zu erlangen. Die Generäle erinnerten sich noch sehr gut seiner einstigen Vereinsaktivitäten, außerdem hielt man ihn für zu nervös und zu sprunghaft, sodass ihm keine Verantwortung übertragen werden sollte. Ernst weilte dann ohne Funktionen beim deutschen Hauptquartier in Versailles und gehörte zur Staffage bei der Kaiserproklamation vom 18. Januar 1871, in deren Mittelpunkt Wilhelm I. und Bismarck standen. Wenige Monate zuvor hatte Ernst nach der Schlacht bei Sedan noch einmal Napoleon III. zu Gesicht bekommen, sein einstiges Vorbild. Der Kaiser der Franzosen war nach der Niederlage mit den Resten seiner Armee in die Kriegsgefangenschaft der Preußen geraten. Der Herzog beschrieb die Szene: „An demselben Tage [2. September 1870] sollte mir noch beschieden sein, dem auf der Straße von Donchery im offenen Wagen daherkommenden Kaiser Napoleon zu begegnen. Vorüberziehende Truppen hatten eine Stockung verursacht, der Wagen des Kaisers wurde zum Stehen gebracht, sodass es mir möglich war, mich bemerkbar zu machen und vom Pferde aus mich zu verneigen. Er winkte freundlich mit der Hand, sprach aber kein Wort; zum letzten Male in diesem Leben sah ich in seine umflorten wehmüthigen Züge."

Selbst wenn der eine als trauriger Gefangener in der Kutsche saß und der andere scheinbar als Sieger zu Pferde, so waren sie doch beide Verlierer. Auch Ernsts letzter Anlauf führte nicht ans Ziel. Das vom besiegten Frankreich abgetretene Elsass-Lothringen wurde bis 1879 als deutsches „Reichsland" organisiert. Danach suchte man für die Verwaltung des Landes am Oberrhein einen Reichsstatthalter, der in einem prächtigen Palais in Straßburg residieren und seiner erheblichen Repräsentationsaufwändungen wegen sogar ein höheres Gehalt beziehen sollte als der Reichskanzler. Den begehrenswerten Posten erhielt schließlich ein preußischer Generalfeldmarschall, Edwin von Manteuffel (1809–1885), obwohl die Elsässer und Lothringer froh gewesen wären, keinen Militär aus Berlin an der Spitze ihres Landes sehen zu müssen. Vielleicht wären sie mit Ernst zufriedener gewesen, der sich auch um das Straßburger Amt bemüht hatte. Er traute sich die Fähigkeit zu, die neuen deutschen Staatsangehörigen im Westen mit ihrer Situation auszusöhnen. Bismarck hatte aber keinerlei Interesse daran, dass in Straßburg eine Art liberaler Gegenresidenz entstand, die es selbstbewusst mit der Berliner Zentrale aufnahm. Einen gefügigen Funktionär wie Manteuffel wollte der Kanzler lieber mit der schwierigen Mission im Elsass betrauen als den unberechenbaren Ernst, mochte sich auch der Kronprinz persönlich für seinen Coburger Verwandten einsetzen. Mit dem Ende seines Straßburger Traums blieb für den Herzog nur noch die große Bitterkeit aller Unterlegenen. Dabei lässt sich die Frage kaum beantworten, ob mit ihm auch die Deutschen verloren haben. Er hätte ihnen vielleicht das Elend ersparen können, von den alten preußischen Eliten weiterhin regiert zu werden. So wie es war, stellte das Bismarckreich in politischer, militärischer und wirtschaftlicher Hinsicht eben nur ein vergrößertes Preußen dar. Ein „coburgisch" geprägtes Reich hätte sicherlich die klein- und mittelstaatliche Perspektive stärker berücksichtigt und sich viel weiter für neue Eliten aus dem Bürgertum geöffnet. Ein Erfolg des „Coburger Modells" in Deutschland hätte zweifellos eine beschleunigte Modernisierung der politischen Strukturen und die Synchronisierung der Mitte mit dem Westen Europas bedeuten können. Andererseits war der Coburger Herzog aber eben doch eine zu oberflächliche und im eigentlichen Sinne haltlose Gestalt, als dass er den Deutschen im Wettkampf mit Bismarck eine überzeugende Alternative für den Weg zu Gründung und Bau des Reiches hätte aufzeigen können. Chancen und Risiken hätten sich die Waage gehalten, wenn Ernst zu jener großen Rolle auf nationaler Bühne gerufen worden wäre, zu der er sich drängte. Wenigstens kam so der plebiszitäre Cäsarismus, der 1870 in Frankreich vorerst gescheitert war, im Deutschen Reich nicht zur Ausführung.

Nach dem Misslingen der elsässischen Ambition stürzte sich Ernst II. in den Kampf um die Vergangenheit, um sein Bild in der Geschichte. Zwischen 1887 und 1889 erschien sein dreibändiges Erinnerungswerk „Aus meinem Leben und aus meiner Zeit", das, noch unter der Kanzlerschaft Bismarcks, ein großer Erfolg beim Lesepublikum wurde. Redigiert hat diese als persönliche Erinnerungen formulierten Memoiren allerdings zu erheblichen Teilen ein Historiker von Profession, nämlich der Österreicher Ottokar Lorenz (1832–1904), dem Ernst II. eine Professur an der von Coburg-Gotha mitfinanzierten Universität Jena verschaffte. Lorenz' vertrauliche Mitwirkung ließ deutlich erkennen, dass es dem Herzog um sein Bild bei der Nachwelt ging, wobei er sich vor allem in das beste schwarz-weiß-rote Licht zu stellen suchte. Er nahm für sich in Anspruch, als Vorkämpfer der deutschen Nationalbewegung nichts anderes gewollt zu haben als eben jenes Reich, wie es Bismarcks Politik und die preußischen Waffen erschaffen hatten. So fiel auch ein wenig Abglanz vom Flitter dieses Reiches auf den Coburger Herzog. Es war aber nichts als Lüge und Selbstverrat. Ernst musste wissen, dass Bismarck genau so ein Hasardeur war wie er selbst. Während der Schlacht bei Königgrätz wollte sich der spätere Eiserne Kanzler, als die Österreicher zu siegen schienen, in den feindlichen Kugelhagel stürzen, um seinem Leben und dem abenteuerlichen Haschen nach dem glücklichen Zufall ein Ende zu bereiten. Herzog und Kanzler waren sich am Ende sehr ähnlich. Doch hatte Bismarck mit seinem Glücksspiel ein Staatsgebilde zu Wege gebracht, das den Sehnsüchten der Liberalen, der Geschlagenen von 1848/49, eben doch hohn sprach. Nicht die Ideale der Aufklärung von der Freiheit, vom Frieden, vom Fortschritt und vom Glück für möglichst viele

Menschen bestimmten den Takt, nach dem die Reichsmaschine fortan arbeitete, sondern kühnes Machtstreben und die blasphemische Hoffnung auf den immer wiederkehrenden glücklichen Zufall. Indem er dieses Reich zur Vollendung seiner Wünsche und seines Strebens erklärte, leistete Ernst einen Beitrag zur Korruption des bürgerlichen Liberalismus, die das deutsche Volk samt und sonders noch teuer zu stehen kommen sollte. Mit Recht fehlte es daher den herzoglichen Memoiren nicht eben an Kritikern, die freilich weniger dieses Grundsätzliche bemängelten als vielmehr zahlreiche Entstellungen und Irrtümer im einzelnen, die sie mit unerbittlicher Anwendung historischer und philologischer Methoden nachwiesen. Fast könnte man behaupten, die Kritik an Ernsts Memoirenwerk sei eine der Lieblingsbeschäftigungen von Zeithistorikern im Bismarckreich gewesen. Doch waren die kleinen Fehler im Detail nur eine Folge jenes großen Verrates.

Ernst mochte es noch als einen Gnadenakt der preußischen Machthaber empfunden haben, wenn sie ihm als einstigen Vordermann der bürgerlich-liberalen Nationalbewegung eine goldene Brücke bauten, die in das Neue Reich preußischer Prägung hineinführte. Am 18. Januar 1871, dem zeremoniellen Reichsgründungstag, wandte sich Wilhelm I. von Preußen, nun Deutscher Kaiser, an Ernst mit den Worten: „Ich vergesse nicht, dass ich die Hauptsache des heutigen Tages Deinen Bestrebungen mit zu danken habe!" Auf Anton von Werners bekanntem Bild von der Kaiserproklamation nimmt Ernst von Sachsen-Coburg und Gotha denn auch einen vornehmen Platz unter den anwesenden Bundesfürsten auf dem Podest ein. Er war aber nur Staffagefigur, vereinnahmt als Kapitel in der Vorgeschichte des Bismarckreiches. Das liberale Coburger Modell wurde in Deutschland verkauft für das Kaiserkostüm Wilhelms I. Nachdem Ernst II. am 22. August 1893 gestorben war, ging der Deutungskampf in eine neue Runde. An seinem ersten Todestag gründete sich in Coburg ein Komitee, das ihm ein Denkmal errichten wollte. Den Vorsitz übernahm der betagte Rudolf von Bennigsen, der Oberpräsident der preußischen Provinz Hannover und einst, in den Jahren 1859 bis 1867, Vorsitzender des in Coburg ansässigen Deutschen Nationalvereins. Das Komitee veröffentlichte im August 1894 in den deutschen Zeitungen Spendenaufrufe zugunsten des geplanten Denkmals, die zumindest in Berlin mehr Spott als Spendierfreude hervorriefen. Journalisten und Karikaturisten gaben erheitert ihre Meinung darüber kund, dass nun auch Joppenherzog Hasen-Ernst sein

Denkmal bekommen würde. Tatsächlich wirkte es ein wenig komisch, wenn die ergraute Avantgarde des Liberalismus dem Kult um ihr einstiges Idol dauerhaften Ausdruck verleihen wollte. Das Denkmal wurde allen höhnischen Kommentaren zum Trotz aufgestellt: Ernst ragt in Erz im Coburger Hofgarten als monumentaler, martialischer Reiter ins Neue Reich empor. Bei der Enthüllungsfeier am 10. Mai 1899 hielt Eduard von Tempeltey, einst herzoglicher Kabinettsrat, 1897 als Wirklicher Geheimer Rat in den Ruhestand befördert, eine Weiherede, in der er den verstorbenen Herzog einmal mehr als Verkörperung eines coburgischen Liberalismus pries: „Sein einziges Ziel war die Aufrichtung, Entwicklung und Erhaltung des verfassungsmäßigen Rechtsstaates. Diesem Ziel ist er niemals untreu geworden, niemals hat er das Recht gebeugt; unablässig hat er die Wohlfahrt seines Landes im Herzen getragen und immer war er bestrebt, so wirthschaftlichem wie geistigem Fortschritt vorurtheilslos die Wege zu bahnen, selber innerlich wahrhaft freigesinnt." Das Denkmal selbst widerspricht den allzu biederen Worten. Es zeigt einen Condottiere zu Pferd, für den Vergangenheit und Zukunft wenig zählen, sondern nur der Zufall und das Glück, dem er nachjagt. Tempelteys Worte waren auch eine späte Grabrede auf den Coburger dynastischen Liberalismus. Die kleine Residenz wurde nationalistisch. So markierte die Feier am Denkmal im Mai 1899 den symbolischen Abschied Coburgs vom 19. Jahrhundert.

5.3   Englische Prinzen als deutsche Herzöge

Auf Ernst II. folgte 1893 Alfred, Duke of Edinburgh, der 1844 geborene zweitälteste Sohn des englischen Königspaares Victoria und Albert. So hatte es das noch anlässlich von Alberts englischer Hochzeit 1840 von Ernst I. erlassene Familienstatut für den Fall der Erbenlosigkeit des regierenden Herzogs vorgesehen. Die aus Coburger Wurzel stammenden Dynasten betrachteten das deutsche Herzogtum eben als Familienbesitz, bei dessen Vererbung streng nach dem Hausrecht verfahren wurde, mochte dies auch nationalistische Hitzköpfe auf beiden Seiten der Nordsee stören. Der Zusammenhalt der in Europa weit verzweigten Fürstenfamilie trat immer besonders dann zu Tage, wenn es galt, Besitzrechte zu wahren. Dies zeigte sich beispielsweise im Jahre 1849, als Ernst II.

nach der Revolution im Gothaer Staatsgrundgesetz auf den Besitz an den fürstlichen Domänen zugunsten des Fiskus verzichtete. Darauf reagierten die Oberhäupter des englischen, des österreichischen und des belgischen Zweiges von Coburg, indem sie im Mai 1849 Verwahrung gegen die entsprechenden Bestimmungen des Grundgesetzes einlegten. Ihrer Ansicht nach handelte es sich bei den strittigen Gütern um Familieneigentum, an dem der Staat keine Ansprüche geltend machen durfte. Ihr Protest fand insoweit Beachtung, als das neue gemeinsame Grundgesetz für Gotha und Coburg von 1852 in der Domänenfrage die Bestimmungen von 1849 aufhob. Die Güter blieben der fürstlichen Familie, lediglich ein Teil der Einnahmen kam der Staatskasse zugute.

Da Ernst II. legitime Nachkommen fehlten, musste sich der englische Prinz Alfred, der Bruder des späteren Königs Edward VII. (S. 235), schon früh mit dem Gedanken vertraut machen, dereinst als Herzog über Coburg und Gotha zu herrschen. Diese Vorstellung erschreckte ihn. Alfred war weit gereist und hatte maritime Vorlieben. Daher konnte er sich mit der Aussicht auf das Ländchen fern vom Meer kaum anfreunden. Bereits als ganz junger Mann hatte der Prinz mit der britischen Marine Reisen ins Mittelmeer, ins südliche Afrika und in die Karibik unternommen. Er entwickelte sich zum begeisterten Seefahrer, absolvierte mit 23 Jahren die erste Weltreise, der noch weitere folgen sollten. Als erster Angehöriger des britischen Königshauses besuchte er den australischen Kontinent. So kannte er das Britische Empire und die übrige Welt.

Auch seiner Frau fehlte der Bezug zur deutschen Fürstenstaatlichkeit. Alfred hatte 1874 in St. Petersburg Maria Alexandrowna (1853–1920), die Tochter Alexanders II. von Russland, geheiratet. Ein Glanzstück wenigstens aus der Sicht der britischen Diplomatie, wurden doch die imperialistischen Rivalen Russland und Britannien auf dynastischem Wege einander angenähert. Indessen erreichte Alfreds Laufbahn in der Royal Navy ihren Höhepunkt, gerade zu der Zeit, da der Glanz des Empire am hellsten erstrahlte. Seit 1887 Admiral, kommandierte er, auf Malta residierend, das britische Mittelmeergeschwader. 1893 folgte seine Ernennung zum Großadmiral *(Admiral of the fleet)*. Der britische Seemann kannte kein höheres Ziel. Die folgende Karriere, insbesondere der Regierungsantritt in Sachsen-Coburg und Gotha, erschien dem weltläufigen Alfred mit gutem Grund als Abstieg. Einen Tag nach dem Ableben Ernsts II., am 23. August 1893, leistete er, der

Familienräson folgend, in Schloss Reinhardsbrunn im Thüringer Wald in Gegenwart seines Neffen Kaiser Wilhelm II. den Eid auf die Verfassung seines Herzogtums. Obwohl nun regierender deutscher Fürst, nutzte er doch jede Gelegenheit, um nach England zu reisen. Die Umstellung auf die kontinentalen Verhältnisse und den kleinen Hof fiel dem Fünfzigjährigen äußerst schwer. Seinem Admiralskollegen Fisher klagte er anlässlich einer der englischen Reisen, er finde Coburg „deadly dull" und werde sich aufgrund seines Schicksals als Herzog noch einmal die Kehle durchschneiden. Den Sprung aufs Festland hatte Alfred zuletzt nur wegen der Launen seiner Frau unternommen, die als Tochter eines russischen Kaisers darunter gelitten haben soll, dass ihr am englischen Hof der zeremonielle Vorrang zugunsten der Gemahlin des Prince of Wales als des künftigen Königs verwehrt wurde. In Coburg und Gotha war sie hingegen ohne Abrede das Zentrum des höfischen Universums.

Unterdessen geriet Herzog Alfred kurz nach Antritt des ungeliebten Erbes in die Mühlen des Nationalismus, die Sachsen-Coburg als europäisches Phänomen vollends zermahlen sollten. Der Internationalität der Coburger fiel es zunehmend schwerer, die Staatsgrenzen zu überspringen. Im britischen Unterhaus fand im November 1893 eine erregte Debatte zu der Frage statt, ob es hinnehmbar sei, wenn Alfred als deutscher Fürst weiterhin einen Rang in der britischen Flotte bekleiden und dafür sogar noch ein Gehalt beziehen dürfe. Alfred, der die Navy für den besten Teil seines eigenen Lebens hielt, mochte sich nicht von seiner Würde trennen, freilich auch nicht von den Einkünften. Premier Gladstone sprach sich vor dem Parlament dafür aus, ihm den Rang eines Admirals als Anerkennung exzellenter Dienste zu belassen, auf den Sold müsse er jedoch verzichten. So lange es nur um den Titel ging und nicht auch ums Geld, ließ sich der Volkszorn auf der Insel leicht beschwichtigen. Anders in Deutschland. Im Februar 1894 nahm sich auch der Deutsche Reichstag des Themas an. An kniffligen juristischen Sachverhalten interessierte Abgeordnete warfen die Frage auf, ob Alfreds britische Staatsbürgerschaft mit seinem Regierungsantritt erloschen sei oder ob sie als fortbestehend zu gelten habe. Wenn er einen nicht nur symbolischen Ehrenrang in der Flotte Englands bekleide, sondern im Kriegsfall auch Kommandoaufgaben übernehme, so müsse er noch Brite sein. Als solcher dürfe er aber nicht gleichzeitig einen deutschen Bundesstaat führen. Wie würde er sich beispielsweise im Falle eines deutsch-britischen Krieges verhalten? Seine Loyalität liege eindeutig bei dem Land seiner Herkunft. Die Presse griff diese Gedanken aus dem Reichstag auf und spann den Faden weiter, sodass die Diplomaten eine Belastung des Verhältnisses zwischen beiden Mächten befürchteten. Um die Wogen zu glätten, griff auch Reichskanzler Graf Caprivi in die Diskussion ein und erklärte den Abgeordneten, dass Alfred als rechtmäßiger Souverän eines deutschen Staates kein ausländischer Staatsbürger sein könne. Seine auswärtigen Verpflichtungen seien mit dem Herrschaftsantritt hinfällig geworden. Der Vertreter von Sachsen-Coburg und Gotha beim Bundesrat pflichtete dem Kanzler bei. Anders sah es wiederum die Londoner *Times*, die Öl ins Feuer goss, als sie in einem Artikel auf dem Fortbestehen von Alfreds englischer Nationalität beharrte. Demnach könne, so das Räsonnieren des Journalisten, der Fall eintreten, dass Alfred wegen seiner Taten als deutscher Fürst wegen Hochverrats vor einem englischen Gericht zur Rechenschaft gezogen werde. Diese Gedankenspiele, deren weitere Verfolgung sich hier erübrigt, zeigen sehr deutlich, dass aufgrund häufiger Interessenkonflikte unter den imperialistischen Mächten immer mit einem Krieg zwischen ihnen gerechnet werden musste. Zumal das deutsch-britische Verhältnis erschien vielen im bedrohlichen Licht eines wachsenden Antagonismus. Das Haus Coburg, das dazu in der Lage gewesen wäre, Brücken zu errichten, geriet auf beiden Seiten in Verdacht.

Alfred selbst hätte schließlich die ganze Aufregung leichter verwunden, wenn er in seiner neuen Stellung zumindest ein wenig zufriedener gewesen wäre. Aber er musste sich mit zahlreichen Auslandsreisen über seine Langweile trösten. Deutsch sprach er schlecht und ungern. In seinem Herzogtum fühlte er sich fehl am Platz. Abwechslung brachten allenfalls die Familienfeiern. Das Herzogspaar hatte vier Töchter, deren Hochzeiten mit großen Festlichkeiten verbunden waren. Bei der Hochzeit der zweitältesten Tochter Victoria Melitta mit Großherzog Ernst Ludwig von Hessen-Darmstadt am 19. April 1894 kam es zur Versammlung europäischer Monarchen und Angehöriger der Hocharistokratie im kleinen Coburg, die Hoffotograf Uhlenhut auf einer berühmten Aufnahme als Familienporträt festgehalten hat. Besonders Herzogin Marie hing als Kaisertochter aus St. Petersburg sehr an diesen glänzenden Inszenierungen höfischen Lebens. Nun war aber dieser Schimmer fürstlicher Feiern denkbar weit von der gesellschaftlichen Realität in den europäischen Staaten entfernt, noch mehr legte er vor das Leben der Coburger Herzogsfamilie selbst einen Schleier der Illusion. Dies zeigte exemplarisch das Ende des einzigen Sohnes von Alfred und Marie, des 1874 geborenen Erbprinzen Alfred. Von der rigorosen, auf herrscherliche Würde bedachten Mutter wenig geschätzt, von dem im Umgang mit Kindern unbeholfenen, häufig abwesenden Vater kaum beachtet, trug der Thronfolger durch Kindheit und Jugend manche schwere Last mit sich. Als künftiger deutscher Fürst leistete er seinen Militärdienst in einem preußischen Garderegiment in Potsdam. Dort soll er eine in Berlin lebende Irin geheiratet haben. Diese unebenbürtige und daher verwerfliche Verbindung wurde vom herzoglichen Haus in undurchdringliches Schweigen gehüllt. Doch müssen deswegen zwischen Mutter und Sohn heftige Streitigkeiten vorgefallen sein, denen der schwache Prinz nicht gewachsen war. Er unternahm im Januar 1899 auf dem Gothaer Friedenstein einen Selbstmordversuch, während die Feiern zur Silbernen Hochzeit seiner Eltern gerade im vollen Gange waren. Die Herzogin entschied, den Verletzten zur Genesung nach Meran bringen zu lassen, schon um ihn vor der Öffentlichkeit zu verbergen. Den Belastungen einer Reise nach Tirol war der ohnehin Lebensmüde aber nicht mehr gewachsen. Er starb bald nach der Ankunft in Meran am 6. Februar 1899.

Unter dem Unglück litt vor allem der Vater schwer, der nun, wie es heißt, noch stärker dem Alkohol zusprach. In dynastischer Hinsicht war es dagegen vordringlich, die erneut eröffnete Nachfolgefrage für das Herzogtum Sachsen-Coburg und Gotha zu regeln. Zu diesen Zweck traf der schwer mitgenommene Herzog Alfred im März 1899 im südfranzösischen Cimiez mit seiner Mutter Königin Victoria zusammen, die vor dem englischen Winter nach Süden ausgewichen war. Die deutsche Presse machte aus diesem Treffen einen „Familienrat des englischen Königshauses", auf dem angeblich „ein deutsches Herzogtum verhandelt" worden sei. Der bevorrechtigte Anwärter Arthur, Duke of Connaught (1850–1942), verzichtete nach einigem Hin und Her für sich wie für seinen Sohn auf das Erbe. So blieb noch der fünfzehnjährige Prinz Charles Edward übrig. Bei ihm handelte es sich um einen Sohn von Alfreds jüngstem, bereits verstorbenen Bruder Leopold (1853–1884). Für Charles Edward sprach nicht zuletzt, dass seine Mutter Helene von Waldeck aus einem deutschen Fürstenhaus stammte. Alfred und Victoria beschlossen, dass *Carl Eduard* sogleich zu seiner weiteren Ausbildung nach Deutschland gehen sollte. Außerdem war vorgesehen, dass im Falle einer vorzeitigen Vakanz des Thrones, mit der wegen des raschen Verfalls von Alfreds Gesundheit zu rechnen war, ein Schwiegersohn des Herzogs, der Erbprinz von Hohenlohe-Langenburg, die Regentschaft zu übernehmen hätte. Carl Eduards teils deutsche Abstammung, die Maßregeln für seine Ausbildung sowie die Bestellung eines württembergischen Standesherrn zu seinem Vormund und potenziellen Regenten für das Herzogtum sollten die deutsche Öffentlichkeit beruhigen. Tatsächlich gab es Aufregung darüber, dass „Ausländer" auf französischem Boden über die Führung eines deutschen Bundesstaates entschieden hatten. Die Debatten aus der Zeit von Alfreds Regierungsantritt 1893/94 waren noch nicht vergessen. 1899 nahm die deutsche Presse noch lebhafteren Anteil an der Regelung der Thronfolge. Der beginnende Burenkrieg in Südafrika heizte die antibritische Stimmung zusätzlich an. Die Leipziger *Grenzboten*, nach wie vor das Organ des nationalen Bürgertums, kommentierten mit den markigen Worten: „Wir Deutschen haben ein Recht zu dem Wunsche: deutsche Lande und Fürstenthrone nicht vom Auslande und von Fürsten in Besitz genommen zu sehen, die unserm Empfinden fremd gegenüberstehen." Und weiter: „Uns will es scheinen, als ob die erste und unerlässliche Bedingung die sei, dass der Fürst ein Deutscher sein muss, zum wenigsten aber ein Mann von durch und durch deutscher Gesinnung. Eine solche wird aber nur ein Prinz haben können, der von Kindheit an deutsche Luft geatmet und eine deutsche Erziehung genossen hat."

Die Aufregung in der Presse sprang auf die beiden Landtage Coburgs und Gothas über, die ein Mitspracherecht in der Frage der Thronfolge beanspruchten. Um der weit verbreiteten Erregung den Wind aus den Segeln zu nehmen, erklärte denn auch der herzogliche Staatsminister Karl Friedrich von Strenge (1843–1907), der wegen Alfreds Desinteresse weitgehende Handlungsfreiheit besaß, die weitere Ausbildung Carl Eduards zur Angelegenheit der Regierung von Sachsen-Coburg und Gotha: „die Erziehung des Thronfolgers soll in Deutschland, soweit als möglich in den Herzogtümern von deutschen Lehrern und Erziehern fortgesetzt werden." Trotz dieser Bekundungen gingen die Spekulationen in der Presse weiter. Preußen oder das Reich sollten, so hieß es fordernd in Zeitungsartikeln, die Rechte des englischen Zweiges der Coburger finanziell ablösen, um Coburg-Gotha dann entweder zu Preußen zu schlagen oder nach dem Vorbild Elsass-

Lothringens als Reichsland zu organisieren. Auch die Sozialde-
mokraten im Gesamtlandtag des Herzogtums machten sich diese
Forderung zu eigen. Gegen das Modell eines Reichslandes in
Thüringen erhoben dann aber Verfassungsjuristen Widerspruch.
Es drohe die komplizierte föderale Statik des Bismarckreiches ins
Ungleichgewicht zu bringen, da sich mit dem Status eines Landes
auch die Stimmenverhältnisse im Bundesrat änderten. So klein das
Land auch war, so großen Anteil fand die Frage, wer darin Herzog
werden sollte. Indessen nahm die zur staatlichen Angelegenheit
erklärte „deutsche Erziehung" Carl Eduards ihren Anfang, an der
auch Kaiser Wilhelm II. persönlich mitwirkte, der sich aufgrund
seines Führungsanspruches und als naher Verwandter aktiv in die
Nachfolgeregelung eingeschaltet hatte. Der Kaiser ordnete an, dass
der Prinz auf der preußischen Kadettenanstalt in Lichterfelde
ausgebildet werden sollte. In diesem ebenso strengen wie unerbittlichen Milieu ging die Umerziehung des Engländers zum
Deutschen rasch und nachhaltig vonstatten. Es genügt der Hinweis, dass der Prinz bald im Fach Deutsch eine bessere Note
erhielt als in Englisch...

5.3.1 Vom Liberalismus zum Nationalismus

Im Juli 1900 starb Herzog Alfred. Der Übergang der Herrschaft
auf Carl Eduard, dessen Eindeutschung die erwünschten Fortschritte machte, ging nunmehr ohne öffentliche Erregung vonstatten. Wie vorgesehen, übernahm Erbprinz Ernst II. von Hohenlohe-Langenburg (1863–1950) als Vormund die Regentschaft.
Der Erbprinz, seit 1896 mit Alfreds Tochter Alexandra verheiratet,
entstammte einem weit verzweigten Familienverband württembergischer und bayerischer Standesherren, die ihren bis ins frühe
19. Jahrhundert behaupteten reichsfürstlichen Status noch keineswegs vergessen hatten. Zugleich wussten sich die Angehörigen des
Hauses Hohenlohe aber auch die Aufstiegsmöglichkeiten zunutze
zu machen, die das Neue Reich von 1871 bot. Ernsts „Onkel"
Chlodwig aus der in Bayern ansässigen Linie Schillingsfürst amtierte bis Oktober 1900 als Reichskanzler, sein Vater Hermann
(1832–1913), Senior der Langenburger Linie, war seit 1894 als
Nachfolger Chlodwigs Reichsstatthalter von Elsass-Lothringen.
So regierte denn der Vater in Straßburg, der Sohn in Coburg
und Gotha, jedenfalls auf Zeit. Ernst hatte eine militärische und
diplomatische Ausbildung durchlaufen. Bei längeren Aufenthalten

in den Metropolen Paris, London, St. Petersburg und Berlin war ihm hocharistokratische Weltläufigkeit zu eigen geworden, wie sie den Lebensstil des Hauses Coburg prägte. Die Regentenzeit des persönlich großzügigen und vornehmen Ernst von Hohenlohe-Langenburg zwischen 1900 und 1905 brachte auch zum letzten Mal die coburgische Liberalität in der Regierungspraxis der Herzogtümer zur Geltung, die danach einer scharfen Wendung nach rechts zum Opfer fallen sollte. Erschrocken über die sozialdemokratischen Wahlerfolge im Herzogtum Gotha, wo die SPD eine Reihe sicherer Hochburgen errichten konnte, entließ der Regent noch im Jahre 1900 den nicht mehr sonderlich handlungswilligen Minister von Strenge. Dieser wurde durch den in Berlin lebenden Juristen und Unternehmer Philipp Hermann Otto Hentig (1852–1934) ersetzt, mit dessen Ankunft frischer Wind in den herzoglichen Amtsstuben zu wehen begann. Der bürgerlich-liberale Hentig verstand es mit einer klugen, auf die Vermeidung offener Konfrontation gerichteten Strategie, den Einfluss der Sozialdemokratie im Gothaer Landtag zu begrenzen. So trat auch die Gegenläufigkeit zum konservativ-agrarisch, allenfalls altliberal gestimmten Coburger Landesteil nicht allzu deutlich zu Tage.

Beim Hofstaat und beim Herzogshaus war der landfremde und fortschrittliche Minister Hentig nicht beliebt. Er stützte sich vor allem auf den Regenten, der seinerseits wieder die fortlebenden liberalen Traditionen des südwestdeutschen Hochadels verkörperte. Es war nur eine Frage der Zeit, wann Hentig mit der Beharrungskraft des Hofes zusammenstoßen würde. Es sollte einmal mehr um die leidige Gothaer Domänenangelegenheit gehen, in der sich Minister und Regent an der liberalen Prinzipien Hohn sprechenden Verquickung von Staats- und Fürstenbesitz stießen. Noch immer verwalteten Staatsbeamte die privaten fürstlichen Güter mit. Hentig beförderte 1901 ein Gesetz durch den Landtag, das eine klare Trennung der Vermögensmassen zwischen Staat und Herrscherfamilie vorsah, wobei letzterer nur noch gesetzlich festgelegte Geldeinkünfte, aber kein Realbesitz mehr verbleiben sollten. Der junge Carl Eduard stellte sich aber gegen das Gesetz, wobei im Hintergrund die englische Verwandtschaft agierte, die eine Schmälerung des Hausbesitzes nicht akzeptierte. So verschliss sich der Reformer Hentig an den konservativen Widerständen von Hof und Herzog. Auch der Regent schied, hinter einer Fassade des Wohlwollens, im Zorn aus dem Amt, als 1905 der volljährig gewordene Carl Eduard selbst die herzogliche Regierung übernahm. 1906 setzte dieser einen Domänenteilungsvertrag in Kraft, der den alten Streit endgültig beenden sollte. Drei Fünftel der Domänen mit dem Großteil des Waldbesitzes behielt das Herzogshaus als Privateigentum, zwei Fünftel kamen an das Land. Der Zugriff des Staates auf die Domäne war weitgehend abgewehrt. Es war gleichsam die Antwort des Gothaer Bürgertums auf die von Carl Eduard inszenierte Wende nach rechts und eine letzte Aufwallung des in Agonie gefallenen Liberalismus, wenn es 1907 den früheren Regenten Ernst von Hohenlohe-Langenburg für den Wahlkreis Gotha in den Reichstag entsandte.

Carl Eduard, seit 1905 mit Victoria Adelheid von Schleswig-Holstein, einer Enkelin des „Augustenburgers" verheiratet, war ein Mann nach dem Geschmack des konservativen Hofadels. Der von ihm aus dem preußischen Innenministerium abgeworbene Spitzenbeamte Ernst Richter (1862–1935) sollte als Staatsminister den neuen Kurs umsetzen, der sich als strikte Modernitätsverweigerung entziffern lässt. Konservatismus und Nationalismus gingen bei Carl Eduard, der unter der Fuchtel Wilhelms II. zum deutschen Chauvinisten erzogen worden war, eine für das Wilhelminische Reich insgesamt charakteristische Verbindung ein. Dabei war der junge Herzog für feurige nationalistische Bekundungen wenig geeignet, da ihm die Verbrüderung mit dem Volk anders als seinem Vorvorgänger wegen seiner gehemmten Natur sehr schwer fiel. Gefangen von Ängstlichkeit und Schüchternheit, konnte er keinen Kontakt zu seinen Untertanen aufbauen. Er verschanzte sich hinter einem starren Zeremoniell und umgab sich mit der für den Kleinstaat wenig passenden Pracht eines aufwändigen Hofes. Dank der reichen Privateinkünfte des Herzogs konnte der Hofstaat sein Eigenleben führen, das jeden Bezug zur Wirklichkeit im Lande vermissen ließ. Der kleine Carl Eduard liebte das „Großhöfische", wie Georg II. von Sachsen-Meiningen spottete, der selbst die Bedeutung der deutschen Bundesfürsten mit mehr Realismus einschätzte. Des Coburgers Bemühen um Volksnähe erschöpfte sich meist darin, Vorbeimärsche von Schützenvereinen abzunehmen. Er bevorzugte das repräsentative Gotha zulasten Coburgs, das um seinen Status als Residenz und Regierungssitz fürchtete. Da sich bei den Reichstags- und Landtagswahlen die Dominanz der Linken im Gothaer Land weiter festigte, ergab sich ein eigenartiger Kontrast zwischen der politischen Wirklichkeit und dem spätabsolutistischen Lebensgefühl in den herzoglichen Schlössern. Selbst der konservative Minister Ernst von Richter aus der strengen Schule der preußischen Verwaltung, den der Herzog 1908 noch geadelt hatte, konnte sich in dieser Atmosphäre nicht behaupten. Er stürzte im Mai 1914, weil er sich in einer eher beiläufigen Angelegenheit mit der Hofverwaltung angelegt hatte. Er zog den kürzeren. Es war nur konsequent, wenn ihm sein Gegenspieler, Hofkammerpräsident Hans Barthold von Bassewitz (1867–1949), nachfolgte. Der Hofadlige wurde am Ende der Herzogszeit zur dominierenden Spezies in Sachsen-Coburg und Gotha, nicht der Staatsbürger. Der im thüringischen Fürstentum urwüchsige Liberalismus war tot. Noch vor 1914 hatten reaktionäre Grundsätze in der Politik den Vorzug erhalten. Das höfische Gotha und das „rote Gotha" der sozialdemokratisch organisierten Arbeiterschaft standen sich mit einer in anderen deutschen Residenzen unüblichen Schroffheit gegenüber. Altes und Neues lagen in den Jahren vor dem Großen Krieg nahe beisammen. Dieser Kontrast gilt auch für die Persönlichkeit des nun erwachsenen, aber immer noch unreifen Herzogs Carl Eduard. Er machte die Jagd zu seinem wichtigsten Zeitvertreib und gebärdete sich dabei wie ein absolutistischer Souverän. Gleichzeitig begeisterte er sich für die Technik, liebte Autos und Flugzeuge. Auf seine Initiative hin entstanden in Coburg und Gotha sehr früh Flugplätze. Die thüringische Residenzstadt nahm sogar bis 1918 einen schwunghaften Aufstieg als Zentrum der deutschen Luftfahrtindustrie. Politische Reaktion und technische Moderne schienen hier eine Verbindung eingehen zu wollen.

Des kleinen Herzogs Carl Eduard eigentlicher Widerspruch war der von Distanz und Nähe zum „Volk". Nach Kriegsausbruch 1914 hatte er sich um demonstrative Verbundenheit mit den feldgrauen Massen zu bemühen, was ihm gar nicht gelingen wollte. Bei Truppenbesuchen an der Front und bei Ordensverleihungen trat er linkisch und wenig überzeugend auf. Bereits im ersten Kriegswinter 1914/15 verschlimmerte sich in Polen sein schon älteres Rheumaleiden derart, dass er immer mehr einen gebrechlichen Eindruck machte und seine Bewegungen noch unbeholfener wurden. Wirklich sicher fühlte er sich während des Krieges nur in der Welt der Befehlsstäbe und in der Gesellschaft hochadliger Heerführer. Die Masse ängstigte ihn, zugleich fühlte er sich als geborener Engländer in Kriegszeiten erst recht verpflichtet, um ihre Gunst zu buhlen. Aufgrund seiner Herkunft musste Carl Eduard den 1914 offenbar gewordenen nationalistischen Zwiespalt Europas besonders intensiv erleben. Er glaubte sich durch den Sprung in den ihm anerzogenen deutschen Chauvinismus vor der Unsicherheit retten zu können. Dies bestimmte sein Verhalten noch mehr nach dem Ende der Monarchie 1918 als zuvor. Die Revolution war in Gotha mit politischen Aufwallungen, in Coburg aber mit aller Ruhe vollzogen worden. Mit seinem einstigen Herzogtum Gotha lebte Carl Eduard seit dem Umsturz in heftiger Fehde. Der Gothaer Landtag beschloss im Juli 1919 mit revolutionärem Selbstbewusstsein ein radikales Enteignungsgesetz gegen die herzogliche Familie, mit der diese ihren gesamten Besitz auf gothaischem Gebiet und sogar jenseits der Landesgrenzen einbüßte. Der alte Ärger der Landespolitiker wegen des Domänenstreits hatte sich in einem Befreiungsschlag Luft verschafft. Auch wenn das Gesetz 1925 vom Reichsgericht kassiert wurde, war doch auf beiden Seiten ein scharfer Bruch vollzogen. Carl Eduard kam nicht mehr nach Gotha. In der einstigen Residenz dachten dafür nur noch wenige an das einstige Fürstenhaus. Anders verliefen die Dinge in Coburg. Hier sahen die bürgerlichen Politiker, die den Scherbenhaufen der Monarchie und des verlorenen Krieges wegzuräumen hatten, die Zukunft von Stadt und Land Coburg in der Vereinigung mit dem Freistaat Bayern. Der Zusammenschluss kam im Jahre 1920 unter Bedingungen zustande, die für die Coburger sehr vorteilhaft waren und bleiben sollten. Auch die Auseinandersetzung mit dem einstigen Fürstenhaus verlief hier anders als in Gotha einvernehmlich. Gegen eine beachtliche Barabfindung ging das Domänenvermögen auf den Staat über, der daraus die „Coburger Landesstiftung" bildete, um für die Bewahrung des Kulturerbes aus fürstlicher Zeit zu sorgen. Im Eigentum Carl Eduards und der Familie verblieben die Schlösser Callenberg und Rosenau, außerdem behielten sie das Wohnrecht auf der Veste Coburg.

Hier lebte der entthronte Herzog weiterhin als öffentliche Figur, die vielen als politische Autorität galt. Den Rechtsschwenk der nun bayerischen Landstadt Coburg hat der frühere Herrscher nach Kräften gefördert. In den ersten schweren Jahren der krisengeschüttelten Weimarer Republik kam den zahlreich entstandenen nationalistischen Gruppierungen und völkischen Verbänden die moralische und auch materielle Unterstützung Carl Eduards zugute. Auch er wollte wie sie einen anderen Staat als die bestehende Republik. Es muss offen bleiben, inwieweit auch die harten vermögensrechtlichen Auseinandersetzungen mit der Gothaer Linken den einstigen Herzog, der zumindest vielen Coburgern immer noch als „Hoheit" galt, zum Aktivisten der demokratiefeindlichen Rechten machten. Unter seinem Protektorat fand am 14./15. Oktober 1922 in Coburg der *Deutsche Tag* statt, bei dem rechte Verbände im Schatten der Veste aufmarschierten. Bei dieser Demonstration gegen die demokratische Ordnung von Weimar und gegen die Siegermächte des Weltkrieges hatten auch Adolf Hitler und seine Nationalsozialisten den ersten großen Auftritt außerhalb Münchens und machten als besonders zügellose Schlägertruppe von sich reden. Fortan sollte der „Herzog von Coburg" zu den Unterstützern Hitlers und seiner Bewegung gehören. Immer wieder bemühte sich Carl Eduard darum, die NSDAP in ein breites Bündnis mit den monarchistischen und rechtskonservativen Strömungen einzubinden. Selbst Bundesführer im „Stahlhelm (Bund der Frontsoldaten)", nutzte er seine Kontakte, um Hitler die Wege zu ebnen. 1931 erwarb er sich als diskreter und erfolgreicher Trommler für eine Allianz der Antirepublikaner in der demokratietreuen Presse den Titel „Herzog der Harzburger Front". In der Tat entsprach es ganz seinen Intentionen, wenn sich im Oktober 1931 in Bad Harzburg die Gegner der Reichsregierung Brüning aus NSDAP, Deutschnationalen und Stahlhelm zusammenschlossen. Dieses Kampfbündnis der äußersten Rechten gegen die Republik bildete die politische Zielvorstellung Carl Eduards getreulich ab, auch wenn es keineswegs den Endzielen Hitlers entsprach, der nach der Zerschlagung des demokratischen Rechtsstaates alle Macht für sich allein zu beanspruchen gedachte. Im Zeichen der Harzburger Konstellation sollte schließlich auch die Machtergreifung der Nazis seit dem 30. Januar 1933 stehen.

Dem ungestümen Hitler mit seiner gewalttätigen Bewegung baute Carl Eduard goldene Brücken zur alten Elite des Kaiserreiches. Harzburg 1931 war für ihn eine wichtige Station, die Bildung der Reichsregierung Hitler- Papen- Hugenberg im Januar 1933 das Ziel, auf das er hingearbeitet hatte. Bereits 1932 ein eifriger Anwalt für die Wahl Hitlers zum Reichspräsidenten gegen Hindenburg, hatte der einstige Herzog auch kaum Schwierigkeiten, den Marsch in den totalitären Staat anzutreten, als sich Hitler, einmal an der Macht, binnen weniger Monate seiner konservativen und monarchistischen Bundesgenossen entledigte. Im Mai 1933 wurde Carl Eduard Mitglied der NSDAP: der „Herzog" in der „Arbeiterpartei". Einst ein Wegbereiter für den Aufstieg Hitlers, lieferte er nach 1933 „ein gutes Beispiel für die Bereitwillig-

keit des deutschen Hochadels, bei den Nationalsozialisten mitzu-
machen" (Heiner Lichtenstein). Das neue Regime zeigte sich
erkenntlich, indem es Ehren und Würden auf Carl Eduard häufte.
Er wurde „Ehrenführer" zahlreicher NS-Formationen, 1937 Mitglied des Deutschen Reichstages und schon 1933 Präsident des
Deutschen Roten Kreuzes. Sein Vorgänger Joachim von Winter-
feldt-Menkin übergab ihm das Amt im November 1933 mit den
Worten: „Jetzt verlangt es der Sinn der Zeitenwende, dass an die
Spitze des Deutschen Roten Kreuzes ein Mann tritt, der seit
Jahren an der Seite des Führers gestanden hat." Das mit morali-
scher Verantwortung, aber mit nur wenigen dienstlichen Verpflichtungen verbundene Amt sollte Carl Eduard bis zum Untergang des Hitler-Reiches 1945 innehaben.

Die demonstrative Hervorhebung des einstigen Monarchen im
Dritten Reich war sicherlich Anerkennung für einen frühen und
prominenten Förderer der „Bewegung", der dem Nationalsozia-
lismus gerade in Coburg fruchtbaren Boden bereitet hatte. Immerhin konnte die NSDAP hier mit dem Wohlwollen des einstigen Fürsten bereits 1929 die Mehrheit im Stadtrat gewinnen
und den Bürgermeister stellen. So wurde die Stadt Coburg zum
Experimentierfeld für spätere Machtergreifungen. Überdies war
die Kollaboration des in England geborenen Carl Eduard wichtig
für die internationale Reputation und für das Ansehen der NS-
Diktatur im eigenen Land. Unfähig, das zynische Spiel zu erkennen, das auch mit ihm getrieben wurde, erbrachte der für Halt
und Orientierung dankbare schwache Ex-Fürst die Leistungen,
die von ihm erwartet wurden. Als DRK-Präsident repräsentierte
er auf zahlreichen Auslandsreisen den Staat Hitlers in der Welt, um
überall den vermeintlichen Friedenswillen seines „Führers" zu
bekunden. Diese Werbetourneen für ein gewalttätiges Herrschaftssystem führten Carl Eduard besonders häufig nach Großbritannien, das sich Hitler als Verbündeten wünschte. Zum letzten
Mal besuchte Carl Eduard sein einstiges Heimatland im Herbst
1938, auf dem Höhepunkt der Sudetenkrise. Eine besonders
makabre Weltreise führte ihn schließlich noch im Sommer 1940
nach Washington und Moskau, wo Carl Eduard als williger Diener
der Lüge die Friedensbereitschaft des Deutschen Reiches bekun-
dete, das neue Kriege vorbereitete.

Nach dem Kriegsende, das für Coburg am 11. April 1945 mit
der Besetzung durch US-amerikanische Truppen erfolgte, wurde
der NS-Würdenträger, der sich keiner Schuld bewusst war, von

den Siegern in ein Internierungslager verbracht. Im Dezember 1946 aus gesundheitlichen Gründen entlassen, sah Carl Eduard seiner Entnazifizierung durch die Coburger Spruchkammer entgegen. Hier hatte er wenig zu befürchten. Er wurde am 15. Juni 1948 als *Mitläufer* eingestuft und unmittelbar vor der Währungsumstellung noch zu einer geringfügigen Geldstrafe von 2 000 Reichsmark verurteilt. Nach Intervention des Bayerischen Justizministeriums nahm die Spruchkammer Ansbach den Fall wieder auf und urteilte am 1. März 1949 erheblich strenger. Als *Minderbelasteter* sollte der vormalige Herzog eine Sühneleistung von 15 000 DM erbringen. Dagegen legten seine Anwälte Berufung ein. Ein weiteres Spruchkammerurteil erkannte in Bamberg am 3. August 1949 wieder auf die Kategorie Mitläufer (2 000 DM Sühne). Ein letzter Spruch nach nochmaliger Intervention des Ministeriums lautete in Nürnberg im Juni 1950 auf minderbelastet. Die Sühneleistung von 5 000 DM erbrachte der Verurteilte leicht. So war das Dritte Reich für Carl Eduard bewältigt. Er starb nach längerem Leiden im März 1954. Die Monarchie, die mit ihm endgültig im Grab verschwand, war für Coburg bereits tiefe Vergangenheit. Die Stadt lag nun an der vom Kalten Krieg gezogenen Grenze, die Europa teilte.

5.4 Das Ende der europäischen Dynastie

Einem kleinen Land fällt es nicht leicht, sich von einer großen Dynastie zu befreien. Der Landtag von Sachsen-Coburg und Gotha hatte einen von den Volksvertretern selbst unbemerkten Versuch zur Emanzipation von der Herrscherfamilie 1899 im Verlauf der Debatte um die Thronfolge unternommen. Sozialdemokratische Abgeordnete verneinten die von ihnen selbst gestellte Frage, ob das Land noch einen Herzog benötige und plädierten für eine Umwandlung in ein „Reichsland". Sollte trotz Hausrecht und fürstlicher Tradition die Bevölkerung nicht selbst entscheiden, wie sie regiert wird und wer an der Spitze steht? Die schmale politische Elite zu beiden Seiten des Thüringer Waldes hatte zwischen 1901 und 1906 am Streit um die Domänen Anteil genommen, als sich der vom Regenten Ernst von Hohenlohe-Langenburg berufene Minister Hentig im Zwist mit der Hofverwaltung und mit der regierenden Familie aufrieb. Es war nicht so sehr der junge Carl Eduard selbst, sondern die im Hintergrund agierenden englischen Verwandten, die eine großzügige Regelung der Besitzfrage vereitelten. Das so mächtige und reiche britische Königshaus betrachtete auch das kleine Herzogtum in Thüringen mit allem Zubehör als Privateigentum, das es gegen Übergriffe zu verteidigen gelte. Der Kompromiss von 1906 beließ denn auch drei Fünftel der Güter dem Herzogshaus.

Unter der eigenständigen Regierung Carl Eduards seit 1905 entwickelte sich der Hof zum Staat im Staat, er koppelte sich von der übrigen Gesellschaft vollkommen ab. Dies war im einst liberal geführten Herzogtum ungewöhnlich und hätte daher eigentlich der Begründung bedurft. Es war ein legitimes Anliegen der Landespolitik, den Hof wieder in den Staat zu integrieren, ihn nach Möglichkeit einem Kontrollrecht der Landesvertretung zu unterwerfen, um so auch die Einflüsse landfremder Dynasten auf die öffentlichen Angelegenheiten zu beschränken. Da das deutsche Herzogtum einem europäischen Herrscherhaus unterstand, mussten die Argumente für seine Emanzipation zwangsläufig dem Repertoire des Nationalen entnommen werden, dessen Evidenz zu Anfang des 20. Jahrhunderts ohnedies von den wenigsten in Frage gestellt wurde. Unter diesen Voraussetzungen tobte seit Kriegsbeginn 1914 auch ein subtiler Kampf um den politischen Primat im Kleinstaat, in dem sich die Abgeordneten des Landtages und der Herzog als Vertreter einer internationalen Dynastie gegenüberstanden. Mit dem so schwachen Carl Eduard hatte die Volksvertretung leichtes Spiel. Am 5. Oktober 1914 forderte der Gemeinschaftliche Landtag von Sachsen-Coburg und Gotha von der Staatsregierung eine Gesetzesvorlage, mit der „Angehörige außerdeutscher Staaten von der Thronfolge in die Regierung der Herzogtümer" ausgeschlossen werden sollten. Diesem Antrag eignete zwar nur ein symbolischer Wert, der aber hoch zu veranschlagen ist. Immerhin hatte Carl Eduard aus seiner Ehe mit Victoria Adelheid bereits zwei gesunde Söhne, Johann Leopold (geboren 1906) und Hubertus (geboren 1909), sodass sich die Frage einer ausländischen Thronfolge überhaupt nicht stellte. Es ging bei dem Ansinnen des Landtags um eine Nationalisierung des herzoglichen Thrones, um die Emanzipation von der europäischen Dynastie. Die Landespolitiker konnten darauf verweisen, dass Großbritannien und Belgien, die mit dem Deutschen Reich im Krieg lagen, von Zweigen eben dieses Hauses „regiert" wurden.

Carl Eduard, seit Kriegsbeginn erst recht ein Getriebener ohne den Mut zur eigenen Meinung, unterstützte die Initiative der Volksvertretung. Der Widerstand kam aus Berlin. Die Reichsleitung fürchtete ungünstige diplomatische Rückwirkungen für Deutschland, wenn einseitig die Ansprüche ausländischer Dynasten annulliert würden. Schließlich saßen auf vielen europäischen Thronen die Angehörigen deutscher Fürstenhäuser, sodass alles für ein bedachtsames Vorgehen sprach, um nicht Ärger bei neutralen Staaten hervorzurufen. Solche Rücksichtnahmen galten nicht für die Landtagsabgeordneten, die gegen die Berliner Einsprüche weiter für die mit nationalen Argumenten verfochtene Emanzipation von der Dynastie eintraten. Die Fortdauer des Krieges mit der von ihr bewirkten Radikalisierung kam diesen Wünschen schließlich entgegen. Anfang 1917 fühlte man sich in Coburg und Gotha stark genug, die Einwände der deutschen Diplomatie zu ignorieren. Das Ziel, England symbolisch zu treffen, fand im dritten Kriegsjahr bei der Bevölkerung viel Anklang. Am 12. März 1917 setzte Carl Eduard seine Unterschrift unter das vom Landtag beschlossene Gesetz, mit dem seine englischen Verwandten ihre Ansprüche in Sachsen-Coburg und Gotha einbüßten. Im Wortlaut: „Mitglieder des herzoglichen Hauses, die einem außerdeutschen Staat angehören, verlieren das Recht der Regierungsnachfolge für sich und ihre Nachkommen, wenn ihr Heimatstaat Krieg gegen das Deutsche Reich führt." Die Formulierung nahm auf das Königshaus von Bulgarien Rücksicht, das 1915 an der Seite Deutschlands in den Krieg eingetreten war.

Das coburg-gothaische Landesgesetz vom 12. März 1917 fand seine spiegelbildliche Entsprechung in einer förmlichen Erklärung König Georgs V. von Großbritannien und Irland vor seinem Kronrat (*Privy Council*) am 17. Juli 1917, mit dem er seinerseits alle Bande an Sachsen-Coburg und Gotha auflöste. Der im Prinzen Albert begründete genealogische Zusammenhang sollte wenigstens rechtlich und politisch zerbrochen werden. Georg V. setzte fest, dass das königliche Haus fortan den Namen Windsor tragen sollte. Auf die ererbte sächsische Herzogswürde und auf die gesamte ernestinische Titulatur, die er bis dahin geführt hatte, verzichtete der Monarch für sich und seine Nachfolger in aller Form. Eine eigentliche Begründung für diesen Schritt erfolgte nicht. Doch machten es die lange Dauer des Krieges und die zahlreichen Opfer, die er forderte, der königlichen Familie einfach unmöglich, weiter an der Reminiszenz ihrer deutschen Herkunft festzuhalten. Auch die Verwandten hatten ihre Namen schon geändert: *Cambridge* statt *Teck*, *Mountbatten* statt *Battenberg*. Die Proklamation Georgs V., mit der die Dynastie zumindest rechtlich ihren Zusammenhang verlor, fand ihre Ursache wohl nicht im coburg-gothaischen Landesgesetz vom März. Viel eher dürfte die tief sitzende Angst des Königs vor dem Verlust seines Thrones ausschlaggebend gewesen sein, deren Wurzel die erste Russische Revolution vom März 1917 und der Sturz Nikolaus' II. bildeten. Aus Furcht vor einem Übergreifen der Revolution aus Russland trat der König beim Parlament sogar dafür ein, der später ermordeten Zarenfamilie das nachgesuchte Asyl auf britischem Boden zu verweigern.

Noch ein anderes dramatisches Ereignis hat die symbolhafte Aufhebung der dynastischen Bande verursacht. Im Juni 1917 hatte Georg V. die traurige Pflicht, das Londoner Hafengebiet aufzusuchen, wo eben ein deutscher Luftangriff von ungewohnter Heftigkeit schwere Schäden verursacht hatte. Es waren zahlreiche Tote zu beklagen. Die Flugzeuge, die ihre mörderische Fracht über der britischen Hauptstadt abgeworfen hatten, waren in Gotha gebaut worden. Hier befanden sich die Fertigungsanlagen für das Großkampfflugzeug G V, den „Gotha-Bomber", dessen Reichweite und Transportkapazität genügten, um den Schrecken des Krieges auch in die weit von der Front entfernten Städte zu tragen. Von den Bombern erhoffte sich Deutschland 1917 ebenso wie vom rücksichtslosen Einsatz seiner U-Boote eine Wendung des Krieges zu seinen Gunsten, ehe sich der Einsatz der USA an der Seite der Alliierten voll auswirken konnte. Die Toten von London ließen es Georg V. geraten erscheinen, sich in aller Form von der Heimat seines Großvaters, des Prinzen Albert, zu distanzieren, um nicht den Volkszorn auf das Herrscherhaus zu lenken.

So markiert das Jahr 1917 einmal mehr einen Wendepunkt der Geschichte. Die europäische Dynastie Sachsen-Coburg und Gotha fand in politischer und rechtlicher Hinsicht ihr Ende. Mit dem Sturz des Zaren begann überdies der Untergang der Monarchien, der ein Jahr später unter freilich ganz anderen Bedingungen auch das kleine thüringische Herzogtum Sachsen-Coburg und Gotha erreichte, das somit von der Landkarte verschwand.

6   Sachsen-Coburg: Große und kleine Geschichte

Für den so apodiktischen Historiker Heinrich von Treitschke (1834–1896) gab es „wirkliche Geschichte" nur im Großstaat, im Kleinstaat hingegen nur die Anekdote. Nun sind Anekdoten auch nicht verwerflich. Sie machen Tatsachen einprägsam für das historische Bewusstsein, strukturieren Erinnerung und geben der Vergangenheit Leben. Damit ermöglichen sie Anteilnahme am Fremden der Geschichte und helfen uns, die engen Grenzen unserer persönlichen Erfahrung zu überwinden. Auf dieser Offenheit für die Geschichte beruht unsere Kultur.

Worin liegt nun jenseits biografischer Facetten und höfischer Anekdoten die Relevanz des Phänomens Coburg? Gehört es, nach den gestrengen Wertungen eines Treitschke, zur „großen" oder zur „kleinen" Geschichte? Jedenfalls kennzeichnet es eine bewegte Übergangzeit in der Vergangenheit der Europäer, nämlich das kurzlebige Bündnis zwischen monarchischer Tradition und modernem Freiheitsstreben der Völker. In der Vormoderne waren es der Machtwille der Herrscher, Ambitionen adliger Eliten und Spiele dynastischen Zufalls, die über Entstehen, Fortbestand und Vergehen von Staaten bestimmten. Die Kombinationen der Heiratsverbindungen, Möglichkeiten der Erbfolge, das biologische Schicksal von Fortpflanzung und Tod in den Kreisen der Mächtigen entschieden darüber, wie die Menschen politisch zusammenlebten. Mit der Französischen Revolution veränderten sich die Spielregeln. Die Staaten, bisher nur Machtapparate der Fürsten, wurden zum Gehäuse der Völker – Staat und Nation sollten in eins fallen. Die Massen brachten sich in das Geschehen ein und ließen den Willen erkennen, über ihre gesellschaftliche und politische Verfassung selbst zu entscheiden. Sie taten es mit der kraftvollen Dynamik nationaler Bewegungen, ohne den Areopag der Könige und Diplomaten um Erlaubnis zu fragen. Sachsen-Coburgs Glanzzeit in der ersten Hälfte des 19. Jahrhunderts fällt in die Phase des Übergangs, als die Dynastien noch als Bündnispartner der Völker in Betracht kamen. Es wurden Allianzen zum gemeinsamen Erfolg geschlossen. Nüchterne Geschäftsmäßigkeit beherrschte das Verfahren. Erfüllte eine Vertragspartei ihre Pflichten nicht, so war das Abkommen kündbar. Neue Staaten wie Belgien,

Griechenland oder Bulgarien suchten in der Person des Monarchen sowie in den Institutionen der Krone Legitimität und Kontinuität. Völker waren auf der Suche nach Königen und Sachsen-Coburg auf der Suche nach Kronen.

Jenseits der Eitelkeit und Ambition stellten die Königswürden für die Ernestiner eine Form von historischer Reparation dar. Die Wirkungsmacht der Geschichte als Impulsgeber und die Stärke geschichtlichen Denkens ist beim Hochadel nicht zu unterschätzen. Obgleich zu kleinfürstlicher Existenz herabgesunken, waren die regierenden Herren in den kleinen Thüringer Residenzen um 1800 doch zumeist stolze Träger der dynastischen Traditionen des Hauses Wettin, die sich als den Königsfamilien Europas ebenbürtig betrachteten. Mit solchem genealogischen Gepäck, das nicht nur belastete, sondern auch beflügelte, verband sich bei Sachsen-Coburg als dem jüngsten Zweig aus der Nachkommenschaft Ernsts des Frommen ein modernes Movens, nämlich ein gleichsam bürgerliches Leistungsethos, das persönlicher Ehrgeiz und die Energie einer zum Aufstieg entschlossenen Familie trugen. Die Umstände waren auch durchaus unbefriedigend. Der Stammvater Sachsen-Coburgs, Johann Ernst von Saalfeld, war der jüngste der Söhne Ernsts des Frommen und hatte folglich bei der Teilung des väterlichen Erbes 1680/81 nur den kleinsten Anteil erhalten. Das in der Barockzeit übliche Missverhältnis von Anspruch und Wirklichkeit führte im Verein mit ökonomischem Missgeschick 1773 den finanziellen Zusammenbruch Sachsen-Coburg-Saalfelds herbei. Das Finanzwesen des bankrotten Fürstentums wurde von einer kaiserlichen Schuldentilgungskommission übernommen, die der fürstlichen Familie lediglich einen spärlichen Betrag zum Lebensunterhalt zugestand. Was hatte unter solchen Umständen der 1790 geborene Prinz Leopold, das jüngste der sieben Kinder des Coburger Erbprinzen, vom Leben zu erwarten? Jedenfalls kein reiches Erbe, das ihm ein Dasein nach den Usancen seines Standes ermöglicht hätte. Als Benachteiligter der Adelsgesellschaft machte er sich seine persönlichen Vorzüge, Intelligenz und gutes Aussehen, zunutze. Mit größtem Erfolg!

Die Konstellationen im Zeitalter Napoleons waren Aufstiegswilligen wie Leopold günstig. Der Sturz des Ancien Régime führte in vielen europäischen Ländern zu einem Austausch oder zur Erweiterung der Eliten, sodass Raum für Karrieren und Erfolgsgeschichten entstand. Die jüngste der ernestinischen Linien konnte deshalb emporkommen, weil sie im Zeitalter des Bour-

geois die am meisten von bürgerlichen Werten und Lebensein-
stellungen geprägte Dynastie Europas war. Prinzgemahl Albert
wurde zur Ikone bürgerlicher Moralvorstellungen. Vorbildlicher
Familienvater und unermüdlicher Arbeiter neben dem Thron der
Königin, wollte er allen Anforderungen gerecht werden und
machte sich allenfalls durch rigiden Perfektionismus verdächtig.
Leopold I., König der Belgier, amtierte als pflichtbewusster und
allseits geschätzter Monarch eines kleinen und besonders uneini-
gen Landes, der es vor seinen Untertanen gut verbarg, dass er sich
in seinem Brüsseler Palast manchmal grämte, nicht doch König
von Griechenland geworden zu sein. Ernst II. von Sachsen-Coburg und Gotha inszenierte sich zeitweilig als Held und Thronanwärter des deutschen Liberalismus, der sich in seiner Rolle als
Tribun der Marktplätze sehr gut gefiel. Sie alle erprobten einen
neuen Habitus, der mit alten Herrscherstilen nichts mehr gemein
hatte. Die Coburger experimentierten mit modernen Formen der
Repräsentation von Macht. Daher verdient es ihre Geschichte,
über diesen nun abgeschlossenen Versuch eines Überblickes hinaus
untersucht zu werden.

Auf ideologischem Feld erging sich die coburgische Moderne
im zynischen Spiel der Beliebigkeit. Man verbündete sich um des
Erfolges willen auch gegen die eigenen Überzeugungen mit vor-
herrschenden politischen Strömungen. Leopold begab sich in eine
Symbiose mit dem Liberalismus, von der er zu profitieren wusste.
Selbst kein Freund von Konstitutionen, wurde er zum Muster
eines konstitutionellen Monarchen inmitten eines noch teilweise
nach absolutistischer Manier regierten Europa. Allerdings hoffte
Leopold, die Bleigewichte der belgischen Verfassung von 1831
doch noch bei günstiger Gelegenheit abwerfen und die königlichen Prärogativen erweitern zu können. Auch er hatte vom
Königtum eine traditionale Vorstellung. Um Erfolg zu haben,
übte sich die Coburger Politik in Opportunismus und illusions-
losem Realismus. Auch deswegen konnte sie von Neidern als
abstoßend empfunden werden. Derselbe Leopold, der seinen
Thron in Brüssel dem revolutionären Abfall der südlichen Niederlande von den Oraniern zu danken hatte, wurde in den Jahren vor
1848 zum Bundesgenossen des österreichischen Außenministers
Metternich, wenn es galt, revolutionäre Bestrebungen in Europa
niederzuhalten. Der erste neuzeitliche Zar Bulgariens, der in
Wien und in ungarischen Schlössern aufgewachsene Ferdinand,
verkörperte den in den Metropolen des Fin de siècle nicht gerade

seltenen Typus des dekadenten Grandseigneurs. Dennoch hat sich dieser katholische Coburger seit 1887 auf dem unsicheren Thron in Sofia behauptet und seinem eben aus dem Mittelalter erwachten Land eine moderne Gestalt gegeben. Er war zusammen mit Leopold das größte politische Talent, das Sachsen-Coburg hervorgebracht hat. Beide nahmen die Welt, wie sie war, um im Einzelfall das Beste aus ihr zu machen. So mag man es also Zynismus nennen, wenn der Aristokrat Leopold in Brüssel auf der Klaviatur des bürgerlichen Liberalismus spielte, wenn sich der mit Ironie durchtränkte Kosmopolit Ferdinand an die Spitze des bulgarischen Nationalismus stellte, um in den Balkankriegen von 1912/13 die nationalen Leidenschaften anzustacheln.

Sachsen-Coburg war bei allem rationalen Kalkül in der Politik eben doch die Dynastie des theatralischen 19. Jahrhunderts. Als Verlierer der Geschichte hatten die Ernestiner das Recht, in skeptischer Distanz zur Wirklichkeit zu leben. Sie hatten hinlänglich Erfahrungen mit der Realität gemacht. Das Geschick eines Johann Friedrich, des Opfers der Gothaer Exekution von 1567, hatte gezeigt, wie gefährlich es war, in der Politik der Fantasie zu viel Platz zu lassen. Träumer sind einsam, folglich müssen sie untergehen. Die Lektion zeitigte Wirkung. Die Coburger suchten überall Freunde, wo sie gerade keine Feinde hatten. Außerdem waren sie bereit, sich mit dem Schein der Größe zu begnügen und dafür auf den Gehalt der Macht zu verzichten. Dies war ihr Kompromiss mit der Wirklichkeit. Daher waren sie die ideale Besetzung für die Königsrollen in der im 19. Jahrhundert entstehenden Monarchie, die weitgehend machtleer ist und sich darauf beschränken muss, über die Imagination der zu Staatsbürgern gewandelten Untertanen zu herrschen. Die Coburger waren Könige des Imaginären, die der Vorstellungskraft der Völker mit schönen Bildern dienten. Albert und Leopold wurden den an sie herangetragenen Rollenerwartungen gerecht, auch wenn sie selbst bei dem Spiel unzufrieden waren. Kaum in seiner Residenz Sofia angekommen, führte Ferdinand ein ausgefeiltes Hofzeremoniell nach dem Wiener Vorbild ein. Die höfischen Rituale, die einst Träger von Bedeutungen und Chiffren für Machtverhältnisse gewesen waren, konnten um 1900 bestenfalls noch als farbenprächtiges Spektakel wirken. Die Inszenierung von Herrschaft kann hohl wirken, wenn andere herrschen, in der Regel die vom Volk gewählten Politiker. Das Bedürfnis der Völker nach Romantik war und ist aber grenzenlos und die Coburger verstanden sich auf die Kunst der Inszenierung.

So liegt die Dynastiegeschichte Sachsen-Coburgs am Schnittpunkt zwischen der Anekdote und der von Treitschke hochgemut so genannten „wirklichen Geschichte". Sie verknüpft die beiden Pole, um die sich Europa immer wieder gebildet hat, die Region und das Ganze, Kleinheit und Größe.

Literatur- und Quellenverzeichnis

Kapitel 2: Coburg als Phänomen

K. O. von Aretin: Das Alte Reich 1648–1806, 4 Bde., Stuttgart 1993–2000; *A. Beck:* Geschichte des Gothaischen Landes, Band 1: Geschichte der Regenten, Gotha 1868; *Ders.:* Ernst der Fromme. Herzog zu Sachsen-Gotha und Altenburg. Ein Beitrag zur Geschichte des siebenzehnten Jahrhunderts, 2 Teile, Weimar 1865; *K. Blaschke:* Moritz von Sachsen. Ein Reformationsfürst der zweiten Generation, Göttingen 1983; *Ders.:* Sachsen im Zeitalter der Reformation, Gütersloh 1970; *Ders.:* Geschichte Sachsens im Mittelalter, München 1990; *K. E. Born:* Moritz von Sachsen und die Fürstenverschwörung gegen Karl V., Darmstadt 1972 [zuvor: Historische Zeitschrift 191 (1960), S. 18–66]; *H. St. Brather:* Die ernestinischen Landesteilungen des 16. und 17. Jahrhunderts. Ein Beitrag zur Geschichte des Territorialstaates in Mitteldeutschland, Diss. Jena 1951; *W. Flach:* Die staatliche Entwicklung Thüringens in der Neuzeit, in: Zeitschrift des Vereins für Thüringische Geschichte und Altertumskunde 43 (1941), S. 6–48; *J. Fleckenstein:* Zum Aufstieg der Wettiner. Bemerkungen über den Zusammenhang und die Bedeutung von Geschlecht, Burg und Herrschaft in der mittelalterlichen Adels- und Reichsgeschichte, in: *M. Kintzinger* (Hg.), Das andere Wahrnehmen. Beiträge zur europäischen Geschichte. Festschrift A. Nitschke, Köln 1991, S. 83–99; *R. Groß:* Geschichte Sachsens, Leipzig 2001; *J. G. Gruner:* Geschichte Friedrich Wilhelms I. Herzogs zu Sachsen, Coburg 1791 [Neueres fehlt]; *H. Helbig:* Der wettinische Ständestaat. Untersuchungen zur Geschichte des Ständewesens und der landständischen Verfassung in Mitteldeutschland bis 1485, Köln ²1980; *U. Heß:* Geschichte der Behördenorganisation der thüringischen Staaten und des Landes Thüringen von der Mitte des 16. Jahrhunderts bis zum Jahre 1952, Jena 1993; Hessen und Thüringen – Von den Anfängen bis zur Reformation. Eine Ausstellung des Landes Hessen, Marburg 1992; *K. G. A. Jeserich u.a.:* Deutsche Verwaltungsgeschichte, Bd. 1: Vom Spätmittelalter bis zum Ende des Reiches, Stuttgart 1983, S. 808–857; *H. Junghans* (Hg.): Das Jahrhundert der Reformation in Sachsen, Berlin 1989; *Th. Klein:* Die Leistung der Wettiner für die neuzeitliche Verfassungs- und Verwaltungsgeschichte, in: Jahrbuch der Coburger Landesstiftung 1986, S. 337–352; *R. Kötzschke/ H. Kretzschmar:* Sächsische Geschichte. Werden und Wandlungen eines Deutschen Stammes und seiner Heimat im Rahmen der Deutschen Geschichte, Frankfurt am Main ²1965 [erstmals: Dresden 1935]; *H. Kretzschmar:* Vom Anteil Sachsens an der neueren deutschen Geschichte. Ausgewählte Aufsätze, hg. von *R. Groß* und *M. Kobuch,* Stuttgart 1999; *I. Ludolphy:* Friedrich der Weise. Kurfürst von Sachsen 1463–1525, Göttingen 1984; *G. Mentz:* Johann Friedrich der

Großmütige 1503–1554, 3 Teile, Jena 1903–1908; *Ders.:* Weimarische Staats- und Regentengeschichte vom Westfälischen Frieden bis zum Regierungs- antritt Carl Augusts [1775], Jena 1936; *F. Müller:* Kursachsen und der Böhmische Aufstand 1618–1622, Münster 1997; *Th. Nicklas:* Macht oder Recht. Frühneuzeitliche Politik im Obersächsischen Reichskreis, Stuttgart 2002; *F. Ortloff:* Geschichte der Grumbachischen Händel, 4 Teile, Jena 1868– 1870 [Aktenreferat]; *H. Patze:* Die Entstehung der Landesherrschaft in Thüringen, Köln 1962; *Ders./ W. Schlesinger* (Hgg.): Geschichte Thüringens, Band 3, Köln 1967; *Ders.:* Die Wettiner in der Geschichte des Reiches und Europas, in: Jahrbuch der Coburger Landesstiftung 31 (1986), S. 315–336; *St. Pätzold:* Die frühen Wettiner. Adelsfamilie und Hausüberlieferung bis 1221, Köln 1997; *H. Pellender:* Chronik der Stadt und der Veste Coburg, der Herren und Herrscher über Coburg und das Coburger Land, Coburg [3]1984; *H. A. von Polenz/ G. von Seydewitz* (Hgg.): 900-Jahr-Feier des Hauses Wettin. Festschrift, Bamberg 1989; *O. Posse:* Die Markgrafen von Meißen und das Haus der Wettiner bis zum Jahre 1486, Leipzig 1889; *V. Press:* Wilhelm von Grumbach und die deutsche Adelskrise der 1560er Jahre, in: Blätter für deutsche Landesgeschichte 113 (1977), S. 396–431; *M. Ritter:* Friedrich Hortleder als Lehrer der Herzoge Johann Ernst und Friedrich von Sachsen-Weimar, in: Neues Archiv für Sächsische Geschichte 1 (1880), S. 188–202; *A. Herzog zu Sachsen:* Die Wettiner in Lebensbildern, Graz 1995; *U. Schirmer* (Hg.): Sachsen im 17. Jahrhundert. Krise, Krieg und Neubeginn, Beucha 1998; *G. Schmidt:* Geschichte des Alten Reiches. Staat und Nation in der Frühen Neuzeit 1495–1806, München 1999; *J. A. von Schultes:* Sachsen Coburg-Saalfeldische Landesgeschichte unter der Regie- rung des Kur- und fürstlichen Hauses Sachsen vom Jahr 1425 bis auf die neuern Zeiten, 2 Teile, Coburg 1818/20; *B. Streich:* Zwischen Reiseherr- schaft und Residenzbildung. Der wettinische Hof im Spätmittelalter, Köln 1989; *W. Wenck:* Albertiner und Ernestiner nach der Wittenberger Capitula- tion, in: Archiv für die sächsische Geschichte 8 (1870), S. 152–210, 225–265

Archivalische Quellen (für alle Kapitel): Staatsarchiv Coburg – Coburger Landesarchiv B; Thüringisches Staatsarchiv Gotha – Geheimes Archiv, Staatsministerium

Kapitel 3: Coburg als frühneuzeitliche Residenz

K. v. Andrian-Werburg: Der Minister von Kretschmann. Versuch einer Staats- organisation in Sachsen-Coburg-Saalfeld, in: Jahrbuch der Coburger Landes- stiftung 10 (1965), S. 27–88; *Ders.:* Theodor Konrad von Kretschmann, in: Fränkische Lebensbilder 8 (1978), S. 192–213; *W. K. v. Arnswaldt:* Peters- burger Tagebuch der Frau Erbprinzessin Auguste Karoline Sophie von Sach- sen-Coburg-Saalfeld, geborenen Gräfin Reuß jüngere Linie, Gräfin und Herrin zu Plauen, aus dem Hause Ebersdorff, 1795, Darmstadt 1907; *P. Arnold:* Das Fürstentum Sachsen-Saalfeld und die Münzprägung unter

Herzog Johann Ernst (1680–1729), in: *M. Gockel* (Hg.), Aspekte thüringisch-hessischer Geschichte, Marburg 1992, S. 147–166; *Ders.:* Johann Ernst (VII.). Herzog von Sachsen-Saalfeld 1680–1729, in: *D. Ignasiak* (Hg.): Herrscher und Mäzene. Thüringer Fürsten von Hermenefred bis Georg II., Jena 1994, S. 253–260; *G. Bachmann:* Die Reise der Coburger Erbprinzessin Auguste Caroline Sophie an den Hof der Zarin Katharina II. in St. Petersburg 1795, in: Jahrbuch der Coburger Landesstiftung 37 (1992), S. 13–60; *H. Bachmann:* Haupt- und Residenzstadt Coburg, in: Forschungs- und Landesbibliothek Gotha (Hg.), Residenzstädte und ihre Bedeutung im Territorialstaat des 17. und 18. Jahrhunderts, Gotha 1991, S. 33–42 *H. Brunner:* Die Bautätigkeit an Schloss Ehrenburg unter Herzog Albrecht, in: Jahrbuch der Coburger Landesstiftung 3 (1958), S. 159–184; *F. Facius:* Zwischen Souveränität und Mediatisierung. Das Existenzproblem der thüringischen Kleinstaaten von 1806 bis 1813, in: *P. Berglar* (Hg.), Staat und Gesellschaft im Zeitalter Goethes. FS Hans Tümmler, Köln 1977, S. 163–205; *R. Hambrecht:* Der Hof Herzog Albrechts III. von Sachsen-Coburg (1680–1699) – eine Barockresidenz zwischen Franken und Thüringen, in: *J. John* (Hg.), Kleinstaaten und Kultur in Thüringen vom 16. bis 20. Jahrhundert, Köln 1994, S. 161–185; *H. R. Hammerich:* Reichs-General-Feldmarschall Prinz Friedrich Josias von Sachsen-Coburg-Saalfeld 1737–1815. Eine biografische Skizze, Sonnefeld 2001; *M. Henker/ E. Brockhoff* (Hgg.): Ein Herzogtum und viele Kronen. Coburg in Bayern und Europa. Aufsätze zur Landesausstellung 1997, Augsburg 1997, S. 25–39 [vgl. auch den Katalog, bes. S. 105–143]; *E. Keerl:* Herzog Ernst I. von Sachsen-Coburg zwischen Napoleon und Metternich. Ein deutscher Kleinstaat im politischen Kräftespiel der Großmächte 1800–1830, Diss. Erlangen 1973; *Ch. Kruse:* Franz Friedrich Anton von Sachsen-Coburg-Saalfeld 1750–1806, in: Jahrbuch der Coburger Landesstiftung 40 (1995), S. 1–448; *H. Langbein:* Lebensbild der Herzogin Auguste von Sachsen-Coburg-Saalfeld, geb. Prinzessin von Reuß-Ebersdorf, Coburg 1904; *Th. Nicklas:* Prosopografie eines Reichspolitikers: Johann Casimir von Sachsen-Coburg (1564–1633), in: Neues Archiv für Sächsische Geschichte 66 (1995), S. 127–145; *H. Patze/ W. Schlesinger* (Hgg.): Geschichte Thüringens, Bde. 3 und 5, Köln 1982/85; *A. v. Witzleben:* Prinz Friedrich Josias von Coburg-Saalfeld, Herzog zu Sachsen, 3 Bde. und ein Kartenband, Berlin 1859.

Kapitel 4: Coburg in der Welt

4.1   Leopold I., Stockmar und Belgien

J. C. H. Blom/ E. Lamberts: History of the Low Countries, New York 1999; P. Colson: A Study in Wire-Pulling: Baron Stockmar, in: *Ders.,* Their Ruling Passions, London o.J. [1947], S. 12–38; *E. C. Conte Corti:* Leopold I. von Belgien: sein Weltgebäude Coburger Familienmacht, Wien 1922; *P. H. Emden:* Behind the Throne, London 1934 [S. 21–87: Stockmar]; *P. von Ebart:*

Christian Freiherr von Stockmar, Coburg 1921; *M. Erbe:* Belgien – Niederlande – Luxemburg. Geschichte des niederländischen Raumes, Stuttgart 1993; *E. G. Fürstenheim:* Prinz Leopolds Brautwerbung um die britische Thronerbin, in Jahrbuch der Coburger Landesstiftung 1982, S. 129–160; *Ders.:* Die englischen Jahre des Prinzen Leopold, in: Jahrbuch der Coburger Landesstiftung 1988, S. 55–172; *F. Henning:* Leopold I., König der Belgier, Prinz von Sachsen-Coburg-Saalfeld, in: Fränkische Lebensbilder 17 (1998), S. 143–163; *Th. Juste:* Leopold I., König der Belgier, Gotha 1869 [Léopold Ier, Roi des Belges. D'après des documents inédits, 2 Bde., Brüssel 1868]; *G. Kirschen:* Léopold avant Léopold Ier. La jeunesse romantique d'un prince ambitieux, Brüssel 1998; *E. H. Kossmann:* The Low Countries 1780–1940, Oxford 1978; Leopold I. und Coburg. Coburger Veranstaltungen zum Gedenken an die Wahl des Prinzen Leopold von Sachsen-Coburg und Gotha zum ersten König der Belgier vor 150 Jahren, Coburg 1982 (= Jahresgabe 1982 der Historischen Gesellschaft); *Th. Luykx/ M. Platel* (Hgg.): Politieke Geschiedenis van België, Antwerpen 1985; Neue Deutsche Biografie, Bd. 14 (1985), S. 272–274; *A. Molitor:* La fonction royale en Belgique, Brüssel ²1994; *J.-M. Schneider:* Christian Friedrich von Stockmar. Ein geistesgeschichtlicher Beitrag zum Liberalismus im 19. Jahrhundert, Diss. Erlangen 1968; *J. Stengers:* L'action du roi en Belgique depuis 1831. Pouvoir et influence, Louvain-la-Neuve 1992; *E. von Stockmar:* Denkwürdigkeiten aus den Papieren des Freiherrn Christian Friedrich von Stockmar, Braunschweig 1872; *P. Vermeir:* Leopold I. Vorst, Mens en Diplomaat, 2 Bde., Dendermonde 1965/1967; *Ders.:* König Leopold I. von Belgien. Persönlichkeit und Leistung des bedeutendsten Staatsmannes aus dem Hause Coburg in neuer Sicht, in: Jahrbuch der Coburger Landesstiftung 1965, S. 321–342; *H. Vallotton:* Alexander I., Hamburg 1967; *R. von Wangenheim:* Stockmar. Eine coburgisch-englische Geschichte, Coburg 1996.

4.2   Prinz Albert und England

W. L. Arnstein: Queeen Victoria, Basingstoke 2002; *D. Bennett:* King without a Crown. Albert Prince Consort of England, 1819–1861, Philadelphia 1977; *G. F. A. Best:* Mid-Victorian Britain, 1851–1875, London 1971; *H. Bolitho:* Albert Prince Consort, London 1970; *Ch. Books* (Hg.): The Albert Memorial: The Prince Consort National Memorial, New Haven 2000; *D. Cannadine:* Die Erfindung der britischen Monarchie 1820–1994, Berlin 1994; *D. Duff:* Albert & Victoria, London 1972; *P. von Ebart:* Luise, Herzogin von Sachsen-Coburg-Saalfeld. Ein Lebensbild nach Briefen derselben, Minden 1903; *M. A. Eilers:* Queen Victoria's Descendants, New York 1987; *F. Eyck:* Prinzgemahl Albert von England. Eine politische Biografie, Zürich 1961; *H. R. Fischer-Aue:* Die Deutschlandpolitik des Prinzgemahls Albert von England 1848–1852, Untersiemau bei Coburg 1953; *A. Fraser* (Hg.): The Life and Times of Victoria, London 1992; *R. Giardina:* Complotto reale. L'ascesa die Coburgo alla conquista d'Europa, Mailand 2001; *Ch. Grey:* Die Jugendjahre des Prinzen Albert von Sachsen-Coburg-Gotha [!], Prinzge-

mahls der Königin von England, Gotha 1868; *U. Haltern:* Die Londoner
Weltausstellung von 1851. Ein Beitrag zur Geschichte der bürgerlich-indust-
riellen Gesellschaft im 19. Jahrhundert, Münster 1971; *H. Hobhouse:* Prince
Albert: His Life and Work, London 1983; *K. Jagow:* Prinzgemahl Albert. Ein
Leben am Throne. Eigenhändige Briefe und Aufzeichnungen 1831–1861,
Berlin 1937; *E. Jeutter/ B. Cleef-Roth:* Queen Victoria, 1819–1901, zum 100.
Todesjahr: Katalog zur Ausstellung 2001 der Sammlung Hgl. Kunstbesitz
Schloss Callenberg, Coburg 2001; *Th. Kielinger:* Die Kreuzung und der
Kreisverkehr. Deutsche und Briten im Zentrum der europäischen Ge-
schichte, Bonn 1997, S. 49–59 [Prinz Albert]; *Th. Martin:* Das Leben des
Prinzen Albert, Prinz-Gemahls der Königin von England, 5 Bde. [!], Gotha
1876–1881; *M. Maurer:* Geschichte Englands, Stuttgart 2000; *H. J. Netzer:*
Albert von Sachsen-Coburg und Gotha. Ein deutscher Prinz in England,
München 1988; *J. A. S. Philipps* (Hg.): Prince Albert and the Victorian Age,
Cambridge 1981; *R. Rhodes-James:* Albert Prince Consort, London 1983;
W. Rogasch: Vicky & The Kaiser. Ein Kapitel deutsch-englischer Familien-
geschichte, Ostfildern-Ruit 1997; *The Royal Academy of Arts* (Hg.): „This
Brilliant Year." Queen Victoria's Jubilee 1887, London 1977; *D. Thompson:*
Queen Victoria: The Woman, the Monarchy, the People, New York 1990;
D. A. Ponsonby: The Lost Duchess. The Story of the Prince Consort's
Mother, London 1958

4.3   Dom Fernando und Portugal

W. G. Armando: Geschichte Portugals, Stuttgart 1966; *W. L. Bernecker:* Eine
kleine Geschichte Brasiliens, Frankfurt am Main 2000; *Ders. / H. Pietschmann:*
Geschichte Portugals. Vom Spätmittelalter bis zur Gegenwart, München
2001; *D. Birmingham:* A Concise History of Portugal, Cambridge 1993;
M. V. Cabral: O desenvolvimento do capitalismo em Portugal no século
XIX, Lissabon 1981; *C. da Carnota:* Memoirs of Marshal, the Duke of
Saldanha, with selections from His Correspondence, 2 Bde., London 1880;
D. Fernando de Saxe Coburgo-Gotha. Comemoração do 1o Centenario da
morte do Rei-Artista, Palácio Nacional da Pena 1985 [Ausstellungskatalog];
R. Durand: Histoire du Portugal, Paris 1995; *M. Ehrhardt:* Dom Fernando II
– um mecenas alemão Regente de Portugal, Porto 1985 [dt. S. 27–49];
E. Goblet d'Alviella: L'Etablissement des Cobourg en Portugal. Etude sur
les débuts d'une monarchie constitutionelle, Paris 1869; *F. von Lichnowsky:*
Portugal. Erinnerungen aus dem Jahr 1842, Mainz 1843; *U. von der Mühll:*
Die Unterentwicklung Portugals. Von der Weltmacht zur Halbkolonie Eng-
lands, Frankfurt am Main 1979; Neue Deutsche Biografie, Bd. 5 (1961),
S. 94; *A. H. de Oliveira Marques:* Geschichte Portugals und des portugiesi-
schen Weltreiches, Stuttgart 2001; *R. Priesner:* Glück und Untergang der
Coburger Braganza in Portugal, Coburg 1974 [wenig nützlich]; *J. Serrão:*
Portugal 1830–1910, in: Handbuch der europäischen Wirtschafts- und So-
zialgeschichte, Bd. 5, hg. von *W. Fischer,* Stuttgart 1985, S. 687–704; *H. Sche-
mann:* „... Wo das Land aufhört und das Meer beginnt..." Portugal und die

Portugiesen, Darmstadt 1993; *J. Texeira:* D. Fernando II. Rei-Artista. Artista-Rei, Lissabon 1986 ; *D. L. Wheeler:* Historical Dictionary of Portugal, Metuchen N.J. 1993

4.4   König Ferdinand und Bulgarien

J. Behrens: Der Magier auf dem Throne. Ein Lebensbild des Zaren Ferdinand von Bulgarien aus dem Hause Coburg-Kohary, Coburg o.J. [1953]; *K. Boeckh:* Von den Balkankriegen zum Ersten Weltkrieg. Kleinstaatenpolitik und ethnische Selbstbestimmung auf dem Balkan, München 1996; *R. de Bourboulon:* Balgarski Dnevnici [Ephémerides bulgares], Sofia 1995; *St. Constant:* Foxy Ferdinand 1861–1948. Tsar of Bulgaria, London 1979; *W. Geier:* Bulgarien zwischen West und Ost vom 7. bis 20. Jahrhundert, Wiesbaden 2001; *H.-J. Härtel/R. Schönfeld:* Bulgarien. Vom Mittelalter bis zur Gegenwart, Regensburg 1998; *A. Hajek:* Bulgariens Befreiung und staatliche Entwicklung unter seinem ersten Fürsten, München 1939 [problematisch]; *H.-J. Hoppe:* Bulgarien. Hitlers eigenwilliger Verbündeter. Eine Fallstudie zur nationalsozialistischen Südosteuropapolitik, Stuttgart 1979; *E. Hösch:* Geschichte der Balkanländer. Von der Frühzeit bis zur Gegenwart, München ⁴2002; *J. von Königslöw:* Ferdinand von Bulgarien. Vom Beginn der Thronkandidatur bis zur Anerkennung durch die Großmächte 1886 bis 1896, München 1970; *Ders.:* Zar Ferdinand von Bulgarien – der letzte König des alten Europa, in: Jahrbuch der Coburger Landesstiftung 1970, S. 285–302; *P. Lindenberg:* Ferdinand I. König der Bulgaren, Berlin-Charlottenburg 1918 [problematisch]; *Ders.:* Es lohnt sich gelebt zu haben – Erinnerungen, Leipzig 1941; *H. R. Madol:* Ferdinand von Bulgarien – der Traum von Byzanz, Berlin 1931; *Ders.:* König Ferdinand von Bulgarien, in: Preußische Jahrbücher 223 (1931), S. 131–146, 245–270; *J. McDonald:* Czar Ferdinand and his People, London 1913 [ND New York 1971]; Neue Deutsche Biografie, Bd. 5 (1961), S. 88–90; *S. Petroff:* Trente Ans à la Cour de Bulgarie, 1887–1918, Paris 1927; *H. W. Schaller:* Ferdinand I. von Bulgarien im Coburger Exil 1918–1948, in: Archiv für die Geschichte von Oberfranken 79 (1999), S. 333–366; *F. Scherer:* Adler und Halbmond. Bismarck und der Orient 1878–1890, Paderborn 2001; *E. Wedel/ E. Völkl* (Hgg.): Hundert Jahre Bulgarien 1878–1978, Regensburg 1980; *P. S. Zvetkov:* Koburgite i Evropa. Istoria na Sakskoburggotskata Dinastija v Belgija, Portugalija, Bulgarija i Welokobritanija, Sofia 1999.

Kapitel 5: Das monarchische Coburg – mitten im Reich oder mitten in Europa?

K. von Andrian-Werburg: Hof und Hofgesellschaft in Coburg im 19. Jahrhundert, in: *K. Möckl* (Hg.), Hof und Hofgesellschaft in den deutschen Staaten im 19. beginnenden 20. Jahrhundert, Boppard 1991, S. 207–237;

M. Henker/ E. Brockhoff (Hgg.): Ein Herzogtum und viele Kronen. Coburg in Bayern und Europa. Aufsätze zur Landesausstellung 1997, Regensburg 1997; *U. Heß*: Geschichte Thüringens 1866 bis 1914, Weimar 1991; *Ders.*: Das Sachsen-Coburg und Gothaische Staatsministerium 1858–1918, in: Jahrbuch der Coburger Landesstiftung 1962, S. 13–92; *Ders.*: Geschichte der Behördenorganisation der thüringischen Staaten und des Landes Thüringen von der Mitte des 16. Jahrhunderts bis zum Jahre 1952, Jena 1993; *H. Patze/ W. Schlesinger*: Geschichte Thüringens, 1. Teil/ 2. Teilband, Köln 1984 und 2. Teil, Köln 1978; *O. Posse*: Die Wettiner. Genealogie des Gesamthauses Wettin Ernestinischer und Albertinischer Linie mit Einschluss der regierenden Häuser von Großbritannien, Belgien, Portugal und Bulgarien, Leipzig 1897 [ND Leipzig 1994]; *A. v.Reden-Dohna/ Ralph Melville* (Hg.): Der Adel an der Schwelle des bürgerlichen Zeitalters 1780–1860, Stuttgart 1988; *H. Sandner*: Das Haus Sachsen-Coburg und Gotha 1826 bis 2001. Eine Dokumentation zum 175-jährigen Jubiläum des Stammhauses in Wort und Bild, Coburg 2001

5.1 Herzog Ernst I. (1806–1844) und sein Staat

H. Bachmann: Herzog Ernst I. und der Coburger Landtag 1821–1844, Coburg 1973; *Ders.*: Ernst I., Herzog von Sachsen-Coburg und Gotha, in: *D. Ignasiak* (Hg.), Herrscher und Mäzene. Thüringer Fürsten von Hermenefred bis Georg II., Rudolstadt 1994; S. 375–393; *O. Bessenrodt*: Die äußere Politik der thüringischen Staaten von 1806–1815, Mühlhausen (Thür.) 1925; *K. Bohley*: Die Entwicklung der Verfassungsfrage in Sachsen-Coburg-Saalfeld von 1800 bis 1821, Erlangen 1933; *E. Bornhauser*: Die Verfassungsgeschichte des Herzogtums Coburg im 19. Jahrhundert, Diss. Masch. Erlangen 1922; *K. Düwell*: St. Wendel, Sachsen-Coburg und Gotha, das Fürstentum Lichtenberg (1816/19 bis 1834), in: Heimatbuch des Landkreises St. Wendel 26 (1996), S. 176–183; *G. Hirschfeld*: Die Errichtung des Herzogtums Sachsen-Coburg und Gotha im Jahre 1826, Coburg 1927 [nicht immer zuverlässig]; *E. Keerl*: Herzog Ernst I. von Sachsen-Coburg zwischen Napoleon und Metternich. Ein deutscher Kleinstaat im politischen Kräftespiel der Großmächte 1800–1830, Diss. Erlangen 1973; *Th. Krieg* : Herzog Ernst I. von Sachsen-Coburg-Saalfeld am napoleonischen Kaiserhofe 1807/8, in : Coburger Zeitung 29. März 1903; *Mémoires* d'une jeune Grècque. Madame Pauline-Adelaïde Alexandre Panam contre S.A. Sérénissime le Prince-Régnant de Saxe-Cobourg, 2 Teile, Paris 1823; *S. Nöth* : Die Bildung der Herzogtümer Sachsen-Coburg und Gotha 1826, München 2001 (= Staatliche Archive Bayerns. Kleine Ausstellungen 18) ; *D.A. Ponsonby*: The Lost Duchess. The Story of the Prince Consort's Mother, London 1958; *D. Sandern*: Parlamentarismus in Sachsen-Coburg-Gotha 1821/26–1849/52. Coburger Konstitutionalismus – Parlament und Regierung in einem mitteldeutschen Kleinstaat, in: Schriften zur Geschichte des Parlamentarismus in Thüringen 7, Weimar/ Jena 1996, S. 9–177

5.2   Ernst II. (1844–1893) – „ein deutscher Herzog"

G. *Aumann*: Coburg und die Revolution von 1848/49, Coburg 1998; H. *Bachmann*: Herzog Ernst II. von Sachsen-Coburg und Gotha, in: Fränkische Lebensbilder 5 (1973), S. 253–281; *Ders.*: Das Revolutionsjahr 1848 in Coburg, in: Jahrbuch der Coburger Landesstiftung 1973, S. 45–90; *Ders.*: Coburgs Weg ins Bismarckreich 1866–1871, in: Jahrbuch der Coburger Landesstiftung 1970, S. 227–284; *K. Beyer*: Der Vorkämpfer deutscher Größe. Herzog Ernst II. Ein biografisches Volksbuch, Berlin 1894 [apologetisch]; *K.F. Bollmann*: Der Herzog von Coburg und mein Austritt aus seinen Diensten, Hamburg 1861 [polemisch]; *R. Brütting*: Fürstlicher Liberalismus und deutscher Nationalstaat – Herzog Ernst II. von Sachsen-Coburg und Gotha und der „Coburger Kreis" im letzten Jahrzehnt des Deutschen Bundes 1857–1866, in: Jahrbuch der Coburger Landesstiftung 1991, S. 19–219; *K. Dorien*: Der Bericht des Herzogs Ernst II. von Koburg über den Frankfurter Fürstentag 1863. Ein Beitrag zur Kritik seiner Memoiren, München 1910; *D. Düding*: The Nineteenth-Century German Nationalist Movement as a Movement of Societies, in: *H. Schulze* (Hg.), Nation-Building in Central Europe, Leamington Spa 1987, S. 19–49; *Ernst* II.: Aus meinem Leben und aus meiner Zeit, 3 Bände, Berlin 1887–1889; *G. Frühwald*: Herzog Ernst II. von Sachsen-Coburg-Gotha und sein Herzogtum Coburg in der Revolution von 1848, Diss. Masch. München 1952; *J. Gilisen*: Die belgische Verfassung von 1831 – ihr Ursprung und ihr Einfluss, in: *W. Conze* (Hg.), Beiträge zur deutschen und belgischen Verfassungsgeschichte im 19. Jahrhundert, Stuttgart 1967, S. 38–69; *F. Heller*: Ein deutscher Herzog, Coburg o.J. [1860] [Gedicht]; *S. Goltermann*: Körper der Nation. Habitusformierung und die Politik des Turnens 1860–1880, Göttingen 1998; *R. Hambrecht*: „Nicht durch Krieg, Kauf oder Erbschaft" – Ausstellung des Staatsarchivs Coburg anlässlich der 75. Wiederkehr der Vereinigung Coburgs mit Bayern am 1. Juli 1920, München 1995 (= Ausstellungskataloge der Staatlichen Archive Bayerns 34); *Ders.*: Herzog Ernst II. und der Literarisch-politische Verein, in: Herzog Ernst II. von Sachsen-Coburg und Gotha 1818–1893 und seine Zeit. Jubiläumsschrift im Auftrag der Städte Coburg und Gotha, Coburg/ Gotha 1993, S. 73–90; *F. Herre*: Kaiser Friedrich III. Deutschlands liberale Hoffnung, Stuttgart 1987; Herzog Ernst II. von Sachsen-Coburg und Gotha 1818–1893 und seine Zeit. Jubiläumsschrift im Auftrag der Städte Coburg und Gotha, Coburg/ Gotha 1993; *R. Jonscher*: Ernst II., Herzog von Sachsen-Coburg und Gotha 1844–1893, in: *D. Ignasiak* (Hg.), Herrscher und Mäzene. Thüringer Fürsten von Hermenefred bis Georg II., Rudolstadt 1994, S. 425–451; *D. Klenke*: Der singende „deutsche Mann": Gesangsvereine und deutsches Nationalbewusstsein von Napoleon bis Hitler, Münster 1998; *Ders.*: Nationalkriegerisches Gemeinschaftsideal als politische Religion. Zum Vereinsnationalismus der Sänger, Schützen und Turner am Vorabend der Einigungskriege, in: Historische Zeitschrift 260 (1995), S. 395–448; *F. Mager*: Herzog Ernst II. und die schleswig-holsteinische Frage 1863–1866, Diss. Greifswald 1910; *H.-Th. Michaelis*: Unter schwarz-rot-goldenem Banner und dem Signum des Doppeladlers. Gescheiterte Volksbewaffnungs-

und Vereinigungsbestrebungen in der Deutschen Nationalbewegung und im Deutschen Schützenbund 1859–1869 – Elemente einer deutschen Tragödie, Frankfurt/ M. 1993; *S. Na'aman*: Der Deutsche Nationalverein. Die politische Konstituierung des deutschen Bürgertums 185–1867, Düsseldorf 1987; *S. Nöth*: „He found Coburg ‚deadly dull'". Herzog Alfred von Sachsen-Coburg und Gotha, München 2000 (= Staatliche Archive Bayerns. Kleine Ausstellungen, 17); *A. Ohorn*: Herzog Ernst II. von Sachsen-Coburg-Gotha. Ein Lebensbild, Leipzig 1894 [apologetisch]; *K.-L. Ostertag-Henning*: Staat und Publizistik im bürgerlichen Zeitalter. Eine geistesgeschichtliche Untersuchung zur Entwicklung der politischen Strukturen des Reaktionsjahrzehnts 1850–1860, Diss. Erlangen 1970; *H. Pakula*: An Uncommon Woman. The Empress Frederick, London 1995; *M. Salewski*: Eckernförde, 5. April 1849 – zur Geistesgeschichte eines „Tags", in: 150 Jahre „Tag von Eckernförde", hg. von der Heimatgemeinschaft Eckernförde (= Materialien und Forschungen aus der Region 3), Eckernförde 1999, S. 9–40; *E. Scheeben*: Ernst II. Herzog von Sachsen-Coburg und Gotha. Studien zu Biografie und Weltbild eines liberalen deutschen Bundesfürsten in der Reichsgründungszeit, Frankfurt/ M. 1987; *H. Slevogt*: Herzog Ernst II. von Sachsen-Coburg und Gotha und das Gefecht von Eckernförde 1849, in: Jahrbuch der Coburger Landesstiftung 1988, S. 231–250; *G. Stolz*: Das Seegefecht vor Eckernförde vom 5. April 1849, Eckernförde 1986; *E. Tempeltey*: Ernst II. Herzog von Sachsen-Coburg-Gotha, Coburg 1898 [apologetisch]; *Ders.* (Hg.): Gustav Freytag und Herzog Ernst von Coburg im Briefwechsel 1853–1893, Weimar 1904; *F. Weidner*: Gotha in der Bewegung von 1848. Nebst Rückblicken auf die Zeit von 1848 an, Gotha 1908.

5.3   Englische Prinzen als deutsche Herzöge

E. Beck: Geschichte und Rechtslage der Coburger Landesstiftung, Coburg 1967 (= Jahrbuch der Coburger Landesstiftung. Ergänzungsband); *J. Erdmann*: Coburg, Bayern und das Reich 1918–1923, Coburg 1969; *M.A. Eilers*: Queen Victoria's Descendants, New York 1987; *R. Hambrecht*: Der Aufstieg der NSDAP in Mittel- und Oberfranken (1925–1933), Nürnberg 1976; *Ders.*: Eine Dynastie – zwei Namen: „Haus Sachsen-Coburg und Gotha" und „Haus Windsor". Ein Beitrag zur Nationalisierung der Monarchien in Europa, in: *W. Pyta/ L. Richter* (Hg.), Gestaltungskraft des Politischen. Festschrift für Eberhard Kolb, Berlin 1998, S. 283–304; *N.F. Hayward/ D.S. Morris*: The First Nazi Town, Aldershot 1988; *U. Heß*: Die Vorbereitung und Durchführung der Novemberrevolution 1918 im Lande Gotha, Gotha 1960; *S. Kekule von Stradonitz*: Ausgewählte Aufsätze aus dem Gebiete des Staatsrechts und der Genealogie. Festschrift zur Thronbesteigung S.K.H. des Herzogs Carl Eduard zu Sachsen-Coburg und Gotha, Berlin 1905; Landesregierung Sachsen-Gotha (im Auftrage der Landesversammlung): Die vermögensrechtliche Auseinandersetzung zwischen der Republik Gotha und dem ehemaligen Herzog von Sachsen-Coburg-Gotha Carl Eduard, o.O. [Gotha] 1920; *H. Lichtenstein*: Angepasst und treu ergeben. Das Rote Kreuz im „Dritten Reich", Köln 1988; *R. Priesner*: Herzog Carl Eduard zwischen Deutschland und England. Eine tragische Auseinandersetzung, Gerabronn 1977 [sehr problematisch]; *A. Püschel*: Herzog Carl Eduard von Sachsen-Coburg und Gotha in der Zeit der Weimarer Republik und des National-sozialismus, Zulassungsarbeit Universität Bamberg 2001; *H. Quarck*: Aus den letzten Tagen des alten Herzogtums Coburg, Coburg 1933; *K. Rose*: King George V, London 1983; A. *Schubert*: Das Ende des Zweiten Weltkrieges im Coburger Land, Coburg 1985; *J. van der Kiste/ B. Jordaan*: „Dearest Affie...". Alfred, Duke of Edinburgh. Queen Victoria's second son 1844–1900, Gloucester 1984

Anhang

Übersichtstafel I: Coburg als fürstliche Residenzstadt

1. Hg. Johann Ernst(1521–1553):	1542–1553
2. Hg. Johann Casimir (1564–1633): Hg. Johann Ernst (1566–1638)	1572–1638
3. Hg. Albrecht (1648–1699):	1680–1699
4. Sachsen-Coburg-Saalfeld:	1735–1826
5. Sachsen-Coburg und Gotha	1826–1918 (mit Gotha)

Übersichtstafel II: Eheverbindungen des Hauses Sachsen-Coburg-Saalfeld (1680–1795)
(verwiesen wird auf die fürstliche Ranggruppe der verbundenen Häuser)

Genealogical chart (rotated). Content:

Right-hand rank boxes (top to bottom): Ftm. · Ftm. · Ftm. · Mgft. · Gft.

Left-hand rank boxes (top to bottom): Htm. · Gft. · Htm. · Htm. · Htm.

- Sophie Hedwig v. Sachsen-Merseburg (1660–1686) — ⚭ 1 1680
- Charlotta Johanna v. Waldeck (1664–1699) — ⚭ 2 1690
- **Herzog Johann Ernst** (1658/1680–1729)
- Charlotte Wilhelmine (1685–1755) ⚭ (1705) Philipp Reinhard von Hanau-Lichtenberg
- Sophie Wilhelmine (1693–1727) ⚭ (1720) Friedrich Anton von Schwarzburg-Rudolstadt
- **Franz Josias** (1697/1729–1764) — ⚭ 1723 — Anna Sophia v. Schwarzburg-Rudolstadt (1700–1780)
- Charlotte Sophie (1731–1810) ⚭ (1755) Ludwig von Mecklenburg-Schwerin
- **Ernst Friedrich** (1724/64–1800) — ⚭ 1749 — Sophie Antoinette v. Braunschweig-Wolfenbüttel (1724–1802)
- Friederika Caroline (1735–1791) ⚭ (1754) Christian Friedrich Carl Alexander von Brandenburg-Ansbach
- Caroline (1753–1829) (Kanonisse / Dekanin in Gandersheim 1768–1810)
- **Franz Friedrich Anton** (1757/1800–1806)
- Friederike von Sachsen-Hildburghausen (1760–1776) — ⚭ 1 1776
- Auguste von Reuß (1757–1831) **Stammtafel V** — ⚭ 2 1777

Stammtafel I

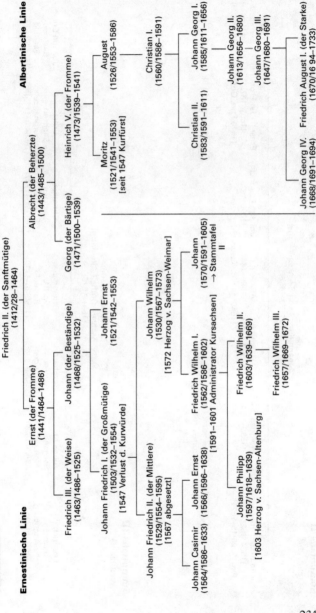

Ernestinische Linie

Albertinische Linie

Friedrich II. (der Sanftmütige)
(1412/28–1464)

Ernst (der Fromme)
(1441/1464–1486)

Albrecht (der Beherzte)
(1443/1485–1500)

Friedrich III. (der Weise)
(1463/1486–1525)

Johann (der Beständige)
(1468/1525–1532)

Johann Ernst
(1521/1542–1553)

Johann Friedrich I. (der Großmütige)
(1503/1532–1554)
[1547 Verlust d. Kurwürde]

Johann Friedrich II. (der Mittlere)
(1529/1554–1595)
[1567 abgesetzt]

Johann Wilhelm
(1530/1567–1573)
[1572 Herzog v. Sachsen-Weimar]

Johann
(1570/1591–1605)
→ Stammtafel
II

Johann Casimir
(1564/1586–1633)

Johann Ernst
(1566/1596–1638)

Friedrich Wilhelm I.
(1562/1586–1602)
[1591–1601 Administrator Kursachsen]

Johann Philipp
(1597/1618–1639)
[1603 Herzog v. Sachsen-Altenburg]

Friedrich Wilhelm II.
(1603/1639–1669)

Friedrich Wilhelm III.
(1657/1669–1672)

Georg (der Bärtige)
(1471/1500–1539)

Heinrich V. (der Fromme)
(1473/1539–1541)

Moritz
(1521/1541–1553)
[seit 1547 Kurfürst]

August
(1526/1553–1586)

Christian I.
(1560/1586–1591)

Christian II.
(1583/1591–1611)

Johann Georg I.
(1585/1611–1656)

Johann Georg II.
(1613/1656–1680)

Johann Georg III.
(1647/1680–1691)

Johann Georg IV.
(1668/1691–1694)

Friedrich August I. (der Starke)
(1670/16 94–1733)

231

232

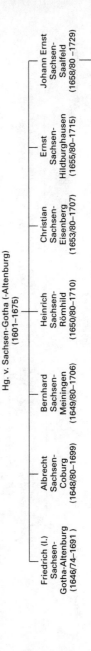

Stammtafel II
(vereinfacht)

Johann (Ernst) von Sachsen-Weimar
(1570–1605)

- Johann Ernst I. (der Jüngere) (1594–1626) [Reg. 1605/15–1621]
- Friedrich (VII.) (1596–1622)
  - Weimarer Linie [Herzöge/Großherzöge bis 1918]
- Wilhelm IV. (1598–1662)
- Albrecht (II.) (1599–1644) [1640–44 Frtm. Eisenach]
- Johann Friedrich (1600–1629)
- Ernst I. (der Fromme) (1601–1675) [1640 Frtm. Gotha] — **Stammtafel III**
- Bernhard (der Große) (1604–1639)

Stammtafel III
(vereinfacht)

Ernst I. (der Fromme)
Hg. v. Sachsen-Gotha (-Altenburg)
(1601–1675)

- Friedrich (I.) Sachsen-Gotha-Altenburg (1646/74–1691)
- Albrecht Sachsen-Coburg (1648/80–1699)
- Bernhard Sachsen-Meiningen (1649/80–1706)
- Heinrich Sachsen-Römhild (1650/80–1710)
- Christian Sachsen-Eisenberg (1653/80–1707)
- Ernst Sachsen-Hildburghausen (1655/80–1715)
- Johann Ernst Sachsen-Saalfeld (1658/80–1729) — **Stammtafel IV**

Stammtafel IV
(vereinfacht)

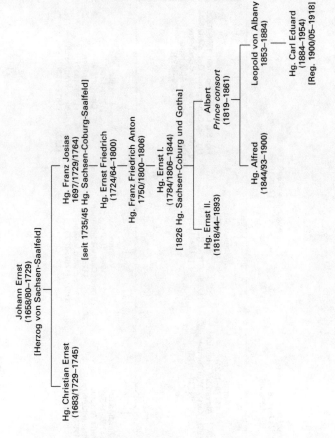

Stammtafel V
(vereinfacht)

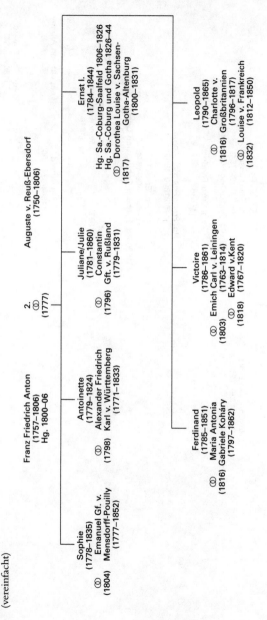

Franz Friedrich Anton
(1757–1806)
Hg. 1800–06

⚭ 2.
(1777)

Auguste v. Reuß-Ebersdorf
(1750–1806)

Sophie
(1778–1835)
⚭ Emanuel Gf. v.
(1804) Mensdorff-Pouilly
(1777–1852)

Antoinette
(1779–1824)
⚭ Alexander Friedrich
(1798) Karl v. Württemberg
(1771–1833)

Juliane/Julie
(1781–1860)
⚭ Constantin
(1796) Gft. v. Rußland
(1779–1831)

Ernst I.
(1784–1844)
Hg. Sa.-Coburg-Saalfeld 1806–1826
Hg. Sa.-Coburg und Gotha 1826–44
⚭ Dorothea Louise v. Sachsen-
(1817) Gotha-Altenburg
(1800–1831)

Ferdinand
(1785–1851)
⚭ Maria Antonia
(1816) Gabriele Koháry
(1797–1862)

Victoire
(1786–1861)
⚭ Emich Carl v. Leiningen
(1803) (1763–1814)
⚭ Edward v.Kent
(1818) (1767–1820)

Leopold
(1790–1865)
⚭ Charlotte v.
(1816) Großbritannien
(1796–1817)
⚭ Louise v. Frankreich
(1832) (1812–1850)

Stammtafel VI:
Die Nachkommen von Königin Victoria und Prinz Albert

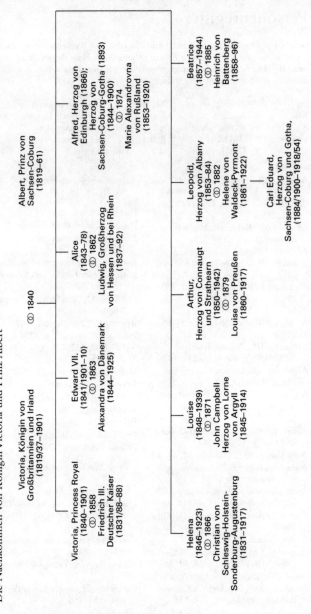

Albert, Prinz von
Sachsen-Coburg
(1819–61)

Victoria, Königin von
Großbritannien und Irland
(1819/37–1901)

⚭ 1840

Victoria, Princess Royal
(1840–1901)
⚭ 1858
Friedrich III.
Deutscher Kaiser
(1831/88–88)

Edward VII.
(1841/1901–10)
⚭ 1863
Alexandra von Dänemark
(1844–1925)

Alice
(1843–78)
⚭ 1862
Ludwig, Großherzog
von Hessen und bei Rhein
(1837–92)

Alfred, Herzog von
Edinburgh (1866);
Herzog von
Sachsen-Coburg-Gotha (1893)
(1844–1900)
⚭ 1874
Marie Alexandrovna
von Rußland
(1853–1920)

Helena
(1846–1923)
⚭ 1866
Christian von
Schleswig-Holstein-
Sonderburg-Augustenburg
(1831–1917)

Louise
(1848–1939)
⚭ 1871
John Campbell
Herzog von Lorne
von Argyll
(1845–1914)

Arthur,
Herzog von Connaught
und Strathearn
(1850–1942)
⚭ 1879
Louise von Preußen
(1860–1917)

Leopold,
Herzog von Albany
(1853–84)
⚭ 1882
Helene von
Waldeck-Pyrmont
(1861–1922)

Beatrice
(1857–1944)
⚭ 1885
Heinrich von
Battenberg
(1858–96)

Carl Eduard,
Herzog von
Sachsen-Coburg und Gotha,
(1884/1900–1918/54)

235

Personenregister

Sofern zur Orientierung hilfreich, sind die Jahre der Regierung bzw. das Sterbejahr hinzugefügt. Bei adligen Frauen ist jeweils das Haus ihrer Geburt angegeben. Bei Herrschernamen findet jeweils die im deutschsprachigen Raum am meisten verbreitete Form Verwendung.

Hg.	= Herzog	Ks./Ksrin.	= Kaiser/Kaiserin
Kfst.	= Kurfürst	Röm.-Dt. Ks.	= Römisch-Deutscher Kaiser
Kg./Kgin.	= König/Königin	Adm.	= Administrator
Großfst.	= Großfürst	Erzhg.	= Erzherzog
Großhzg.	= Großherzog	s.	= siehe